Aspectos Jurídicos dos
CONTRATOS DE SEGURO

Ano II

Conselho Editorial
André Luís Callegari
Carlos Alberto Alvaro de Oliveira
Carlos Alberto Molinaro
Daniel Francisco Mitidiero
Darci Guimarães Ribeiro
Draiton Gonzaga de Souza
Elaine Harzheim Macedo
Eugênio Facchini Neto
Giovani Agostini Saavedra
Ingo Wolfgang Sarlet
Jose Luis Bolzan de Morais
José Maria Rosa Tesheiner
Leandro Paulsen
Lenio Luiz Streck
Paulo Antônio Caliendo Velloso da Silveira
Rodrigo Wasem Galia

A838   Aspectos jurídicos dos contratos de seguro / Adilson Neri Pereira ... [et al.]; Angélica Carlini; Pery Saraiva Neto (organizadores). – Porto Alegre: Livraria do Advogado Editora, 2014.
229 p.; 23 cm. (Ano II)
ISBN 978-85-7348-903-3

2. Seguros – Direito. I. Costa, Alex Sandro M. da. II. Carlini, Angélica. III. Saraiva Neto, Pery.

CDU 347.764
CDD 346.086

Índice para catálogo sistemático:
1. Seguros: Direito   347.764

(Bibliotecária responsável: Sabrina Leal Araujo – CRB 10/1507)

Angélica Carlini
Pery Saraiva Neto

(Organizadores)

Aspectos Jurídicos dos CONTRATOS DE SEGURO
Ano II

Adilson Neri Pereira
Aluízio Barbosa
Ana Flávia Ribeiro Ferraz
Ana Paula Mataveli
André Tavares
Angélica Carlini
Átila Andrade Santos
Camila Leal Calais
Carlos Eduardo Cavalcante Ramos
Celso Soares
Cristiane Ianagui Matsumoto Gago
Daniel Curi
Daniel Flores Carneiro Santos
Daniela Benes Senhora Hirschfeld
Diego Filipe Casseb
Diego Nunes
Elisabete Anastacio
Felipe Gustavo Galesco
Felippe Moreira Paes Barretto
Giseli Giusti Tilger

Inaldo Bezerra Silva Júnior
Isabel Valeska Pinheiro de Lima
Ivy Cassa
Jaqueline Suryan
Landulfo de Oliveria Ferreira Júnior
Luciana Amora
Luciana Dias Prado
Luciana Gil Ferreira
Luís Antônio Giampaulo Sarro
Marcia Quintino Barbieri
Monica Melanio de Almeida Quintino
Natália Velasques Sanches Bisconsin
Osvaldo Haruo Nakiri
Pery Saraiva Neto
Raphael de Oliveira Pister
Renata Struckas
René Hernande Vieira Lopes
Sergio Ruy Barroso de Mello
Shana Araujo de Almeida
Vanessa Dantas Amaral de Magalhães
Vivien Lys Porto Ferreira da Silva

Porto Alegre, 2014

© dos Autores, 2014

Capa, projeto gráfico e diagramação
Livraria do Advogado Editora

Revisão
Rosane Marques Borba

Direitos desta edição reservados por
Livraria do Advogado Editora Ltda.
Rua Riachuelo, 1300
90010-273 Porto Alegre RS
Fone/fax: 0800-51-7522
editora@livrariadoadvogado.com.br
www.doadvogado.com.br

Impresso no Brasil / Printed in Brazil

Prefácio

Uma vez mais, dedicados e competentes advogados e juristas, integrantes dos diversos Grupos Nacionais de Trabalho da AIDA Brasil, unidos por uma paixão comum, o direito do seguro, se reúnem para brindar o leitor, sempre ávido, com mais uma obra coletiva para tratar de temas palpitantes desse ramo do Direito, pela qual dedicam seus qualificados e acumulados conhecimentos com vistas a tornar o seguro cada vez menos um "ilustre desconhecido". E o fazem com toda expertise, isenção de pensamento, dedicação, esmero e espírito de inovação, no trato de tão instigante e relevante matéria, elegendo temas que, se ainda não de todo inexplorados nas suas respectivas titularidades e denominações, sem dúvida com enfoques inusitados e vivamente condizentes com a natureza fecunda e evolutiva que tanto caracteriza o dinamismo do direito do seguro.

Pela qualidade dos autores e dos organizadores desta obra, bem assim pelo caráter científico dos trabalhos desenvolvidos e dos temas escolhidos, máxime porque fruto das "oficinas produtivas" dos Grupos Nacionais de Trabalho da nossa querida AIDA, cujos infatigáveis participantes entregam, incessante e abnegadamente, todo seu talento e labor em prol do Direito do Seguro, outro não poderia ser o resultado senão o de uma obra de vanguarda, cujo proveito, decerto, logo se fará sentir por todos que vierem a tê-la em mãos.

Trata-se da obra intitulada ASPECTOS JURÍDICOS DOS CONTRATOS DE SEGURO – ANO II – que, com supina honra, me coube o privilégio de prefaciá-la, o que me permite, com o perdão da metalinguagem, afirmar ser a mesma, por isso mesmo, assim como o próprio contrato de seguro que lhe serve de tema, uma obra "de duração, de trato sucessivo e de execução continuada".

Realmente, se "inovação" é a palavra de ordem, como de fato é, esta obra vem à cena como bela ferramenta para todos que intentam inovar seus conhecimentos e informações no campo do direito do seguro e, quem sabe, gamem ainda mais por tão nobre instituto, assim como gamei de há muito – um caso de "amor à primeira vista" – desde o limiar da década dos anos setenta e a cada dia de forma mais candente. Nobre e instigante sim, até pela sua relação com os diversos ramos do direito e também com ciências das mais variadas, o que faz por demais cativante e rico o direito do seguro, mormente para advogados, juristas e estudiosos de toda hora, também porque se imbrica com o direito civil; com o direito do consumidor; com o direito comercial; com o direito processual civil; com o direito penal; com o direito administrativo; com o direito constitucional; com o direito do trabalho; com o direito societário; com o direito ambiental. Há, enfim, sempre uma relação do direito do seguro com os mais variados ramos do direito, envolvendo os diversos sistemas e microssistemas jurídicos, sendo múltiplo o seu diálogo com as demais fontes, nomeadamente com as que regem o direito do consumidor, a defesa da concorrência, o direito civil, etc. Basta ver o Sumário desta obra, para se medir o acerto de tal constatação.

A variedade de situações que pode envolver o direito do seguro no seu dia a dia, como dá mostras os temas reunidos nesta obra, fala por si só da relação dessa formidável instituição, não só com os diversos ramos do direito, conforme visto, como também com as diversas ciências que tangenciam com a operação e o contrato de seguro: com a atuária e com a estatística, com miras na lei dos grandes números e cálculos atuariais que precificam e dimensionam o seguro; com a matemática (provisões matemáticas); com a medicina, mormente no contexto do seguro saúde; com a engenharia da qual se extraem elementos para o seguro de riscos de engenharia, enfim, com diversas outras ciências, jurídicas e não jurídicas, com as quais o seguro se relaciona.

Não é difícil, pois, perceber a razão pela qual são muitas as pessoas que se apaixonam, alguns irrecuperavelmente, pelas matérias como as tratadas nesta obra, revelando que a cada ano, a cada mergulho mais profundo, a cada reflexão, a cada novo desafio diante das novas situações que vão surgindo e desencadeando outras, no natural crescente processo evolutivo do seguro, no Brasil e no mundo, enfim, quanto mais a ele nos dedicamos, mais aumenta o gosto pelo desate das salutares dúvidas que naturalmente se multiplicam e se ramificam em função dos novos "produtos", na medida em que novos e multifários são os riscos que se avolumam com o próprio desenvolvimento das nações, a par e passo com a crescente transformação, qualitativa e quantitativa, do processo industrial, econômico e social.

A cada passo e compasso, vemos mais nítida a razão na expressão que costumamos cunhar, transcendendo a própria conceituação técnica do seguro, segundo a qual o seguro, sem rebuços de dúvida, *é o triunfo da ideia humana sobre as forças cegas da natureza, uma vitória da lógica sobre os problemas ilógicos com que o homem tem de lutar diante da álea, numa busca incessante da superação do risco.*

Esta obra, portanto, põe à disposição dos estudiosos do seguro e de todos que nutrem pelo instituto o natural interesse e insaciável curiosidade que desperta, com o proveito de seu alto valor didático e segurança que decorrem da qualidade técnica de seus autores, acumulada ao longo das suas experiências, não só à frente das demandas do dia a dia das entidades operadoras, como nas trincheiras das mais intrincadas batalhas judiciais e não judiciais, *vis-à-vis* os desafios gerados notadamente pela função socioeconômica do seguro, frente à evolução do próprio direito em si, máxime para os que se beneficiam das variadas coberturas e serviços propiciados por essa notável instituição chamada seguro, para gáudio de todos nós.

Afinal, na ciência do seguro, atividade complexa, cuja lógica é de uma racionalidade cristalina, porque se move no cálculo das probabilidades para a superação dos riscos, há uma natural convergência dos interesses individuais com os coletivos, importando a todos, individualmente, e à sociedade global, que possíveis infortúnios não se transformem em prejuízos incompensáveis.

O conhecimento técnico e jurídico sobre seguro, que a presente obra se propõe ministrar, é santo remédio para os males que decorrem de sua inadmissível incompreensão, valendo a propósito citar as observações do Ministro JOÃO OTÁVIO DE NORONHA, em palestra proferida sobre o tema, *in verbis*: *"O juiz precisa ter sensibilidade social, mas também responsabilidade com os agentes econômicos, pois todo desequilíbrio contratual penaliza, em última instância, o consumidor"*.

Esta obra, pelos Estudos desenvolvidos, incrementará a bibliografia especializada que, ante a inegável importância da instituição, infelizmente ainda se mostra escassa, mas, de toda sorte, vão se suprindo as lacunas que ainda restam, propiciando ao intérprete sua melhor aplicação. Por isso estes "ASPECTOS JURÍDICOS DOS CONTRATOS DE SEGURO" também se destinam a consultas obrigatórias e frequentes, em prol do necessário suporte à formação e aprimoramento de profissionais de seguro no País, de todos os níveis, como também serve de importante fonte doutrinária e informativa para os aplicadores do direito do seguro, seja na magistratura ou fora dela.

Eis, pois, em apertada síntese, algumas das razões por que saboreamos o requintado prazer de prefaciar esta obra, convictos de que os proveitos serão logo hauridos por todos que tiverem a oportunidade de lê-la, permitindo-nos lobrigar o seu sucesso.

São iniciativas como que tais, que nos levam à esperança de que, em futuro não distante, possamos disputar a vanguarda da literatura de Direito do Seguro, neste e em outros continentes.

Ricardo Bechara Santos

Sumário

Apresentação – Angélica Carlini e Pery Saraiva Neto (orgs.)......................................11

I – O Código de Defesa do Consumidor, as cláusulas gerais e a maturação evolutiva dos contratantes e dos contratos de seguro
Inaldo Bezerra Silva Júnior..15

II – Seguro garantia estendida à luz do Código de Defesa do Consumidor
Felipe Gustavo Galesco...23

III – (Im)previsibilidade do risco ambiental: o seguro em um contexto de incertezas, ignorâncias e omissões – pressupostos e desafios
Giseli Giusti Tilger; Luciana Gil Ferreira; Pery Saraiva Neto;
René Hernande Vieira Lopes..31

IV – Circular SUSEP nº 437/2012: comentários técnicos e jurídicos
Sergio Ruy Barroso de Mello; Osvaldo Haruo Nakiri; Elisabete Anastacio;
Monica Melanio de Almeida Quintino; Natália Velasques Sanches Bisconsin;
Luciana Amora; Renata Struckas; Felippe Moreira Paes Barretto;
Adilson Neri Pereira; Marcia Quintino Barbieri; Celso Soares; Átila Andrade Santos......63

V – Negativa de cobertura e os lucros cessantes e/ou danos emergentes
Ana Paula Mataveli; André Tavares; Pery Saraiva Neto.......................................81

VI – As cláusulas limitativas dos Seguros de Responsabilidade Civil
Daniel Curi; Carlos Eduardo Cavalcante Ramos...101

VII – Dano moral e dano moral coletivo: reflexões contemporâneas
Landulfo de Oliveira Ferreira Júnior...113

VIII – Contrato de previdência privada: relações duradouras e a teoria da imprevisão
Ana Flávia Ribeiro Ferraz; Cristiane Ianagui Matsumoto Gago;
Daniela Benes Senhora Hirschfeld; Diego Filipe Casseb;
Isabel Valeska Pinheiro de Lima; Ivy Cassa; Jaqueline Suryan;
Luciana Dias Prado; Vanessa Dantas Amaral de Magalhães..................................133

IX – A representação no contrato de previdência complementar
Ana Flávia Ribeiro Ferraz..155

X – Agências reguladoras: o papel do Estado na economia ao longo da história
Aluízio Barbosa; Angélica Carlini; Camila Leal Calais;
Daniel Flores Carneiro Santos; Diego Nunes; Raphael de Oliveira Pister;
Shana Araujo de Almeida; Vivien Lys Porto Ferreira da Silva.............................163

XI – Dos meios de impugnação das decisões judiciais no Projeto de novo CPC
Luís Antônio Giampaulo Sarro..191

Apresentação

A ASSOCIAÇÃO INTERNACIONAL DE DIREITO DO SEGURO, por sua seção brasileira, apresenta mais um trabalho coletivo elaborado pelos participantes de seus Grupos Nacionais de Trabalho.

Os Grupos Nacionais de Trabalho da ASSOCIAÇÃO INTERNACIONAL DE DIREITO DO SEGURO são, em todos os países do mundo em que a entidade está instalada, a sua mais importante forma de atuação.

É na atividade dos grupos de trabalho das diferentes áreas de direito do seguro que acontece a pesquisa, o debate plural entre os diversos profissionais do setor, o estudo crítico dos julgados dos tribunais, o estudo comparado com outras legislações e práticas internacionais e, principalmente, a prospecção dos assuntos de maior relevância para a sociedade contemporânea.

No Brasil, os Grupos Nacionais de Trabalho da ASSOCIAÇÃO INTERNACIONAL DE DIREITO DO SEGURO têm contribuído para o sucesso dos Congressos Nacionais da entidade, realizados anualmente.

Durante as reuniões dos Grupos de Trabalho nos Congressos, para tratamento de aspectos específicos previamente selecionados e preparados, o debate ganha amplitude e pluralidade e une advogados, magistrados, estudantes e acadêmicos em torno dos aspectos que tornam o Direito do Seguro tão dinâmico e apaixonante.

O vigor desses debates aparece nas reflexões que construíram os vários capítulos deste trabalho que a Associação Internacional de Direito do Seguro tem a honra de apresentar.

São oito trabalhos elaborados coletivamente pelos Grupos de Relações de Consumo, Meio Ambiente e Seguros, Responsabilidade Civil e Seguros, Previdência Complementar, Direito Econômico e Seguros e Processo Civil e Seguro.

Em cada um dos trabalhos, todos textos inéditos, temas atuais e importantes foram pesquisados e debatidos de forma coletiva, com o vigor que a multiplicidade de opiniões sempre permite produzir.

Assim, o GNT Relações de Consumo abre a obra com dois textos. Pelo primeiro, apresenta o processo de evolução e maturação das partes envolvidas com o contrato de seguro e, por conseguinte, do próprio instituto do contrato de seguro, quando imbricado com a afirmação das regras do Código de Defesa do Consumidor, especialmente com sua sistemática de cláusulas gerais. Em seguida, com texto complementar e mantendo consistência lógica com o primeiro, a figura do seguro garantia estendia é primeiro apresentada e esmiuçada, para então ser realizada sua leitura a partir do Código de Defesa do Consumir.

Na área de Meio Ambiente e Seguros, o GNT debate a complexidade relacionada aos riscos ambientais, seja pelo aspecto natural, seja pelos impactos sociais e econômicos geralmente decorrentes de catástrofes ambientais. Após destacar a necessidade de maior responsabilidade, empenho e sinergia para a gestão do risco ambiental, o texto envereda para apontar alguns parâmetros, cautelas e desafios no processo de transferência e aceitação do risco ambiental, inclusive ressaltando, já no seu final, a difícil conjugação entre o instituto do seguro e o severo rigor da responsabilidade ambiental prevista no respectivo sistema jurídico de proteção.

Do GNT Responsabilidade Civil e Seguros, especialmente pela amplitude do instituto da responsabilidade civil, brotaram quatro trabalhos.

Inicialmente, empenharam-se os autores à tarefa premente e complexa de analisar a Circular SUSEP nº 437/2012, que trata da regulamentação dos Seguros de Responsabilidade Civil Geral no mercado brasileiro. Com efeito, referida norma é verdadeiramente esmiuçada em 42 pontos destacados de observação, nos quais o grupo, para muito além de formular críticas e instigar o debate, verdadeiramente aprofunda, inclusive apresentando sugestões de aprimoramento da norma.

Em seguida, os autores dissertam sobre os lucros cessantes diante da negativa de cobertura pelo segurador, primeiro conceituando e descrevendo o instituto, para então apresentares as prerrogativas do segurador – diante do exercício regular de seu direito, para então aprofundar sobre a orientação jurisprudencial sobre o tema.

Em profundo trabalho intitulado *As Cláusulas Limitativas dos Seguros de Responsabilidade Civil*, discorreu-se sobre a correlação entre prêmio e coberturas, bem como sobre a importância da delimitação de riscos, destacando a essencialidade de tal procedimento, inclusive por tratar-se da essência da atividade seguradora.

Por fim, o Grupo de Responsabilidade Civil e Seguros apresenta consistente trabalho sobre o dano moral, descrevendo sua evolução, natureza, enfrentando, inclusive, o complexo tema do dano moral coletivo.

O GNT Previdência Complementar traz duas importantes contribuições. Inicialmente, analisa o contrato de previdência privada, caracterizando-o e demonstrando sua complexidade, para então aprofundar e demonstrar as dificuldades relacionadas a esta relação contratual duradoura a partir da Teoria da Imprevisão e da Onerosidade Excessiva. Este enfoque se dá especialmente em relação às mudanças econômicas e mudança demográficas a que está sujeito este contrato de longa duração. Isto para concluir serem naturais e necessários ajustes diante de novos cenários, de modo a propiciar o equilíbrio econômico das relações previdenciárias privadas. No seu texto seguinte o Grupo de Previdência Complementar discorre sobre as características gerais e específicas do contrato de previdência complementar, seus elementos constitutivos e requisitos mínimos, especialmente no que se refere à figura da representação, para então aprofundar sobre as obrigações e responsabilidade da empresa ao contratar plano coletivo em favor de seus empregados e dirigentes.

Em linha de pesquisa e reflexão complementar o GNT Direito Econômico e Seguros analisa, em perspectiva histórica, o papel interventor do Estado na Economia, em períodos de maior ou menor ênfase. Destacando tal atuação estatal no cenário brasileiro, alcança o estágio atual, relacionado às Agências Reguladoras. Deste modo a função de tais figuras estatais é detalhado e o modelo nacional é cotejado com o modelo americano, de modo a definir premissas para compreendê-las e caracterizá-las no Brasil, acima de tudo para buscar compreender suas finalidades e modo de atuação. No desfecho, naturalmente, é analisado o modelo regulatório do mercador segurador, para enfrentar de forma crítica seus limites e perspectivas.

Por fim, o GNT Processo Civil, na linha de sua consistente e relevante atuação, que desde o início da tramitação da reforma do Código de Processo Civil vem acompanhando e propondo melhorias ao texto do projeto, apresenta atualizações recentes sobre o tema, justamente no momento em que o processo legislativo aponta para sua conclusão. Assim, especial atenção dedica à análise das sugestões formuladas pelo Grupo durante o processo de tramitação no Congresso Nacional, inclusive com proposições acolhidas pelos especialistas responsáveis pela redação do anteprojeto. O texto foca-se, ainda, de forma primorosa, em apontar as principais inovações no que toca aos meios de impugnação das decisões judiciais no projeto de novo CPC. A atuação do Grupo de Processo Civil e Seguros é, por certo, uma das maiores contribuições da AIDA Brasil para o cenário legislativo contemporâneo.

Esta breve síntese dos trabalhos que compõem a obra evidencia quão multifacetado e multidisciplinar é a figura jurídica do contrato de seguros. Mas acima de tudo, o quanto são relevantes e necessários, de forma crescente, na atualidade.

Seguros são forma de planejamento da vida e da atividade econômica. Sociedades securitizadas solucionam com maior eficiência os transtornos a que são submetidas, de um terrível terremoto a acidentes de trânsito.

Não há forma peremptória de evitar que os riscos se materializem, mas os contratos de seguro são uma forma genial de impedir que a Humanidade sucumba diante dos riscos materializados, porque a lógica da mutualidade permite que muitos dividam os prejuízos das vítimas.

Que a inspiração da inteligência Humana que tornou o mutualismo uma realidade benéfica e eficaz contra riscos de diferentes espécies continue iluminando o trabalho de todos os juristas que se dedicam ao estudo do Direito do Seguro.

E que a AIDA prossiga sempre e cada vez mais congregando, acolhendo e estimulando.

Prof. Dra. Angélica Carlini
Prof. Ms. Pery Saraiva Neto
Organizadores

– I –

O Código de Defesa do Consumidor, as cláusulas gerais e a maturação evolutiva dos contratantes e dos contratos de seguro

Inaldo Bezerra Silva Júnior

Advogado. Pós-graduado em Direito Processual Civil e Mestre em Direito das Relações Sociais pela PUC/SP. Professor na Escola Nacional de Seguros/ENS e na Escola Superior Nacional de Seguros/ESNS. Professor de SAINT PAUL INSTITUTE OF FINANCE. Diretor-Vice-Presidente de Relações Institucionais e Presidente do Grupo Nacional de Trabalho de Relações de Consumo e o Código de Defesa do Consumidor da Associação Internacional de Direito do Seguro – AIDA/Brasil. Membro da Comissão de Estudos sobre Planos de Saúde e Assistência Médica, da OAB/SP.

Contractus significa unir, contrair. No Direito Romano, não era o único termo utilizado para finalidades semelhantes. Convenção, de *conventio*, provém de *cum venire*, vir junto. E *pacto* provém de *pacis si* – estar de acordo. Como linguagem figurativa, podemos usar modernamente as expressões como sinônimos, embora somente o contrato tenha sentido técnico.

No Direito Romano primitivo, os contratos, como todos os atos jurídicos, tinham caráter rigoroso e sacramental. As formas deviam ser obedecidas, ainda que não expressassem exatamente a vontade das partes. Na época da Lei das XII Tábuas, a intenção das partes estava materializada nas palavras corretamente pronunciadas à vista dos interessados.

Quando da queda do domínio romano e sendo o Direito Germânico um direito menos avançado e dominado pelo simbolismo, para se obrigar, havia a necessidade de um ritual. Esse procedimento simbólico conservou-se até a alta Idade Média.

As práticas medievais evoluíram para transformar a *stipulatio*[1] romana no *traditio cartae* (carta de entrega), o que indica a entrega de um documento. A

---

[1] Forma básica do contrato no Direito Romano, feita no formato de pergunta e resposta. *The precise nature of the contract was disputed,* as can be seen below.

forma escrita passa, então, a ter predominância. A influência da igreja e o renascimento dos estudos romanos na Idade Média vieram enfatizar o sentido obrigatório do contrato.

A análise da relação do direito com os contratos de seguro nos leva a percorrer um interessante histórico do direito dos contratos, imprescindível para compreender o significado e conteúdo atuais da teoria geral dos contratos estudada nos direitos civil e do consumidor.

No ano de 1804, ano da publicação do Código Civil francês, identificamos um dos maiores marcos da teoria geral dos contratos. Dentre as causas deste marco, encontramos concepções políticas e questionamentos sobre a relação entre Estado e Sociedade. O paradigma liberal sobre a relação entre Sociedade e Estado justifica-se como reação ao paradigma absolutista, modelo de um Estado sem limites no direito, autor de abusivas intervenções no setor privado. Ao lado desse modelo, a estrutura de classes (nobreza, clero, plebe) fornecia os elementos para a violenta reação que foi a Revolução Francesa, ou Revolução Burguesa, ainda no final do século XVIII.

É nesta transição entre o absolutismo e o liberalismo que se encontram as raízes de uma das mais fortes ideologias jurídicas do Direito Civil: o liberalismo econômico, o individualismo e o voluntarismo.

A classe burguesa, economicamente emergente, encontrava suas atividades negociais limitadas a institutos de origem feudal, com dificuldade para a livre circulação de riquezas e o livre acesso à aquisição de bens. Para que esta classe expandisse suas atividades e, consequentemente, seu poder, era necessária uma nova forma de regramento das relações privadas.

Para a doutora em direito civil pela PUC de São Paulo, Roxana Cardoso Brasileiro Borges, os belos ideais da Revolução Francesa, principalmente a igualdade e a liberdade, pois a "fraternidade" não trouxe, para o Direito Civil, reflexos jurídicos relevantes,[2] foram incorporados ao discurso jurídico e fundamentaram dois importantíssimos princípios da teoria clássica dos contratos: a igualdade formal das partes contratantes e a liberdade de contratar, incluindo aí a liberdade contratual.

As reivindicações de que todos fossem iguais perante a lei e que todos fossem livres, atendiam às necessidades da burguesia no que tange ao acesso a qualquer forma de bens, inclusive aos que, historicamente, eram reservados à nobreza e ao clero.

Naquele contexto, o discurso era de que se todos fossem iguais perante a lei e livres entre si e perante o Estado, poderiam estabelecer relações jurídicas contratuais livremente, e o que fosse pactuado seria justo. Na expressão francesa: *qui dit contractuel dit juste*.[3] A decorrência natural é o *pacta sunt servanda*.[4] Se o con-

---
[2] BORGES, Roxana Cardoso Brasileiro. *A atual teoria geral dos contratos*, 2004.
[3] "Quem diz contratual, diz justo". Tradução livre.
[4] "Os pactos devem ser cumpridos". Tradução livre.

tratado era justo, justiça decorrente da liberdade e da igualdade das partes, o pacto deveria ter força obrigatória. Contratado desta forma, com base na autonomia da vontade, nem ao Estado era permitido intervir no conteúdo da relação contratual, salvo raras exceções de ordem pública e contrariedade aos bons costumes.

São notórios os efeitos práticos da junção destes ingredientes. Com a liberdade de contratar e a igualdade formal, o contrato acabou, muitas vezes, sendo um instrumento de exploração do ser humano, com a chancela do direito.

O fato é que tantos foram os abusos, que tanto liberalismo acabou gerando também uma reação. Aquele Estado mínimo liberal recebia demandas crescentes de intervenção nas relações privadas, com o objetivo de equilibrar as relações contratuais, estabelecer condições mínimas de igualdade entre as partes e proteger os que se obrigassem em condições de vulnerabilidade.

Surge, assim, o Estado Intervencionista, ou Estado do Bem-Estar Social, com funções de promoção impensáveis para o modelo liberal. Com a revolução industrial, a urbanização, a economia de massa e as guerras europeias, a intervenção do Estado nas relações contratuais era inevitável.

Esta intervenção pública nos contratos provocou forte reação dos civilistas clássicos, que denunciaram a publicização do direito civil, além da crise da autonomia da vontade e da crise do contrato.

Foi com este intervencionismo que novos ramos do Direito se destacaram do Direito Civil, como o Direito do Consumidor. Além disso, leis esparsas foram surgindo para regulamentar contratos de fortes efeitos sociais.

A descentralização do direito civil causou certo esvaziamento da teoria geral dos contratos, pois leis extravagantes traziam novas regras que excepcionavam o Direito Civil, formando-se microssistemas cujos fundamentos divergiam da doutrina liberal clássica.

A segunda guerra mundial[5] foi outro momento histórico que também refletiu na teoria geral dos contratos. Por conta dos abusos e dos atentados contra a dignidade da pessoa humana, uma nova luz acendeu-se para a teoria geral dos contratos. As constituições da época inseriram nos seus textos cláusulas gerais de proteção da dignidade da pessoa humana, com reflexo no direito dos contratos, falando-se de um abandono da ordem patrimonial e de uma repersonalização do

---

[5] (1939–1945) Conflito que causou mais vítimas em toda a história da Humanidade. As principais potências aliadas eram a China, a França, a Grã-Bretanha, a União Soviética e os Estados Unidos. O Brasil se integrou aos Aliados em agosto de 1942. A Alemanha, a Itália e o Japão, por sua vez, perfaziam as forças do Eixo. Muitos outros países participaram na guerra, quer porque se juntaram a um dos lados, quer porque foram invadidos, ou por haver participado de conflitos laterais. Em algumas nações (como a França e a Jugoslávia), a Segunda Guerra Mundial provocou confrontos internos entre partidários de lados distintos. O líder alemão de origem austríaca Adolf Hitler, Führer do Terceiro Reich, pretendia criar uma "nova ordem" na Europa, baseada nos princípios nazistas que defendiam a superioridade germânica, na exclusão – e supostamente eliminação física incluída – de algumas minorias étnicas e religiosas, como os judeus e os ciganos, bem como deficientes físicos e homossexuais; na supressão das liberdades e dos direitos individuais e na perseguição de ideologias liberais, socialistas e comunistas. Origem: Wikipédia, a enciclopédia livre.

Direito Civil. A preocupação era a valorização da pessoa humana, em sua dignidade existencial, devendo este aspecto preponderar sobre as questões de ordem patrimonial.

No Brasil, a Constituição Federal de 1988, o Código de Defesa do Consumidor e o repaginado Código Civil, representam bem o novo paradigma.

Exemplificando, o Código Civil de 1916 retratava a ideologia dominante no Século XIX e tornara-se inadequado frente aos valores sociais, políticos, filosóficos e econômicos desenvolvidos desde meados do Século XX.

A constatação da disparidade entre a realidade econômica e a jurídica serviu de incentivo à criação deste novo direito que estreita a distância e concilia o ordenamento às necessidades da sociedade que o mesmo regula.

Foi preciso repensar o direito privado, adequá-lo à nova realidade para proporcionar à sociedade relações ao mesmo tempo mais justas e suficientemente seguras, capazes de sustentar o progresso econômico e social, objetivo que de fato somente poderia ser alcançado por um sistema jurídico composto por Cláusulas Gerais, flexíveis e capazes de recepcionar a evolução do pensamento e do comportamento social.

As Cláusulas Gerais importam em avançada técnica legislativa de enunciar, através de expressões semânticas relativamente vagas, princípios e máximas que compreendem e recepcionam a mais variada sorte de hipóteses concretas de condutas tipificáveis, já ocorrentes no presente ou ainda por se realizarem no futuro – são os chamados conceitos jurídicos indeterminados.

Segundo Tependino,

(...) são normas que não prescrevem uma certa conduta, mas, simplesmente, definem valores e parâmetros hermenêuticos. Servem assim como ponto de referência interpretativo e oferecem ao intérprete os critérios axiológicos e os limites para a aplicação de demais disposições normativas.[6]

Sendo assim, pode-se afirmar que a função precípua das cláusulas gerais é a de permitir, num sistema jurídico de direito escrito e fundado na separação das funções estatais, a criação de normas jurídicas com alcance geral. Tal função, em última análise, permite que os códigos acompanhem a velocidade das mudanças sociais que ocorrem no dia a dia.

Esta exposição visa a acentuar o debate sobre tema de relevantíssima importância para a compreensão de toda e qualquer relação contratual e que servirá de norte para as mais numerosas lides e pendências contratuais, que é o declínio da Autonomia da Vontade como fonte originária do direito contratual e os limites da ingerência do Estado no âmbito da lei privada.

Essa tendência do Estado Moderno teve reflexo no Código de Defesa do Consumidor e no Código Civil, através da limitação da liberdade de contratar pela

---

[6] TEPEDINO, Gustavo. Crise de fontes normativas e técnica legislativa na parte geral do código civil de 2002. In: A *parte geral do novo código civil:* estudos na perspectiva civil constitucional. Rio de Janeiro: Renovar, 2002. p. XIX.

chamada Função Social do Contrato, disposta de forma implícita nos artigos 1º e 4º da lei consumerista e expressamente no artigo 421 do diploma civil.

Nas palavras da professora Giselda Maria Fernandes Novaes Hironaka, os anseios emergentes do meio social reclamaram medidas de refazimento das matrizes filosóficas do direito, e complementa:

> A doutrina da função social emerge, assim, como uma dessas matrizes, importando em limitar institutos de conformação nitidamente individualista, de modo a atender aos ditames do interesse coletivo, acima daqueles do interesse particular, e importando, ainda, em igualar os sujeitos de direito, de modo que a liberdade que a cada um deles cabe seja igual para todos.[7]

Nesta linha de pensamento, não se descuidou o contrato de seguro e reconhecendo os direitos dos segurados como metaindividuais, que nas palavras de Hugo Nigro Mazzilli, citado por Lucas Abreu Barroso,[8] "são interesses que excedem o âmbito estritamente individual, mas não chegam a constituir interesse público", passa a interagir com o ambiente exterior que não lhe é alheio, reconhecendo-se, como ensina Comparato, "como um evento inserido em um contexto social e capaz de sofrer interferências dos demais negócios que o cercam, assim como apto a neles causar perturbações".[9]

Com isso, os chamados deveres de prestação e de proteção ou conduta, entendidos, na lição de Karl Larenz,[10] os primeiros como o elemento decisivo que dá o conteúdo mais significativo à relação contratual e proporcionam ao credor uma determinada prestação positiva ou negativa e os segundos como os deveres fiduciários, que interessam à plena satisfação de todos os interesses envolvidos na relação obrigacional, se fazem exigidos nesta nova feição negocial.

Logo, o contrato cumpre uma função social quando, respeitando a dignidade do contratante, não viola o interesse da coletividade, à qual não interessam nem a ilicitude do objeto nem a ociosidade das riquezas.

Esta ideia de solidariedade remete, inevitavelmente, à doutrina solidarista preconizada por Durkheim.[11] É do próprio Durkheim a afirmação de que, se é verdade que as obrigações contratuais podem fazer-se e desfazer-se unicamente com o acordo das vontades, não menos certo é que esse poder de ligar e de desligar é conferido pela sociedade.

É inegável que a economia moderna se estrutura, fundamentalmente, a partir de relações contratuais. Relações que traduzam uma troca de bens e valores a

---

[7] HIRONAKA, Giselda Maria Fernandes Novaes. *Direito civil*: estudos. Belo Horizonte: Del Rey, 2000, p. 101.

[8] BARROSO, Lucas Abreu. O contrato de Seguro e o Direito das Relações de Consumo. *Revista de Direito Privado*. Vol. 22. p. 184. Abr. 2005.

[9] COMPARATO, Carlos Konder. *Contratos conexos*: grupos de contratos, redes contratuais e contratos coligados. Rio de Janeiro: Renovar, 2006, p. 8.

[10] LARENZ, Karl. *Derecho de obligaciones*. Madrid: Revista de Derecho Privado, 1958. t. I, p. 38-39.

[11] Considerado um dos pais da sociologia moderna, Émile Durkheim foi o fundador da escola francesa de sociologia, posterior a Marx, que combinava a pesquisa empírica com a teoria sociológica. É reconhecido amplamente como um dos melhores teóricos do conceito da coesão social. Origem: Wikipédia, a enciclopédia livre.

permitir assim a circulação das riquezas. Os contratos são os instrumentos jurídicos de circulação e ativação da economia moderna. Por isso, pode-se dizer que o contrato cumprirá a sua função social na medida em que permita a manutenção das trocas econômicas.

Aliás, é o que diz Nery Júnior:

(...) a função mais destacada do contrato é a de propiciar a circulação da riqueza, transferindo-a de um patrimônio para outro. Essa liberdade parcial de contratar, com objetivo de fazer circular a riqueza, tem de cumprir sua função social, tão ou mais importante do que o aspecto econômico do contrato. Por isso fala-se em fins econômicos sociais do contrato como diretriz para sua existência, validade e eficácia.[12]

Para isto, é importante que as trocas sejam justas e úteis, pois se não o forem, os contratantes, certamente, deixarão de cumprir os contratos firmados, e isso resultará em uma quebra da finalidade da liberdade contratual. O essencial no contrato não é a manutenção absoluta da vontade inicial, mas a conformidade com a justiça comutativa.

Neste contexto, a ideia do seguro é posta como

(...) uma espécie de rede jurídico-econômica que nos protege contra os riscos a que estamos expostos",[13] resultado da evolução que experimentou o pensamento econômico que "permitiu a adaptação de um mecanismo mais adequado pelo qual mediante o aporte de uma soma relativamente reduzida, o sujeito potencial do dano obtenha da outra pessoa direito de ser indenizado pelo que puder ser o resultado do acontecimento de um sinistro.[14]

Com efeito, o instituto do seguro, enquanto meio capaz de oferecer a segurança enunciada, revigora-se hodiernamente e não apenas no sentido exclusivamente individual como antes concebido.

O seguro desta forma configurado justifica plenamente sua inserção no campo das preocupações do Poder Público, seja assumindo seu gerenciamento, como no caso do seguro público, seja pela intervenção estatal e pelo dirigismo contratual, em se tratando do seguro privado, fatores que o colocam como instituto pertencente à seara do chamado Direito Social.[15]

Como se viu, a sociedade em geral e o direito em especial têm passado por sensíveis alterações. De dois séculos para cá notam-se apreciáveis mudanças na economia, na tecnologia, na organização da família, e outros, o que influenciou sobremaneira as normas jurídicas.

---

[12] NERY JÚNIOR, Nelson. *Novo Código Civil e Legislação Extravagante Anotados*. São Paulo: Revista dos Tribunais, 2002.

[13] CAVALIERI FILHO, Sérgio. A trilogia do seguro. *Anais do 1º Fórum de Direito do Seguro "José Sollero Filho"* / Instituto Brasileiro de Direito do Seguro. São Paulo: Max Linonad, 2000, p. 86.

[14] MEILIJ, Gustavo Raúl. Seguro de responsabilidad civil. Buenos Aires: Depalma, 1992, p.2. Tradução livre de "permitió la adopción de un mecanismo más adecuado, por el cual, mediante el aporte de una suma relativamente reducida, el sujeto potencial del daño obtenía de otra persona el derecho a ser indemnizado por el que pudiere ser el resultado del acaecimiento de un siniestro".

[15] VENOSA, Sílvio de Salvo. *Manual de contratos e obrigações unilaterais da vontade*. São Paulo: Atlas, 1997, p. 268 e 273.

Dentro desse novo esquema, o contrato de seguro não pode ser analisado e muito menos praticado isoladamente, sob pena de desnaturá-lo em simples negócio de jogo ou aposta.

Referências bibliográficas

BARROSO, Lucas Abreu. *O contrato de Seguro e o Direito das Relações de Consumo.* Revista de Direito Privado. Vol. 22. p. 184. Abr. 2005.

BORGES, Roxana Cardoso Brasileiro. *A atual teoria geral dos contratos*, 2004.

CAVALIERI FILHO, Sérgio. A trilogia do seguro. *Anais do 1º Fórum de Direito do Seguro "José Sollero Filho"* / Instituto Brasileiro de Direito do Seguro. São Paulo: Max Limonad, 2000.

COMPARATO, Carlos Konder. Contratos conexos: grupos de contratos, redes contratuais e contratos coligados. Rio de Janeiro: Renovar, 2006.

HIRONAKA, Giselda Maria Fernandes Novaes. *Direito civil: estudos.* Belo Horizonte: Del Rey, 2000.

LARENZ, Karl. *Derecho de obligaciones.* Madrid: Revista de Derecho Privado, 1958. t. I.

MEILIJ, Gustavo Raúl. *Seguro de responsabilidad civil.* Buenos Aires: Depalma, 1992.

NERY JÚNIOR, Nelson. *Novo Código Civil e Legislação Extravagante Anotados.* São Paulo: Revista dos Tribunais, 2002.

TEPEDINO, Gustavo. *Crise de fontes normativas e técnica legislativa na parte geral do código civil de 2002.* In: *A parte geral do novo código civil: estudos na perspectiva civil constitucional.* Rio de Janeiro: Renovar, 2002.

VENOSA, Sílvio de Salvo. Manual de contratos e obrigações unilaterais da vontade. São Paulo: Atlas, 1997.

— II —

Seguro garantia estendida à luz do Código de Defesa do Consumidor

Felipe Gustavo Galesco

Advogado. Pós-graduado em Direito Processual Civil pela PUC/SP. Especialista em Direito do Seguro e Resseguro com MBA pela Escola Superior Nacional de Seguros. Professor de Direito Securitário na FMU/SP. Palestrante de temas relacionados ao Direito Securitário. Membro do Grupo Nacional de Trabalho das Relações de Consumo da Associação Internacional de Direito do Seguro – AIDA/Brasil.

Sumário: 1. Introdução; 2. Contrato de adesão; 3. Princípio do equilíbrio contratual; 4. Princípio da boa-fé objetiva; 5. O seguro garantia estendida; 6. Regulamentação do setor; 7. Conclusão; Referências bibliográficas.

1. Introdução

O contrato de seguro é, superficialmente, um clausulado que determina para o segurador, como obrigação principal, cobrir o risco (garantia) e, para o segurado, pagar o prêmio.

O artigo 757 do Código Civil assim prevê:

Pelo contrato de seguro, o segurador se obriga, mediante o pagamento do prêmio, a garantir interesse legítimo do segurado, relativo à pessoa ou à coisa, contra riscos predeterminados.

Diante desse artigo, pode-se classificar o contrato de seguro, primariamente, como um contrato bilateral, oneroso e de adesão.

Sendo de adesão, o contrato de seguro está regulado pelo Código Civil e também pelo Código de Defesa do Consumidor, norma principiológica que alterou as formas, as regras de conduta e o pensamento dos contratantes desta categoria.

Com o avanço do mercado de seguros no Brasil, percebe-se que as seguradoras têm acentuado suas operações na comercialização em massa de seus produtos, como é o caso do seguro garantia estendida que hoje é comercializado em lojas de varejo por todo país.

De tempos a esta parte, observou-se que no seguro garantia estendida, muitas pessoas não estavam adaptadas a esse tipo de comercialização em massa, não detinham o conhecimento básico acerca dos contratos de seguro e muito menos o de um seguro relativamente novo em nosso meio.

Por não conhecerem o clausulado que pactuavam, os segurados se encontravam, muitas vezes, em situação de desequilíbrio perante as seguradoras, o que é vedado pelo Código de Defesa do Consumidor. Diante disso, o seguro garantia estendida foi – atualmente – objeto de grande discussão nacional e recentemente regulado por órgãos securitários como SUSEP e CNSP.

Nesse diapasão, este artigo visa a fomentar o debate de teses jurídicas e esclarecer aspectos de direito contratual, securitário e consumerista, iniciando pela classificação atual do contrato de seguro, passando pelas limitações ao direito de contratar, a atenção aos princípios como o da *boa-fé objetiva* e do *equilíbrio contratual,* terminando com o estudo sobre a atual regulamentação criada para a proteção do consumidor, sem a pretensão de esgotar o assunto, devido a sua complexidade.

2. Contrato de adesão

Sob forte influência do liberalismo econômico, a liberdade de contratar possuiu durante anos uma interpretação abrangente, possibilitando a celebração de inúmeros pactos e transações sem a fiscalização da idoneidade das partes, da licitude do objeto a ser pactuado, das razões da celebração e do cumprimento das cláusulas estabelecidas.

Devido à insatisfação e ao despreparo de muitos contratantes, o desenvolvimento social levou à limitação da liberdade contratual. A vontade individual como elemento central na elaboração de um pacto deixou de ter a força de outrora.

Princípios constitucionais como o da *dignidade da pessoa humana* geraram o que muito se classificou como o "fim do contrato", ou a "crise do contrato". Entretanto, os princípios de proteção do indivíduo não objetivaram esse fim, pelo contrário, apenas pretenderam resguardar elementos de proteção individual para que o contrato seja lícito, eivado de vícios e que seja devidamente cumprido de forma a não prejudicar os contratantes.

O principal clausulado que sofre atuante intervenção estatal regulamentar é o contrato de adesão, pois é ressaltado, inclusive, no Código de Defesa do Consumidor, na medida que seu conteúdo é previamente determinado pelo fornecedor e imposto ao consumidor que apenas preenche o formulário e aceita as cláusulas unilateralmente elaboradas.

Nesse contrato de adesão é que se encaixa o seguro de garantia estendida, pois é de conhecimento popular que o segurado não determina as cláusulas, coberturas e exclusões do seguro, elas são impostas sem qualquer forma de negociação.

Verifica-se, assim, que o consumidor-segurado necessita de proteção, tanto no momento em que lhe é ofertado o seguro, quanto na sua manutenção e utilização em caso de sinistro.

Importante acrescentar que no âmbito da relação consumerista existente na adesão ao contrato de seguro garantia estendida emana obrigações também regidas pelo Código Civil e nele a incidência plena da boa-fé objetiva.

Destaca-se, nessa linha, a interpretação acerca do artigo 422 do Código Civil, emanada pela V Jornada de Direito Civil do Conselho da Justiça Federal:

> 27 – Art. 422: Na interpretação da cláusula geral da boa-fé, deve-se levar em conta o sistema do Código Civil e as conexões sistemáticas com outros estatutos normativos e fatores metajurídicos.[1]

O enunciado sistematizou o princípio do diálogo das fontes, aplicável de forma ampla na relação tema deste trabalho. A ilustre doutrinadora Cláudia Lima Marques ensina que:

> Deve presumir a boa-fé subjetiva dos consumidores e se impor deveres de boa-fé objetiva (informação cooperação e cuidado) para os fornecedores, especialmente tendo em conta o modo coletivo de contratação e por adesão. O valor pago pelo seguro deve ser aquele especificado na oferta, o qual despertou a confiança do consumidor e sobre o qual pagou suas contribuições.[2]

O princípio da boa-fé expresso no Código Civil, aplicado aos contratos securitários de adesão representa a mais completa e atual maneira de se interpretar a apólice de seguro garantia estendida, pois atinge a massa, a coletividade, transcende o consumidor individual.

Ou seja, Código Civil e Consumidor atuam de forma conjunta nas relações de consumo, embora constituam diplomas legais autônomos. As relações jurídicas a eles submetidas (nesse caso pelo contrato de adesão securitário), devem ser tuteladas de forma a coibir abusos e a proteger o consumidor – que não raro desconhecem o que contratam.

3. Princípio do equilíbrio contratual

Característica marcante dos contratos celebrados na sociedade de consumo, a proteção ao consumidor representa uma importante inovação a ser aproveitada pelos fornecedores de produtos e serviços. Essa relação contratual deve ser baseada em princípios garantidores de equilíbrio evidentemente necessário à confiança das partes. O cumprimento do contrato, tanto para quem paga o prêmio, quanto para quem o recebe e garante a cobertura prevista é decorrente da lealdade das partes.

Essa lealdade evidencia-se não somente pelo aspecto moral, mas também pelo equilíbrio econômico das partes do contrato, uma vez que a seguradora é entendida como um fundo mutual de preservação econômica e assim deve proceder

---

[1] Enunciados aprovados, por ocasião da V Jornada de Direito Civil, realizada entre os dias 8 e 10 de novembro de 2011, no CJF.

[2] MARQUES, Cláudia Lima. *Contratos no Código de Defesa do Consumidor*. São Paulo: Revista dos Tribunais, 2002, p. 395/396.

para que esse fundo se mantenha íntegro e capaz de atender ao interesse dos seus segurados. E o mesmo vale para o consumidor do seguro, que deve manter a sua obrigação de pagamento do prêmio, para que assim possa receber sua garantia em caso de sinistro.

Corroborando a tese, a ilustre professora Teresa Negreiros assim esclarece:

> É sob tal perspectiva que o princípio do equilíbrio do contrato, postulando que os contratantes, mediante o estabelecimento de prestações recíprocas, se mantenham em um certo nível de paridade, se configura como uma ponte entre o justo e o jurídico no domínio das relações contratuais.[3]

Hodiernamente, a revisão do contrato se impõe, e a relativização do *pacta sunt servanda* já não é novidade na sociedade atual; o equilíbrio contratual prevalece sobre a liberdade de contratar.

Conquanto não se possa encontrar no Código Civil a explícita menção ao princípio do equilíbrio contratual, é evidente a sua existência e a notória censura ao desequilíbrio, como bem explica Riccardo Guastini:

> Dizendo que alguns princípios são privados de formulação, não se quer dizer que eles sejam privados de uma formulação oficial ou standard: o que é verdade para uma inteira classe de princípios (os princípios "não expressos" ou "implícitos"...) e para uma inteira classe de normas (as normas consuetudinárias). Quer-se dizer que alguns princípios são habitualmente mencionados, mas não formulados: usa-se chamá-los "pelo nome", mas ninguém se arrisca a uma sucinta formulação normativa.[4]

O equilíbrio contratual, então, remete à igualdade entre os contratantes. É princípio da sociedade contemporânea que visa a proteger aquele que nitidamente é inferior intelectual e financeiramente ao outro.

Nesse contexto, é de primordial importância o aproveitamento desse princípio na relação representada pela apólice de seguro de garantia estendida, que deve estabelecer ao segurado o pagamento do prêmio e a lealdade na prestação de informações no momento da adesão, que deve exigir da seguradora a boa prática de mercado durante a regulação e liquidação de sinistros e do estipulante a melhor condição da oferta do seguro, disponibilizando ao consumidor todas as informações sobre o que está pactuando.

4. Princípio da boa-fé objetiva

A boa-fé objetiva, como regra geral, foi introduzida principiologicamente no ordenamento jurídico pátrio em 1990, com a promulgação do Código de Defesa do Consumidor, conforme leciona Martins-Costa:

> A boa-fé obrigacional, também dita boa-fé objetiva, chegou tarde ao Direito Brasileiro. Só muito recentemente, a partir de 1990, o direito legislado passou a contemplá-la como regra específica e, ainda assim no domínio próprio das relações de consumo. O vigente Código Civil brasileiro de 1916, não contém regra acerca da boa-fé obrigacional, diversamente do que ocorre com o novo Código, no qual são expressivas as referências ao princípio. É bem verdade que o vetusto Código Comercial, de 1850,

---

[3] NEGREIROS, Teresa. *Teoria do Contrato, Novos Paradigmas*. Rio de Janeiro: Renovar, 2006, p. 168.

[4] GUASTINI, Riccardo. *Teoria e dogmatica delle fonti*. CICU, Antonio; MESSINEO, Francesco. *Trattato di Diritto Civile e Commerciale*. Milano: Giuffrè, 1998, v. I, t. I, p. 278.

alude, no art. 131, a boa-fé como cânone hermenêutico dos contratos, mas esse texto jamais desempenhou funções de cláusula geral, pouco passando de letra morta.[5]

Na linha de pensamento principiológico, a boa-fé objetiva avançou em nosso ordenamento, espalhando sua atuação jurídica à sociedade moderna, tal qual dispõe o artigo 422 do Código Civil:

> Os contratantes são obrigados a guardar, assim na conclusão do contrato, como em sua execução, os princípios da probidade e boa-fé.

Por se tratar de cláusula geral, o legislador civilista trouxe ao Código a delimitação da boa-fé também ao contrato de seguro, como se observa do artigo 765:

> O segurado e o segurador são obrigados a guardar, na conclusão e na execução do contrato, a mais estrita boa fé e veracidade, tanto a respeito do objeto como das circunstâncias e declarações a ele concernentes.

Assim o faz para estabelecer que nessa espécie contratual é importantíssima a relação de lealdade e probidade entre as partes.

Com base no disposto da boa-fé objetiva, deverão os contratantes manter o respeito e a conduta ilibada na condução do contrato, seja ele um contrato genérico ou um contrato com *nuances* específicas, como em caso de apólices de seguro garantia estendida.

Com o princípio da boa-fé objetiva, busca-se assegurar a proteção à confiança e as legítimas expectativas dos contratantes. Essa é a sua real aplicação nos contratos de seguro, ou seja, preservar a lealdade das partes, seja segurado, seja seguradora, durante todo o período contratual.

5. O seguro garantia estendida

O seguro garantia estendida é assim definido, segundo seu objetivo:

> (...) tem por objetivo fornecer ao segurado a extensão e/ou complementação da garantia original de fábrica, estabelecida no contrato de compra e venda de bens de consumo duráveis. Ou seja, ao contratar o seguro de Garantia Estendida, o segurado está aumentando o prazo de garantia concedido pelo fabricante, ou complementando as garantias oferecidas.[6]

Com crescimento econômico na faixa de 15% em relação ao ano anterior, o seguro garantia estendida passa por mudanças legais e comerciais, pois até bem pouco tempo, era completamente desconhecido do brasileiro, que o adquiria sem ter ciência de suas condições gerais e sequer era informado do modo de utilizar a garantia em caso de sinistro.

Não demorou muito para que os órgãos de defesa do consumidor passassem a receber inúmeras reclamações advindas dessa modalidade de seguro. Com tantas reclamações, os PROCONS passaram a investigar e a proceder uma série de estudos para viabilizar a venda e a melhor forma de esclarecimento dos con-

---

[5] MARTINS COSTA, Judith; BRANCO, Gerson Luiz Carlos. *Diretrizes Teóricas do Novo Código Civil Brasileiro*. São Paulo: Saraiva, 2002, p. 188.
[6] SUSEP – www.susep.gov.br

sumidores. Decisões importantes foram tomadas por representantes do Ministério Público de vários estados da federação, como por exemplo o *parquet* mineiro, que determinou a suspensão da venda de seguro garantia estendida em lojas de varejo no estado de Minas Gerais, causando um verdadeiro abalo econômico e uma grande comoção das companhias seguradoras, corretoras de seguro e lojas de varejo que estipulavam as apólices.

Com a suspensão das vendas do seguro garantia estendida em Minas Gerais, audiências públicas foram realizadas para que todas as questões levantadas pelo D. Promotor de Justiça fossem esclarecidas e alteradas naquilo que ofendessem o direito do consumidor. Nessa linha, foram discutidas situações novas ao mercado de seguros, como o direito de arrependimento dos segurados, da mesma forma que é prevista no Código de Defesa do Consumidor.

O artigo 49 do diploma consumerista expressa a possibilidade de o consumidor desistir da avença, quando o produto ou o serviço objeto do contrato tenha sido adquirido fora do estabelecimento comercial, no prazo de sete dias, a contar da sua assinatura.

Essa regra, aplicada ao contrato de seguro, é uma inovação importantíssima, pois faculta ao segurado o direito de arrepender-se do contrato de seguro em até 07 dias após sua adesão.

Além do direito ao arrependimento, outras inovações aplicadas ao seguro de garantia estendida foram discutidas em diversos órgãos de defesa do consumidor e visavam ao melhor esclarecimento do segurado a respeito das condições do seguro, pois é costumeira a reclamação de que não há nos estabelecimentos estipulantes (lojas varejistas – que oferecem o seguro garantia estendida) um responsável que conheça do assunto. Nesse aspecto, as soluções discutidas foram no sentido de obrigar os estabelecimentos a manter um profissional capacitado e treinado para a oferta do seguro.

6. Regulamentação do setor

A Superintendência de Seguros Privados e o Conselho Nacional de Seguros Privados, ao analisarem a determinação do Ministério Público mineiro e as reclamações dos órgãos de defesa do consumidor, decidiram regulamentar a matéria, para fixar limites e procedimentos a serem respeitados por seguradoras e lojistas.

Através da Resolução CNSP nº 296 de 25/10/2013, foi sancionado, dentre outras: a) o direito de arrependimento, na forma no Código de Defesa do Consumidor; b) o combate à venda casada – que já é vedada pelo Código Consumerista; c) a exigência de pessoa devidamente informada sobre o seguro a ser comercializado em loja varejista, para que assim possa prestar melhores explicações ao consumidor; d) instituiu a condição de "agente de seguros" às redes varejistas, isto é, elas não mais serão consideradas como estipulantes do contrato (representantes dos segurados), mas sim, representantes da seguradora, trazendo responsabilidades e sujeição a fiscalização da própria SUSEP, podendo, inclusive, sofrer sanções da autarquia de forma solidária com a seguradora; e) determinou que as apólices serão individuais, e não mais coletivas.

Com as novas regras, resta evidente que a comercialização do seguro garantia estendida será mais clara ao consumidor, as coberturas serão melhor explicadas, as exclusões serão compreendidas de modo a facilitar o interesse na adesão. Além disso, a Resolução 296 busca a redução de conflitos entre consumidores, varejistas e seguradoras.

Destarte, nota-se a preocupação do poder público para que o consumidor não seja prejudicado pela falta de informação, não se sinta coagido a adquirir um seguro que desconhece e que consiga utilizá-lo de maneira correta em caso de sinistro.

7. Conclusão

À luz do Código de Defesa do Consumidor, necessário reconhecer a hipossuficiência e a vulnerabilidade do consumidor de seguros no país. Assim foi a intenção do legislador, de acordo com a Política Nacional das Relações de Consumo, expressa no art. 4º, I, do CDC.

Nesse sentido, segundo o que dispõe o Código de Defesa do Consumidor, em seus artigos 4º, III, 39, V e 51, IV, é abusiva a ação da seguradora que vise somente a seus interesses econômicos.

No que tange ao seguro garantia estendida, a nova regulamentação foi necessária para equilibrar o pacto entre segurado e seguradora. As alterações na forma de comercialização, exposição do produto e maior explicação acerca das garantias contratuais trouxeram ao mercado de seguros e ao consumidor a estabilidade mínima exigida para se constituir uma relação contratual calcada em confiança e probidade. Obedece, ainda, às regras contidas no Código de Defesa do Consumidor e no Código Civil, principalmente aquelas acima elencadas, como o princípio do equilíbrio contratual e da boa-fé objetiva.

Referências bibliográficas

GUASTINI, Riccardo. *Teoria e dogmatica delle fonti*. In: CICU, Antonio; MESSINEO, Francesco. *Trattato di Diritto Civile e Commerciale*. Milano: Giuffrè, 1998.

MARQUES, Cláudia Lima. *Contratos no Código de Defesa do Consumidor*. São Paulo: Revista dos Tribunais, 2002.

MARTINS-COSTA, Judith; BRANCO, Gerson Luiz Carlos. *Diretrizes Teóricas do Novo Código Civil Brasileiro*. São Paulo: Saraiva, 2002.

NEGREIROS, Teresa. *Teoria do Contrato, Novos Paradigmas*. Rio de Janeiro: Renovar, 2006.

SUSEP – www.susep.gov.br.

— III —

(Im)previsibilidade do risco ambiental: o seguro em um contexto de incertezas, ignorâncias e omissões – pressupostos e desafios

Giseli Giusti Tilger

Underwriter de responsabilidade civil. Formada em Gestão Ambiental pela USP, com MBA em Gestão e Tecnologias Ambientais – USP. Integrante do GNT Seguro Ambiental – AIDA/Brasil.

Luciana Gil Ferreira

Formada pela Universidade Presbiteriana Mackenzie, especialista em Direito Ambiental pela COGEAE/PUC-SP. Integrante da Comissão de Meio Ambiente da OAB/RJ. Coautora da obra "Getting the Deal Through: Environment in 22 jurisdictions worldwide, 2013" e autora de diversos artigos publicados na imprensa brasileira.

Pery Saraiva Neto

Mestre em Direito/UFSC. Especialista em Direito Ambiental/UFSC. Professor Universitário (Graduação e Pós-Graduação). Autor e colaborador de livros e artigos sobre Direito do Seguro. Secretário-Geral da Comissão de Direito do Seguro da OAB/SC. Membro e Conselheiro da Associação Internacional do Direito do Seguro e Presidente do GNT Seguro Ambiental – AIDA/Brasil. Advogado.

René Hernande Vieira Lopes

Atuário em São Paulo. Integrante do GNT Seguro Ambiental – AIDA/Brasil

Sumário: 1. Notas introdutórias: sobre imprevisibilidades, incertezas, ignorâncias e irresponsabilidades; 2. Crise ambiental, sociedade de risco e cenário de incerteza para inserção do seguro ambiental; 3. Requisitos para segurabilidade de riscos ambientais; 3.1. Introdução; 3.2. Seguro para riscos ambientais; 3.2.1. Principais requisitos para segurabilidade dos riscos ambientais; 3.2.1.1. As perdas devem ser pulverizadas; 3.2.1.2. A frequência de perdas deve permitir o cálculo de prêmio; 3.2.1.3. As perdas devem ser claras; 3.2.1.4. Os sinistros devem ocorrer numa delimitação temporal bem definida; 3.2.1.5. Inexistência de risco moral;

3.2.1.6. A seleção adversa não pode ser significativa; 3.3. Conclusões; 4. Interface do regime de responsabilização ambiental e o seguro: possíveis óbices ao avanço do seguro ambiental; Referências bibliográficas.

1. Notas introdutórias: sobre imprevisibilidades, incertezas, ignorâncias e irresponsabilidades

Uma das peculiaridades do momento em que vivemos é que estamos numa fase em que muitas conclusões ainda são tomadas com base em premissas passadas, em valores antiquados ou em interpretações que não estão em conformidade com a realidade em que vivemos. Estamos num mundo em constante transformação de valores. Os valores determinam novos conhecimentos e procedimentos e estes, por sua vez, novos valores – o que vai sendo incorporado ao escopo de regras legais, éticas ou morais de uma sociedade.

Na realidade brasileira, infelizmente, está presente a tendência a agir de acordo com a lei "do menor esforço", ou do "empurrômetro" – que na prática significa transferir para outro uma responsabilidade por algo que se julgue inconveniente.

Infelizmente, há ainda fatores legais que podem acomodar o indivíduo a uma situação que está defasada em relação à realidade, a exemplo do *Titanic*, que atendia às leis quanto à quantidade de botes salva-vidas, mas não ao princípio lógico de que o número de botes deveria ser suficiente para todos os ocupantes do navio em caso de naufrágio.

O que é bastante comum é o fato de haver uma defasagem entre o que acreditamos ser adequado e o que a realidade determina como tal.

Uma seguradora pode, portanto, ser responsabilizada por danos a terceiros por conta de suas ações (ou falta delas) ou de corresponsáveis. Ou ainda, por conta de interpretações dadas pelo Judiciário, além do que, originalmente, se pensou como certo pelos agentes que, quando construíram os clausulados da relação securitária, acreditavam estar agindo de acordo com normas justas, segundo a ética e a moral.

Aparentemente, estamos falando de algo que parece fugir da realidade de nosso dia a dia. Mas, ao contrário disso, nossas ações podem nos render prejuízos, tanto a nós mesmos quanto à empresa na qual pertencemos, seguindo ou não as normas que acreditamos serem corretas.

Ficam então as perguntas: como é correto proceder? O que é legal? O que é "mais" humano? A velha máxima de fazer ao outro o que queremos de melhor para nós talvez seja a luz que indica o caminho.

Em termos de impactos no ambiente, um dos maiores presentes é a questão climática. Os eventos climáticos extremos (tempestades severas, enchentes, ciclones, tornados), constantemente, têm colocado em xeque os nossos sistemas de prevenção. A frase "não tínhamos como prever algo de tal magnitude" é aplicada a uma quantidade cada vez maior de ocorrências.

Contudo, cabe um questionamento quanto a esse "não tínhamos". Talvez o correto seja "não sabíamos", pois na maioria das ocorrências, havia alguma informação disponível sobre o fenômeno. Isso porque o conhecimento quanto à intensidade ou possibilidade de determinados eventos nem sempre é inexistente. O meio acadêmico produziu e produz milhares de novas análises sobre eles, agregando mais conhecimentos a outros já existentes. Esse somatório de conhecimentos, que aumenta exponencialmente nosso estoque de "saberes" sobre o meio que nos cerca, é tão amplo e fascinante que o resultado natural é a decepção ante a negligência em sua aplicação.

Quando nos deparamos com tragédias de grandes proporções, não é razoável buscarmos uma única causa provável, e sim, de um conjunto delas e, não raro, é a "ação humana" uma das protagonistas principais.

Em 2008, o geógrafo Moacyr Duarte, pesquisador sênior da Coppe/UFRJ, já frisava a necessidade da criação de um mapa que indicasse datas e regiões suscetíveis aos riscos naturais. Como desdobramento desse mapa, segundo o geógrafo, surgiria outro, em que as informações, tais como a concentração populacional e de bens, incluindo a industrial, poderiam ser sobrepostas. Isso resultaria em conhecimento sobre onde há maior probabilidade de ocorrer mais prejuízos.[1]

Ainda assim o pesquisador, à época, já ressaltava que há grande produção de estudos de impacto ambiental úteis ao poder público, mas que não são utilizados para produção de conhecimento sobre a região estudada. Ou seja, os dados e as informações existem, mas não há disseminação desses recursos para a geração de conhecimento que possibilite melhor resposta aos desastres naturais.

Complementando, em parte, o que diz Moacyr Duarte, a coordenadora do Grupo de Estudos de Desastres Naturais da Universidade Federal de Santa Catarina, Lúcia Herrmann, afirmava, desde a década de 1980, que já havia sido produzida uma grande quantidade de teses e monografias sobre eventos naturais severos, principalmente sobre inundações – que é um dos fenômenos naturais mais impactantes na realidade brasileira. Tal conhecimento disponível, segundo ela, garantiria uma ação efetiva do poder público no sentido de minimizar os efeitos danosos desses fenômenos naturais severos. Mas, em sua opinião, não há entrosamento entre o poder público e o acadêmico.

Portanto, a sensação de que nos falta muito conhecimento, logicamente, é verdadeira, contudo, o que já adquirimos é suficiente para uma ação mais eficiente do indivíduo e do poder público para atenuar os efeitos dos fenômenos naturais severos e desastrosos.

Sabemos que uma das características dos riscos da natureza é a imprevisibilidade. Não obstante tal imprevisibilidade, nos países mais desenvolvidos, o

---

[1] *Revista Época*, 1º de dezembro de 2008, edição 550.

estudo das causas e dos efeitos dos riscos naturais tem possibilitado prover a sociedade de conhecimento de quais são as áreas mais vulneráveis e qual é o tempo de retorno dos fenômenos, possibilitando assim estabelecer normas de construção, de ocupação e constituição de planos de emergência para enfrentar os principais efeitos dos desastres naturais.

Entretanto, o que aconteceu quando do impacto do *Katrina* no território dos EUA, um país altamente desenvolvido e com gigantesco estoque de conhecimento sobre os fenômenos e formas de mitigação, nos remete a novas perguntas.

Sabia-se de antemão qual era a potencialidade do impacto de um furacão daquelas proporções, quais seriam as áreas impactadas e qual a vulnerabilidade dessas áreas. Apesar disso, o resultado foi desastroso. Isso mostra que a simples posse de conhecimento não é sinônimo de resolução de problemas. O poder público não atuou de acordo com o que exigia a situação, diques se romperam, e o resultado foi um prejuízo gigantesco em vidas e em perdas econômicas.

Nota-se, nesse ponto, a semelhança da realidade brasileira com o das ações diante do *Katrina*. Não faltaram informações para diminuir o impacto, o que faltou foi uma ação coordenada pelo poder público a partir das informações disponíveis. Nesse caso, a geração de mais conhecimento não resolveria o problema, pois já há um grande estoque de informações. O que falta é aplicação.

As inundações são fenômenos com grande irregularidade em suas aparições. Quando menos se espera, elas retornam com toda força e capacidade destrutiva. Contudo, entre uma e outra ocorrência pode haver um longo intervalo de tempo, e esse período de interocorrências pode ser de décadas ou até de séculos. O mesmo ocorre com os tornados.

Essa característica peculiar de determinados fenômenos tem desdobramentos: logo após a ocorrência, a lembrança de uma inundação estará aquecida, e as pessoas e o poder público agem com mais intensidade para diminuir os impactos. Porém, com o passar do tempo, a memória dos efeitos do evento severo será "apagada" – o que contribui, inclusive, para que uma ação que atenue os efeitos de futuros eventos não seja mais percebida como prioridade pelo poder público, nem tampouco pelos prováveis afetados.

É perfeitamente possível que a população afetada pelo último evento se lembre do que aconteceu, mas a tendência, infelizmente, é de esquecimento.

Esse fenômeno é denominado de "memória curta" e se constitui num dos fatores que mais fortemente intervêm no quadro de gravidade de danos resultantes do fenômeno natural.

Apagando-se a memória, a cobrança para execução de mudanças necessárias para diminuir os impactos desses eventos também diminui e assim entramos no círculo vicioso em que todo o conhecimento anterior adquirido se torna "arquivo morto": existe, mas não tem uso.

As regiões onde o fenômeno *El Niño* intensifica as inundações são atualmente bem conhecidas – o sul do Brasil é uma das regiões que sofrem com as enchentes nos anos em que há *El Niños* intensos.

Embora imprevisível quanto ao retorno, isto é, quando irá acontecer novamente, o fenômeno é detectável a partir do momento em que sua gestação ocorre. A temperatura do Oceano Pacífico entre a América do Sul e Austrália aumenta em relação à média em pelo menos meio grau centígrado e assim permanece por pelo menos cinco meses. Pelo contrário, para que um fenômeno seja considerado *La Niña*, a temperatura do Oceano Pacífico, na mesma região, deve permanecer pelo menos meio grau centígrado abaixo da média por no mínimo cinco meses.

O que é interessante nesse caso é que embora imprevisível quanto ao retorno – não se sabe quando ocorrerá o próximo *El Niño* ou *La Niña*, tais fenômenos podem ser detectados assim que a temperatura começa a subir ou descer abaixo da média conforme a configuração descrita.

Mas qual a importância de se saber de antemão que estaremos diante de um fenômeno desses?

Quando diagnosticada a possibilidade de *El Niño*, por exemplo, há probabilidade de intensificação de tempestades e toda a gama de reflexos que elas trazem: inundações, ventanias, tornados, granizo, deslizamento de encostas, etc. Portanto, a antecipação ao fenômeno se faz necessária para diminuir danos e mortes.

A Defesa Civil, um dos órgãos que leva em alta consideração a ocorrência desse fenômeno, já em agosto de 1997 propôs o Plano de Redução dos Efeitos das Enxurradas Provocadas pelo *El Niño*, onde uma série de ações eram propostas: minimizar os danos e prejuízos causados por inundações e por outros desastres secundários; socorrer e assistir as populações afetadas pelos eventos adversos; restabelecer a situação de normalidade no mais curto prazo possível; reduzir as vulnerabilidades dos cenários dos desastres aos eventos adversos, etc.

E frisava ainda que, para que os resultados do Plano fossem positivos, seriam necessárias ações imediatas no sentido de: intensificar e articular adequadamente as atividades de monitoramento, alerta e alarme; reduzir a incidência e a intensidade de escorregamento e deslizamentos de solos e quedas de rochas; reduzir a incidência e a intensidade de desastres secundários de origem humana, como a transmissão de doenças por contaminação de água e de alimentos, e por contato com urina de roedores; recuperar e desobstruir sistemas de drenagem nas áreas urbanas; intensificar as atividades de avaliação de riscos e de mapeamento de áreas de risco; cadastrar os estratos populacionais vulneráveis que habitam em áreas de riscos intensificados.

Vemos, portanto, que a imprevisibilidade não é absoluta e que medidas podem ser antecipadas ante o que denominamos corriqueiramente de "imprevisível".

Os fenômenos naturais e a ação humana podem desencadear uma série de outros eventos danosos ao homem e à natureza, inclusive por um resultado de combinação de fatores: uma tempestade severa provoca inundação e esta, por sua vez, é causa de rompimento de contentores de produtos ou resíduos tóxicos que se misturam à água da inundação e, com isso, uma área gigantesca pode ser contaminada, com efeitos que podem durar vários anos ou décadas.

Retomando o exemplo do *Titanic*, não é apenas a natureza a principal agente do evento destrutivo ou contaminante. A falta de ação ou a ação incorreta é que faz com que, presentes agentes naturais ou não, um desastre se efetive.

Mas por que ainda não vemos agentes públicos ou particulares serem responsabilizados por danos que poderiam ter sido evitados se as medidas adequadas fossem tomadas?

Parte da resposta se deve ao fato de que ainda prevalece a ideia da imprevisibilidade absoluta e, também, por desconhecimento de parte da população de como agir para responsabilizar o agente *maximizador* de danos dessa espécie. E o fator "memória curta" potencializa tudo isso. Com o passar dos anos, a memória irá sendo apagada, até que o próximo desastre a reaqueça.

Somente quando eventos como o incêndio em Santa Maria, que tomou proporções catastróficas, ocorre, é que vemos toda a comunidade se mover no sentido de responsabilizar o poder público ou agentes particulares pela tragédia.

E é nesse ponto em que o Judiciário intervém de forma a mostrar o que, de fato, é a ação correta segundo as normas impostas pela lei ou por princípios básicos humanos morais e éticos.

Não basta alegar que não sabia. Dependendo do caso, deverá ser provado que não havia realmente como se ter conhecimento dos fatos.

O argumento do caso fortuito ou da força maior, invocado para justificar procedimentos incorretos ou a falta de ação, deveriam ser cada vez menos empregados pelos tribunais.

Um exemplo aparentemente grotesco pela peculiaridade expõe tal afirmação, numa tendência crescente. Um caso levado a juízo tinha como objeto a exigência de reparação de um eletrônico pelo importador. O motivo da ação resultava da negação de responsabilidade de reparo de um ar-condicionado pelo importador, alegando este que a causa do defeito se devia a uma lagartixa, que, entrando por um pequeno espaço existente no aparelho, acabou causando queima do motor.[2]

A alegação de falta de responsabilidade, pelo fato de que não era possível se saber de antemão que uma lagartixa poderia penetrar no ar-condicionado, foi negada pelo juiz. Segundo o juiz do caso, os engenheiros que projetaram o produto deveriam saber que há pequenos animais que transitam por paredes e que, portanto, poderiam entrar no ar-condicionado, caso houvesse tal possibilidade; o

---

[2] *Revista de Direito Ambiental*: RT, 2013, n. 201, p. 311-313.

importador, por sua vez, também não tomou medidas para que o erro inicial de projeto fosse corrigido.

Por isso, no entender do juiz, houve vício de adequação do produto e, portanto, o dano devia ser reparado.

Há outros casos em que o "não havia como saber" não é mais considerado como justificativa. Mas o caso suprarrelatado já é elucidativo de que o espaço para alegações desse tipo não tem mais um caminho fácil na nossa realidade.

A questão da imprevisibilidade, portanto, pode estar com os dias contados. Agentes públicos já deviam estar sendo processados por não aplicar medidas adequadas à manutenção da vida e da propriedade, afinal, a imprevisibilidade nem sempre é absoluta. Se isso não acontece na atualidade, é porque não conectamos claramente a falta de ação à negligência em buscar o conhecimento necessário para que eventos dramáticos não voltem a ocorrer, com ou sem o "efeito memória".

2. Crise ambiental, sociedade de risco e cenário de incerteza para inserção do seguro ambiental

O tópico anterior, por relevante, merece aprofundamento.

Principia-se buscando contextualizar o quadro atual de crise ambiental, delineando suas origens e consequências, bem como fazendo um retrato da postura da sociedade diante desta realidade. Focando as origens, caracterizar o modo de vida social de acordo com o ideário pós-Revolução Francesa – individualista e desenvolvimentista – e, especialmente, a indiferença, na definição destas opções, quanto aos impactos no meio ambiente. Ao tratar dos efeitos dessas opções, demonstrar os sinais negativos da exploração desmedida dos recursos naturais e, por conseguinte, o momento de percepção social destes efeitos. Neste ponto será dada particular atenção, no sentido de demonstrar o confronto entre as escolhas sociais e as respostas da natureza ao seu desgaste, destacando o resultado da assimilação e da aceitação destas implicações.

O conflito entre o homem e a natureza existe desde que aquele surgiu na Terra, em decorrência da necessidade de adequação do meio ambiente às suas necessidades, somado ao fato de estas serem ilimitadas, em oposição à finitude dos recursos naturais.[3]

Este antagonismo é vislumbrado por Nalini, na constatação de que, enquanto "os demais seres se adaptam ao ambiente, o homem *transforma* o ambiente. E, nessa transformação, o agride de maneira tal que chega a ameaçar a própria continuidade da existência vivente no planeta".[4]

---

[3] LEITE, José Rubens Morato. *Dano ambiental: do individual ao coletivo extrapatrimonial*. São Paulo: Revista dos Tribunais, 2003, p. 72.
[4] NALINI, José Renato. *Ética geral e profissional*. São Paulo: Revista dos Tribunais, 2008, p. 460.

Tal conflito foi constantemente agravado, especialmente com o advento de novas tecnologias/ferramentas de produção, possibilitando ao homem ir além da mera subsistência e criando-se, assim, novas perspectivas a partir do excedente, a ensejar a busca constante por maiores níveis de produção. Vislumbra-se, portanto, um modelo de apropriação dos recursos naturais e foco exclusivamente utilitarista.

Embora este modelo seja uma constante na história humana, um salto relevante neste quadro decorre do advento do capitalismo, na medida em que este padrão de apropriação foi agravado, no dizer de Steigleder,

> (...) com o contexto sociocultural viabilizado pelo paradigma da modernidade, especialmente após a sua associação ao capitalismo, o qual encarregou-se de viabilizar a transformação dos elementos naturais em insumos para o processo produtivo, em mercadorias suscetíveis de transação no mercado e em corpos receptores dos dejetos.[5]

O avanço das ciências naturais propiciou o incremento da criação de tecnologias para maximizar a satisfação destas necessidades, num processo de constante crescimento da exploração dos recursos naturais.[6] Com o advento da técnica, o homem pôde extrair da natureza muito mais do que o essencial à subsistência, rumo à satisfação do seu querer ilimitado, ignorando a finitude dos recursos naturais.

O modelo que subjaz a tal evolução é apontado como paradigma antropocêntrico-utilitarista, caracterizado pela convicção em quatro axiomas, quais sejam: a racionalidade científica, a propriedade privada, o progresso, e o papel do Estado, respaldando e legitimando tal modelo.[7]

Tais circunstâncias culminam no que se denomina crise ambiental: o esgotamento dos recursos naturais, somado à ocorrência de catástrofes decorrentes da ação degradante do homem. A velocidade da exploração é inversamente proporcional à possibilidade de reconstituição dos recursos naturais.

Verifica-se, portanto, com Leite, que

> este divórcio entre a concepção de atividade econômica e ambiente é, pois, uma incontestada crise ambiental. A problemática ambiental questiona os processos econômicos e tecnológicos que estão sujeitos à lógica de mercado, resultando em degradação do ambiente e prejudicando a qualidade de vida.[8]

A segunda metade do século XX é marcada pela constatação das repercussões negativas deste paradigma. Surge o denominado consenso ecológico acerca das agressões promovidas ao meio ambiente.[9] Este consenso decorre de uma ex-

---

[5] STEIGLEDER, Annelise Monteiro. *Responsabilidade civil ambiental: as dimensões do dano ambiental no direito brasileiro*. Porto Alegre: Livraria do Advogado, 2004, p. 29.

[6] HOBSBAWM, Eric J., *A era dos extremos: o breve século XX, 1914-1991*. Tradução Marcos Santarrita. São Paulo: Companhia das Letras, 1995, p. 504 e ss.

[7] STEIGLEDER, op. cit.,, p. 28 e ss.

[8] LEITE, José Rubens Morato. *Dano ambiental: do individual ao coletivo extrapatrimonial*. São Paulo: Revista dos Tribunais, 2003, p. 23.

[9] ALPHANDÉRY, Pierre; BITOUN, Pierre; DUPONT, Yves. *O equívoco ecológico: riscos políticos da inconseqüência*. São Paulo: Brasiliense, 1992, p. 15 e ss.

pansão da sensibilidade ecológica, diante da ocorrência de catástrofes ambientais, sendo marcantes para a formação desta sensibilidade os eventos danosos relacionados "às indústrias químicas (Seveso, Bhopal,[10] poluição do Reno pela Sandoz), às indústrias petrolíferas (marés negras na Bretanha, do Alasca, etc.) e à indústria nuclear (Three Miles Island, Chernobyl)".[11]

Paralelos a estes acontecimentos, ocorreram outros que merecem especial atenção. Trata-se de ameaças ao meio ambiente que se caracterizam por serem desconhecidas: a poluição invisível, que está em toda a parte, e os riscos ocultos da tecnologia.[12] No final da década de 1980, tais ameaças começaram a se concretizar. Alphandéry, Bitoun e Dupont ilustram a concretização das ameaças com o fenômeno das "chuvas ácidas", a emissão de CFC e o consequente "buraco na camada de ozônio" e a emissão de gases que implicaram o denominado "efeito estufa"[13] e, em decorrência, o aquecimento global, que hoje está no centro das preocupações mundiais.[14]

O ano de 1989 é especialmente marcado pelo acidente nuclear de Chernobyl, momento em que a ocorrência de um evento contra o meio ambiente tomou, pela primeira vez, dimensões que extrapolaram o âmbito local. Num período de tomada de consciência da crise ambiental, Chernobyl foi o evento principal, a demonstrar "que o destino de todos os países de um continente estava ligado, e que os governos, tanto quanto os especialistas, estavam amplamente impotentes para encarar as ameaças e não hesitavam, se necessário, em dissimular sua realidade".[15]

O marco representado pelo incidente nuclear de Chernobyl tem especial relevância para o presente trabalho. O sociólogo alemão Ulrich Beck destaca Chernobyl como um momento emblemático, em que rompemos com a sociedade meramente industrial e adentramos numa fase que o autor denomina sociedade de risco.

Beck desenvolve sua teoria sobre a sociedade de risco visando a retratar uma etapa do desenvolvimento da sociedade moderna em que as ameaças – sejam elas

---

[10] "Em fins de 1984, na cidade indiana de Bophal, a fábrica de pesticidas da empresa química Union Carbide sofreu uma perda de quarenta toneladas de gás mortífero. O gás se espalhou pelos subúrbios, matou seis mil e seiscentas pessoas e prejudicou a saúde de outras setenta mil, muitas das quais morrem pouco depois ou adoeceram para sempre. A empresa Union Carbide não aplicava na Índia *nenhuma* das normas de segurança que são obrigatórias nos Estados Unidos." GALEANO, Eduardo. *De pernas pro ar: a escola do mundo ao avesso*. Porto Alegre: L&PM, 2007, p. 226.
[11] ALPHANDÉRY, Pierre; BITOUN, Pierre; DUPONT, Yves. *O equívoco ecológico: riscos políticos da inconseqüência*. São Paulo: Brasiliense, 1992, p. 17.
[12] Idem, p. 16.
[13] Idem, p. 16.
[14] Apenas para ilustrar, GORE, Albert. *Uma verdade inconveniente : o que devemos saber (e fazer) sobre o aquecimento global*. Trad. Isa Mara Lando. Barueri: Manole, 2006. Ainda, Protocolo de Quioto à Convenção--Quadro das Nações Unidas sobre Mudança do Clima.
[15] ALPHANDÉRY; BITOUN; DUPONT, Op. cit., p. 17.

sociais, políticas, econômicas ou individuais – tendem cada vez mais a escapar dos mecanismos de controle, seja do Estado ou da sociedade.[16]

A teoria desenvolvida pelo referido autor enfrenta o momento de percepção da ocorrência de uma virada. Não a virada de um modelo, mas de percepção das implicações deste modelo. A percepção do descontrole. A sociedade de risco representa um momento da sociedade industrial em que, pela ocorrência de eventos significativamente maléficos, deparamos com a constatação dos resultados negativos e da insustentabilidade no modo de produção e no modo de vida estabelecido.

Para melhor ilustrar, vale distinguir dois momentos; o que Beck denomina de modernidade simples e modernidade reflexiva. A modernidade simples ou primeira modernidade – que coincide com a primeira etapa da sociedade industrial – caracteriza-se como o período em que as autoameaças são sistematicamente produzidas e aceitas pelo homem, já que estão conforme aos padrões da sociedade industrial.[17] Soma-se à crença na sustentabilidade de tal modelo – pois, de fato, nenhum acontecimento, até então, levava a pensar o contrário.

A modernidade reflexiva, por outro lado, é o momento do embate: a autoconfrontação do modelo. Trata-se do momento em que começam a se concretizar – agora são percebidas, sentidas, visíveis – aquelas ameaças construídas pela sociedade industrial.[18]

Esta transição para a modernidade reflexiva não é uma escolha e nem foi programada, mas "ela surge na continuidade dos processos de modernização autônoma, que são cegos e surdos a seus próprios efeitos e ameaças".[19]

A percepção da autoconfrontação é que caracteriza o risco. A sociedade de risco é aquela que se segue à sociedade industrial, sem, no entanto, implicar o advento de outro modelo de sociedade. O que ocorre é a evolução daquele modelo industrial, acrescida de um novo elemento, isto é, o que se percebe agora é a convivência diuturna com as ameaças que decorrem da própria ação humana.

Ao adjetivar a sociedade atual como de risco, Beck propõe-se, portanto, a diferenciá-la do momento anterior, de modo que, conceitualmente, é empregado o termo *risco*. Evidentemente que o elemento risco, em sentido amplo, como equivalente à ameaça ou perigo, é algo presente desde a sociedade industrial ou muito antes. Não obstante, o conceito proposto é novidade,[20] de modo que se faz

---

[16] BECK, Ulrich. *A reinvenção da política: rumo a uma teoria da modernidade reflexiva*. In BECK, Ulrich; GIDDENS, Anthony; LASH, Scott. *Modernização reflexiva: política, tradição e estética na ordem social moderna*. Trad. Magda Lopes. São Paulo: Universidade Estadual Paulista, 1997, p. 15.

[17] Idem, p. 15.

[18] Idem, p. 17.

[19] Idem, p. 16.

[20] FERREIRA, Heline Sivini. Política ambiental constitucional. In CANOTILHO, José Joaquim Gomes; LEITE, José Rubens Morato (organizadores). *Direito constitucional ambiental brasileiro*. São Paulo: Saraiva, 2007, p. 248.

pertinente destacar a opção pelo emprego de tal termo para caracterizar a sociedade atual.

Para fins de compreensão da proposição do autor alemão, importa frisar que risco e perigo devem ser compreendidos como espécies do gênero ameaça, compreendendo-se esta como a probabilidade de ocorrência de um evento danoso.

De fato, o homem sempre conviveu com ameaças, contudo, tradicionalmente, estas estavam atreladas a eventos externos, especialmente os naturais, que o homem (acreditava) não participar ou não colaborar, o que, para fins conceituais, se caracteriza como perigo.

No momento em que o homem passa a perceber e vincular as ameaças ao seu modo de vida ou a seus atos, é que surge, para os fins da teoria ora apresentada, o conceito de risco.

O elemento risco, deste modo, deixa de ser compreendido como uma ameaça externa, para ser encarado como fruto da própria fase evolutiva. Nossa sociedade, que ainda segue a matriz industrial e desenvolvimentista, passa a conviver com as consequências desse modelo. O sucesso do modelo pode implicar o seu colapso ou, em outros termos, "ocidente é confrontado por questões que desafiam as premissas fundamentais do seu próprio sistema social e político".[21]

O que caracteriza o risco é, portanto, o fato de que as origens destas ameaças têm uma dimensão reconhecidamente humana, porque decorrem de escolhas.[22] A sociedade atual é qualificada como sociedade de risco em razão de que tem consciência das ameaças e aceita conviver com elas.

Tais particularidades para caracterização do risco são sublinhadas a partir do destaque de cinco elementos inerentes ao risco da modernidade, a saber: (i) sua complexidade; (ii) sua dimensão/abrangência; (iii) seu potencial de levar o modelo produtivo a outro patamar; (iv) ser onipresente; e (v) os efeitos da tomada de consciência. Passa-se a analisar cada um destes elementos.

(i) Primeiramente, que os danos que hoje se consumam, e que há possibilidade de seguirem ocorrendo, são sistemáticos e, no mais das vezes, irreversíveis. Podem permanecer invisíveis e só serão constatáveis posteriormente, quando o dano já houver ocorrido, o que dependerá da interpretação das causas – diferentemente das ameaças da sociedade meramente industrial, em que os danos eram mais facilmente perceptíveis. A complexidade da técnica gera a dos riscos.[23]

---

[21] BECK, Ulrich. *A reinvenção da política*: rumo a uma teoria da modernidade reflexiva. In BECK, Ulrich; GIDDENS, Anthony; LASH, Scott. Modernização reflexiva: política, tradição e estética na ordem social moderna. Trad. Magda Lopes. São Paulo: Universidade Estadual Paulista, 1997, p. 11.
[22] FERREIRA, Heline Sivini. Política ambiental constitucional. In CANOTILHO, José Joaquim Gomes; LEITE, José Rubens Morato (organizadores). *Direito constitucional ambiental brasileiro*. São Paulo: Saraiva, 2007, p. 248.
[23] BECK, Ulrich. *La sociedad del riesgo*: hacia una nueva modernidad. Barcelona: Paidós, 1998, p. 28.

Estas especificidades, ademais, tendem a passar despercebidas, em razão da centralidade da discussão sobre o meio ambiente, nas ciências naturais e, de forma fragmentada, com o desprezo pelas correlações das ameaças ao gênero humano e, portanto, à sociedade. Ocorre que operar uma lógica inversa àquela da sociedade industrial – quando a centralidade era total no ser humano – percorrendo um caminho totalmente diverso, leva a uma discussão do meio ambiente, desprezando-se o humano. Tal perspectiva se mostra equivocada, na medida em que ignora a questão do significado social e cultural do tema.[24]

Beck observa que o "surpreendente nisso é o seguinte: os danos ao meio ambiente e a destruição da natureza causada pela indústria, com seus diversos efeitos sobre a saúde e à convivência dos seres humanos, se caracterizam pela perda do pensamento social".[25]

Deste modo, não se considera que as substâncias nocivas poderão ter implicações diferentes em pessoas em condições diferentes, tais como sexo, idade, hábitos alimentares, tipo de trabalho, ou mesmo informação e educação, sendo que estes dois últimos elementos importarão para a compreensão do risco. Da mesma forma, despreza-se o fato de que as investigações que partem somente das substâncias individualmente, nunca poderão averiguar a concentração de substâncias nocivas no ser humano. Tais elementos são relevantes à diferenciação dos riscos que caracterizam a sociedade atual, na medida em que as ameaças, ao serem desprezadas, se somam perigosamente, o que dá novos contornos aos riscos.[26]

Este distanciamento finda por ocultar o conteúdo e as consequências sociais, políticas e culturais dos riscos da modernização.

(ii) O segundo elemento diferenciador entre os riscos atuais e os perigos da modernidade simples refere-se ao fato de os riscos proporcionados pelo avanço da técnica e da produção não mais ameaçarem exclusivamente classes e grupos em situação de desigualdade ou fragilidade, para ameaçarem também aqueles que foram favorecidos pelo avanço da técnica e da produção. Para Beck, tais riscos contêm um efeito bumerangue, que ignora o sistema de classes, de modo que também os grupos que vivem em situação de vantagem e conforto deixam de estar em condição de segurança.[27]

Neste sentido, válido o destaque de Trennepohl, quando enfatiza que "o conceito de sociedade de risco se interliga com o de globalização, na medida em que

---

[24] BECK, Ulrich. *La sociedad del riesgo*: hacia una nueva modernidad. Barcelona: Paidós, 1998, p. 30. Nas palavras de Beck: "Em consecuencia, existe el peligro de que una discusión sobre el medio ambiente que tenga lugar mediante categorías químico-biológico-técnicas tome em conseración al ser humano involuntantariamente solo como aparato orgânico".

[25] Idem, p. 31.

[26] Idem, p. 32.

[27] Idem, p. 29. No dizer do autor: "Ciertamente, en algunas dimensiones éstas siguem a la desigualdad de las situaciones de clases y de capas, pero hacen valer una lógica de raparto esencialmente diferente: los riesgos de la modernización afectan más tarde o más temprano también a quienes los producen o se beneficia de ellos".

'os riscos são democráticos' e podem atingir diferentes nações sem respeitar qualquer fronteira, seja ela social ou geográfica.[28]

Significa que a sociedade de risco, ironicamente, se vincula à globalização, porquanto ocorre uma democratização dos riscos.

Beck faz dois destaques sobre esta ampliação: primeiro quando lembra que não se trata exclusivamente de riscos à saúde, mas também à propriedade privada e à ganância, porquanto o reconhecimento deles pela sociedade implica desvalorizações e expropriações ecológicas que caracterizam um paradoxo com aqueles interesses que dão impulso ao processo produtivo; a segunda ampliação é transfronteiriça, porquanto os riscos e seus efeitos não respeitam as demarcações dos Estados nacionais.[29]

(iii) O terceiro elemento diferenciador está no fato de que a constatação dos riscos não abala o modo de produção capitalista. Pelo contrário, esta constatação apenas o transfere para outro nível: o risco se torna o limite. A sanha da economia deixa de ser a produção e distribuição da riqueza, porquanto ela se torna autorreferencial, desvinculada da satisfação das necessidades humanas.[30]

(iv) O risco, por outro lado, passa a ser uma constante civilizatória, algo intrínseco ao modo de vida, onipresente, de modo que não pode ser ignorado, o que caracteriza o quarto elemento diferenciador em relação à sociedade meramente industrial. A consciência dos riscos deve guiar a ação humana, da qual decorre a importância de difusão do saber sobre os mesmos, permitindo desenrolar e analisar o potencial político da sociedade de risco.[31]

(v) O início da tomada de consciência dos riscos pela sociedade tem um efeito político relevante. Surge o debate e a reflexão sobre as causas do processo de industrialização, momento em que a opinião pública e a política passam a se inteirar e influenciar o meio empresarial, no modo de produção e no desenvolvimento tecnológico e científico. E não apenas pela preocupação com a saúde humana ou com o meio ambiente, mas também em relação aos efeitos secundários sociais, econômicos e políticos.[32]

O quadro exposto estaria a sugerir uma guinada nos rumos da humanidade, numa perspectiva de enfrentamento da problemática; contudo, o que se verifica é o verdadeiro desprezo e obscurecimento dos riscos constatados.

---

[28] TRENNEPOHL, Natascha. *Seguro ambiental*. Salvador: JusPodivm, 2008, p. 28

[29] BECK, Ulrich. *La sociedad del riesgo*: hacia una nueva modernidad. Barcelona: Paidós, 1998, p. 29.

[30] Idem, p. 29.

[31] Idem, p. 29.

[32] Idem, p. 29-30.

Embora seja perceptível o aumento dos problemas relacionados ao meio ambiente, não se constata a ocorrência de uma contrapartida, na forma de promoção de mecanismos jurídicos capazes de resolvê-los. Em suma: sabe-se dos riscos, mas não se buscam meios eficientes de geri-los.

A este descompasso entre o surgimento e a constatação dos problemas, bem como a inércia, especialmente do Estado, se designa *irresponsabilidade organizada*, isto é,

> (...) nota-se, portanto, a evolução e o agravamento dos problemas, seguidos de uma evolução da sociedade (da sociedade industrial para a sociedade de risco), sem, contudo, uma adequação dos mecanismos jurídicos de solução dos problemas dessa nova sociedade. Há consciência da existência dos riscos, desacompanhada, contudo, de políticas de gestão, fenômeno denominado *irresponsabilidade organizada*.[33]

Este descompasso entre as políticas de gestão e a consciência sobre os riscos relacionados à crise ambiental representa, em verdade, a opção por um dos caminhos apresentados, anteriormente, como o dilema da sociedade e do Estado. Significa, portanto, a opção pela aceitação e manutenção do modelo, muito embora a evidência de ser insustentável, o que caracteriza a irresponsabilidade organizada.

Pelo presente tópico, buscou-se, portanto, demonstrar os elementos caracterizadores da crise ambiental e a ameaça que representa à vida humana. Destacou-se, ainda, o fato de que a sociedade e o Estado têm conhecimento desta realidade e, não obstante, via de regra, mesmo sabedores das origens desta crise e dos seus resultados nefastos, opta-se pela aceitação e manutenção do modelo, o que se denomina irresponsabilidade organizada.

São inúmeras, por certo, as propostas, ações e leis voltadas a lidar com esta problemática. Para os fins deste trabalho, no entanto, a escolha ruma à análise do seguro ambiental, com instrumento de gestão do risco ambiental.

Nos tópicos quem seguem, o estudo prossegue com investigações sobre os pressupostos para segurabilidade dos riscos ambientais e sobre questão problemáticas de interface entre a responsabilização ambiental e o seguro.

3. Requisitos para segurabilidade de riscos ambientais

3.1. Introdução

Os impactos ambientais estão presentes nas mais diversas atividades humanas e, dependendo de sua extensão e/ou frequência, podem constituir riscos à conservação de ecossistemas com consequências diretas à vida do homem.

---

[33] LEITE, José Rubens Morato. *Sociedade de risco e Estado. In* CANOTILHO, José Joaquim Gomes; LEITE, José Rubens Morato (organizadores). *Direito constitucional ambiental brasileiro*. São Paulo: Saraiva, 2007, p. 132.

Identificar os riscos ambientais significativos nos processos produtivos e demais atividades econômicas possibilita o desenvolvimento de mecanismos para reduzir a probabilidade da ocorrência de um evento associado ao risco, bem como minimizar os impactos negativos caso o evento se concretize.

Via de regra, as medidas preventivas para reduzir os riscos devem sempre ser priorizadas em relação às medidas para minimizar os seus impactos, pois se tratando de danos ambientais, é menos trabalhoso e menos custoso reduzir a probabilidade da sua ocorrência, do que, posteriormente, gerenciar suas consequências, muitas vezes irreversíveis.

Cabe salientar que mesmo quando são adotadas as melhores práticas de prevenção de riscos, não é possível garantir que determinadas atividades não possuam qualquer tipo de risco de dano ambiental.

Por exemplo, uma empresa que possui armazenamento subterrâneo de produtos perigosos e cumpre com todas as recomendações técnicas de segurança, terá menos risco que outra empresa com as mesmas características que não implementa todos os procedimentos necessários. Todavia, é impossível afirmar que o sistema de armazenamento dessa empresa é totalmente seguro e, portanto, não possui risco de vazamento.

Sempre haverá um risco, em maior ou menor grau, dependendo do nível de gerenciamento adotado e/ou da natureza da atividade. Para os casos em que são tomadas todas as medidas preventivas legalmente exigidas e ainda assim restarem riscos de acidentes que resultem em impactos ambientais cujas perdas financeiras sejam significativas para o patrimônio da empresa, é possível utilizar o seguro como uma forma de gerenciamento desses riscos.

3.2. Seguro para riscos ambientais

A operação de seguro está pautada no conceito do mutualismo, isto é, os efeitos dos riscos que atingem isoladamente um indivíduo são suportados coletivamente, pelo total de participantes do grupo.

Para o segurado, esta é uma maneira de transferir sua exposição a determinado risco mediante o pagamento do prêmio de seguro, isto é, substituir a probabilidade de perdas de montantes incertos e elevados – que podem comprometer sua saúde financeira, pelo pagamento de um valor menor, previsto, que não gere grande impacto em seu orçamento.

Os seguros para riscos associados a um evento de poluição ambiental possuem o mesmo conceito. Seu principal objetivo é garantir, até o limite de indenização contratado, recursos financeiros para promover a reparação do dano ambiental, bem como a indenização pelos danos causados a terceiros em consequência da poluição, mediante o pagamento prévio do prêmio de seguro.

Com base em dados estatísticos, as empresas de seguro analisam o risco por calcular a probabilidade de ocorrência de um evento coberto na apólice e a estimativa das perdas. O cruzamento desses dados com o número estimado de participantes que comporão a massa segurada permite fixar, previamente, o prêmio que deverá ser cobrado para cada tipo de risco de acordo com suas especificidades.

Da mesma forma que ocorre nas demais modalidades seguráveis, o seguro para riscos ambientais não é aplicável em casos em que a poluição ambiental já era conhecida quando da contratação da apólice ou que sua ocorrência era tida como certa. Essa é uma regra fundamental na operação de seguros, que também deve ser mantida nessa modalidade: sua contratação somente poderá ocorrer quando o risco do evento de poluição não é certo, ou seja, a probabilidade de ocorrência do evento jamais poderá ser igual ou próxima a um.

3.2.1. Principais requisitos para segurabilidade dos riscos ambientais

Nem todos os riscos são passíveis de serem segurados. Riscos que apresentam baixa frequência de ocorrência e perdas de baixa severidade geralmente não são transferidos para o seguro, pois o custo dessa operação não compensa. Tais riscos são assumidos integralmente pelo gerador.

Quando as perdas relacionadas a um risco ocorrem em alta frequência e baixa severidade, o risco não é repassado para o seguro, pois conforme já comentado, o seguro é aplicável para ocorrências incertas, e não para uma frequência já esperada de um segurado específico.

Assim, a melhor forma de gerenciamento para esse tipo de risco é tomar medidas preventivas para controlar as perdas e/ou arcar com tais perdas, visto que seus valores são baixos. Quando se trata de bens materiais, a decisão entre essas duas alternativas, geralmente, está pautada no menor valor obtido na comparação entre os custos totais da prevenção desses riscos e os custo total das perdas. Tratando-se de riscos ambientais e de riscos à saúde, a legislação impõe que a prevenção seja priorizada em detrimento das demais medidas.

Riscos que possuem alta severidade e alta frequência de perdas são evitados tanto pelos potenciais geradores, que buscarão as medidas possíveis para reduzi-los ou atividades alternativas, como pelo mercado segurador, que certamente não tem interesse por tais ricos, visto que trarão prejuízo às suas carteiras.

A transferência de riscos para o seguro é bem apropriada quando os riscos de uma determinada modalidade apresentam características de baixa frequência e alta severidade de perdas. Neste caso, o seguro é economicamente viável para o segurado, pois há o risco de uma perda significante, e o custo do seguro é baixo quando comparado à essa perda.

A tabela a seguir apresenta uma matriz de risco que relaciona a frequência e severidade de um risco com a forma mais indicada para o seu gerenciamento.

	Baixa frequência de perdas	Alta frequência de perdas
Alta severidade de perdas	Transferência para o seguro	Riscos evitados
Baixa severidade de perdas	Retenção	Retenção com controle das perdas

Tabela 1. Matriz de risco do seguro (Baranoff, 2011, p.85).

Em seu estudo sobre o uso do seguro de poluição como instrumento da economia ambiental, Kolstad (2000, p. 236) afirma que os riscos ambientais envolvem a probabilidade de acidentes com severos danos causados ao meio ambiente. Como tais acidentes não são frequentes, e os custos para reparação desses danos, em geral, são muito altos, a transferência desse risco para o seguro é teoricamente viável.

Contudo, para que o mercado de seguros para risco de poluição se desenvolva, não basta apenas a comprovação da existência de riscos de poluição ambiental que se enquadrem nos parâmetros desejáveis para transferência indicados na matriz de risco. Na prática, duas premissas devem ser atendidas concomitantemente: existir oferta do seguro – o risco deve ser interessante para as seguradoras, e existir demanda pelo seguro – o prêmio deve ser atrativo ao potencial causador do dano.

Para alcançar esse nível de desenvolvimento de mercado, Kolstad (2000, p. 236) menciona seis critérios básicos que precisam ser atendidos:

As perdas devem ser pulverizadas;
Os dados históricos das perdas devem permitir o cálculo de prêmio;
As perdas devem ser claras;
As perdas devem ocorrer numa delimitação temporal bem definida;
O risco moral não pode ser muito severo;
A seleção adversa não pode ser significativa.

3.2.1.1. As perdas devem ser pulverizadas

Um dos principais requisitos para que as seguradoras atuem em determinado nicho de mercado é possuir um portfólio com um grande número de segurados para formar uma massa de prêmio que seja suficiente para arcar com suas despesas e suportar as perdas cobertas.

A pulverização do risco ocorre à medida que os prêmios de todos os segurados da carteira são utilizados para suportar o prejuízo dos segurados que terão perdas. Para que seja possível calcular essa exposição, é necessário que os tipos de riscos agrupados nas carteiras sejam os mais similares possíveis entre si e que os múltiplos riscos não possam ser atingidos num único evento para evitar exposições catastróficas.

*3.2.1.2. A frequência de perdas deve
permitir o cálculo de prêmio*

A fim de que a operação da seguradora dure no longo prazo, o prêmio cobrado deve ser adequado à sua exposição. Kolstad (2010, p.238) destaca a relevância do cálculo do prêmio para o bom desempenho da operação do seguro, ao afirmar que "o prêmio calculado não é um detalhe secundário, se taxado de forma incorreta pode levar ao mau funcionamento do mercado. Se o prêmio for muito alto, o seguro não será vendido, se o prêmio for muito baixo, a seguradora irá perder dinheiro na operação, podendo chegar à falência".

A determinação das taxas dos prêmios que serão cobrados para a cobertura e modalidades contratadas deve basear-se em dados estatísocs que reproduzam a frequência e a severidade histórica das perdas. Como no Brasil, os seguros de poluição ambiental específicos são relativamente novos – as carteiras de segurados estão sendo formadas, e os sinistros não estão plenamente desenvolvidos, a obtenção desses dados no mercado segurador é inexequível.

A aquisição de dados referente à extensão de danos ambientais e frequência de ocorrência dificilmente pode ser obtida de forma consolidada. Para construção de sua base de cálculo a seguradora deve formar um banco de dados com informações coletadas em várias fontes distintas, como por exemplo: em órgãos ambientais,[34] entidades especializadas, acórdãos judiciais e em Termos de Ajustamento de Conduta – TAC.

Informações referentes às sentenças judiciais e acordos estabelecidos para reparação ambiental também são muito úteis para entender os valores aplicados nas indenizações cujos valores são mensurados de forma subjetiva como, por exemplo, danos morais. Tais dados permitem que as seguradoras façam simulações para identificar quais seriam os valores envolvidos na reparação ambiental e indenizações caso tais riscos estivessem segurados.

Cabe ressaltar que, tratando-se de riscos de poluição ambiental, mesmo quando a análise está baseada em dados históricos, a projeção das prováveis perdas futuras ainda possui um considerável grau de incerteza. Essa incerteza com relação aos valores de perdas envolvidos é ainda maior no que diz respeito a danos causados às espécies protegidas e aos *habitats* naturais.[35]

A composição do prêmio também deve contemplar o ambiente legal e jurídico – que no Brasil é muito variável de um Estado federativo para outro, impactos relacionados ao tipo de operação, tipos de substâncias utilizadas, extensões de coberturas concedidas e nível de gerenciamento de risco empregado pelo segurado.

---

[34] A Companhia Ambiental do Estado de São Paulo – CETESB –, divulga em seu sítio eletrônico uma relação de áreas contaminadas existentes, bem como uma relação de emergências químicas ocorridas no estado de São Paulo, desde 1978. O Instituto Brasileiro do Meio Ambiente e dos Recursos Naturais Renováveis – IBAMA – divulga anualmente o "Relatório de Acidentes Ambientais" contendo, dentre outras informações, a frequência e o tipo de acidentes notificados a este órgão.

[35] Busenhart (2007) p.18.

3.2.1.3. As perdas devem ser claras

Identificar as perdas potenciais não é um procedimento simples de ser efetuado, visto que os impactos ambientais envolvem uma cadeia de processos incertos.

Kolstad (2000, p. 2017) exemplifica essa questão ao mencionar a disposição de benzeno num aterro bem projetado. Se tudo ocorrer bem, o benzeno permanecerá no aterro ou evaporará. Mas se houver um vazamento no aterro, o benzeno pode vazar ou não; se houver escape de benzeno, ele poderá atingir ou não as águas subterrâneas, contaminando reservatório de águas, podendo comprometer ou não a saúde de pessoas e animais.

Apesar dos eventos posteriores à introdução de um poluente no meio serem incertos, a grande maioria é potencialmente conhecida, possibilitando estimar as perdas possíveis e prováveis para fins de amparo securitário.

Considerando a complexidade apresentada pelos riscos ambientais no que tange ao alcance dos potenciais efeitos, é impossível nomear todos os riscos cobertos nos clausulados de seguro. Via de regra, a menção do risco coberto nas apólices de poluição ambiental é de ordem genérica, como por exemplo, "danos ambientais ou condições ambientais pelos quais o segurado venha ser a responsável", havendo exclusões pontuais para determinados riscos que a seguradora não deseja amparar.

A existência de riscos excluídos no clausulado de seguro é imprescindível para delimitar a exposição do segurador. Como já comentado, para que a operação da seguradora alcance bons resultados, ela deve conhecer suas potenciais perdas para calcular um prêmio adequado para sua exposição. Por essa razão, ela deve ter muito cuidado na elaboração de seu clausulado e definição do que pretende cobrir.

Quando o clausulado não é bem redigido, a seguradora pode cobrir riscos não previstos no cálculo de sua exposição.

Se a seguradora, intencionalmente, trabalhar com um clausulado muito amplo em termos de cobertura, terá que cobrar um prêmio de seguro muito alto, o qual os segurados talvez não estejam dispostos a pagar, até porque seus riscos podem não demandar coberturas tão amplas.

Por outro lado, se as coberturas previstas no clausulado forem muito restritivas, a apólice não garantirá as principais exposições do segurado, de forma que esses não terão interesse em contratar o seguro.

É importante, então, que as seguradoras definam os riscos que irão ou não assumir, de acordo com seu plano de negócio e dados estatísticos utilizados para o cálculo do prêmio e disponham da forma mais clara possível os riscos que estão ou não estão cobertos na apólice.

A redação não deve gerar dúvidas com relação ao escopo de cobertura, nem diferentes formas de interpretações. Sempre que possível, é bom utilizar definições constantes das legislações ambientais e na literatura especializada.

Um clausulado bem redigido é imprescindível não só para delimitação das exposições da seguradora como também para que o segurado tenha ciência da proteção que está adquirindo na contratação do seguro.

Ao definir quais perdas estarão amparadas pelo seguro, as seguradoras devem evitar conceder cobertura para riscos cujos efeitos não são plenamente conhecidos e cujos impactos relacionados ainda não podem ser estimados pelas tecnologias e métodos atuais. Danos causados por organismos geneticamente modificados e poluição eletromagnética são exemplos desse tipo de risco.

As seguradoras podem delimitar a sua exposição ao excluir riscos cujas perdas potenciais são conhecidas e podem envolver um custo muito alto de reparação, como por exemplo, danos causados por material microbiano ou biológico e poluentes orgânicos persistentes.

Ainda no que tange aos riscos cobertos, para que o seguro atue como ferramenta para tutela ambiental é necessário cobrir a degradação causada aos recursos naturais, e não somente os danos materiais e pessoais causados a terceiros, conforme ocorre em alguns clausulados.

Ao cobrir danos causados aos recursos naturais, as seguradoras devem ter muita cautela quanto às extensões de coberturas concedidas, cujas perdas são muito difíceis de serem calculadas, como é o caso de lucros cessantes ambientais, para os quais existem várias metodologias que apontam valores muito diferentes entre si; e dano moral coletivo, cujos valores geralmente são arbitrados pelo Juiz, não havendo ainda volume de sentenças suficientes para o cálculo da perda média estimada.

Outro fator que deve ser considerado na definição de perdas cobertas é o tipo de reparação ambiental que estará amparado pela apólice. Visto que a legislação brasileira prevê diferentes modalidades de reparação ambiental, o clausulado deve dispor quais desses tipos de reparação estão cobertos.

Como não há fronteiras físicas ou limites territoriais para a extensão da poluição ambiental – uma pluma de contaminação pode iniciar no local do segurado e se estender aos locais de terceiros, para que a cobertura seja aderente ao risco de poluição, a apólice deve abranger danos ocorridos dentro e fora de sua propriedade,[36] devendo essa exposição ser considerada no cálculo do prêmio.

Ao definir suas potenciais perdas, as seguradoras também devem prever se irão cobrir ou não a responsabilidade do segurado referente aos processos localizados fora dos locais segurados.

A Política Nacional de Resíduos Sólidos – PNRS –[37] prevê a responsabilidade do gerador pelos danos causados pelos resíduos em todas as etapas do processo produtivo, incluindo o transporte e a disposição final, mesmo quando executados por terceiros.

---

[36] Diferentemente das coberturas de poluição súbita atualmente concedidas nos clausulados no Brasil que cobrem apenas danos em locais de terceiros, excluindo custo de reparação no local do segurado.
[37] Lei 1.305 de 2010, regulamentada pelo Decreto nº 7404 de 2010.

No caso da destinação final, se o proprietário do local em que os resíduos são destinados não tiver condições financeiras de suportar os gastos com a reparação em caso de dano ambiental, o órgão ambiental poderá condenar todos os geradores que encaminharam resíduos para este local a arcar com os custos. O critério de partição e proporcionalidade será adotado pelo órgão ambiental, podendo levar em conta o tempo de descarte no local, tipo e volumes descartados, entre outros fatores. A seguradora deve considerar essa exposição quando aceitar conceder essa cobertura.

A mesma preocupação deve ocorrer quando conceder cobertura para os produtos fabricados ou comercializados pelo segurado. Perante a lei, o produtor ou distribuidor é responsável não somente pelas possíveis lesões ao meio ambiente causadas no consumo dos produtos, como também pela destinação ambientalmente adequada desses produtos e de suas embalagens.[38] Assim, ao optar por conceder a cobertura para produtos, a seguradora deve definir se irá ou não cobrir os danos ambientais causados pelos produtos após o seu consumo.

3.2.1.4. Os sinistros devem ocorrer numa delimitação temporal bem definida

Para que um risco seja transferido para o seguro, deve-se ter clareza quanto a período de sua ocorrência, que no caso de riscos ambientais, constitui o período correspondente entre a data do início e a data de término do evento que deu origem à condição de poluição ambiental.

A definição da data da ocorrência é importante para fazer o enquadramento do sinistro nas apólices de seguros, visto que a maioria das apólices contratadas no Brasil possui vigência anual, podendo ser renovadas no final desse período.

Nem sempre o início e término de ocorrência do evento de poluição se dá na mesma apólice. Aliás, tratando-se de poluição gradual, na maioria das vezes, é muito difícil identificar de maneira assertiva quando o sinistro ocorreu.

O exemplo a seguir, apresentado em ordem cronológica, ilustra bem essa questão:

Ano/Período	Ocorrência	Informação acerca do sinistro
2000	O sistema de armazenamento da empresa X apresenta fissuras causando vazamento de substância poluente que começa a se infiltrar no solo	Fato desconhecido

---
[38] Responsabilidade pós-consumo, prevista na Política Nacional de Resíduos Sólidos.

2000 a 2005	Em decorrência do acúmulo, a substância infiltrada no solo atinge o lençol freático e o reservatório de água (poço cacimba) da região	Fato desconhecido
2005	Pessoas da região apresentam problemas de saúde em decorrência do consumo de água contaminada	Dano corporal identificado
2006	Identificada a presença de substância poluente no reservatório de água utilizado para consumo humano	Identificação da causa do dano corporal
2007	Comprovado que a substância poluente originou de falha no sistema de armazenamento da empresa X.	Identificação do responsável pelo dano
2008	Prejudicados efetuam a reclamação pelo dano	

Tabela 2. Exemplo de ocorrência de um evento de poluição.

Na situação hipotética demonstrada acima, o período decorrido entre o fato que gerou a poluição – vazamento de substância e infiltração no solo, e a descoberta do dano pela constatação do problema de saúde e sua causa, foi de cinco anos. Os riscos de natureza ambiental comumente possuem lapso temporal grande entre o fato causador da lesão e sua manifestação, essa característica é denominada exposição de latência prolongada.[39] Em alguns casos, a detecção do dano ambiental relacionado ao evento de poluição pode levar muitos anos.

Supondo que, no exemplo acima, a empresa X possuía seguro de poluição ambiental, renovando-o consecutivamente desde 2000 até 2008. A apólice vigente durante qual evento deve ser acionada? A apólice vigente no início do vazamento? Todas as apólices vigentes durante o tempo de infiltração? Ou a apólice vigente na data de contratação do dano?

As discussões acerca da definição das datas de ocorrência do sinistro seriam extensas e pouco conclusivas, principalmente se tais apólices estivessem em diferentes seguradoras cada qual com interesses distintos.

Essa problemática ocorreu na prática no mercado norte-americano, com apólices relativas a doenças ocupacionais causadas por amianto, e a decisão ficou a cargo dos tribunais daquele país que decidiram que "todas as seguradoras que emitiram apólice em qualquer desses períodos deveriam responder pelas indenizações acumulando o limite das apólices pertinentes".[40]

A utilização da somatória dos limites das apólices contratadas em vários anos para indenizar perdas decorrentes de um único evento não estava prevista no cálculo de exposição das seguradoras, levando-as a grandes prejuízos financeiros.

---

[39] Derivado do termo em inglês *long term exposure*.
[40] Polido (2008), p. 93.

A solução adotada pelo mercado de seguros norte-americano e demais mercados no mundo, inclusive o brasileiro, para evitar os problemas relacionados à identificação da data de ocorrência para enquadramento do sinistro na apólice, em futuras contratações, foi a adoção de apólices cuja base de acionamento é a reclamação.[41]

Na contratação do seguro com apólices a base de reclamação, na ocorrência de sinistros de longa latência, a apólice vigente na data de reclamação do terceiro prejudicado é a que será acionada para cobrir as perdas. Estarão cobertos pela apólice os danos ocorridos durante sua vigência ou dentro do período de retroatividade de cobertura, reclamados no seu período de vigência.

No exemplo acima demonstrado, se o segurado efetuou a contratação da apólice em 2000, esta cobriria riscos ocorridos e reclamados nesse ano. Na renovação, a vigência seria 2001 com cobertura retroativa para 2000, isso quer dizer que estariam cobertos riscos ocorridos entre 2000 e 2001, reclamados em 2001. E assim sucessivamente, até que a apólice vigente em 2008 cobriria riscos ocorridos entre 2000 e 2008, reclamados em 2008. Dessa forma, não haveria dúvida quanto a qual apólice seria acionada neste caso. Seria a apólice a base de reclamação com vigência de 2008.

A apólice a base de reclamação é indicada para riscos de longa latência pois evita o acúmulo de exposições ilimitadas entre várias apólices. Não obstante, no caso de riscos poluição, pode acontecer de o segurado detectar a ocorrência do dano ambiental antes de existir a reclamação formal relativa a esse dano. Não seria prudente aguardar uma possível reclamação para que a apólice seja acionada, pois, em geral, quanto mais rápido as ações reparatórias forem tomadas, menores serão as extensões e severidades relativas a esse dano.

Para solucionar essa questão, algumas seguradoras têm optado pela contratação de apólice a base de reclamação com detecção. Elas são operacionalizadas da mesma forma que as apólices convencionais de reclamação, mas utilizando como gatilho de acionamento a detecção do dano por parte do segurado quando esta ocorre antes da reclamação de terceiros prejudicados.

3.2.1.5. Inexistência de risco moral

Kolstad (2000, p. 212 e 239) menciona que os problemas relativos ao risco moral envolvem tomadas de decisões importantes dos segurados que são desconhecidas das seguradoras. No caso do seguro para poluição ambiental, tais "ações escondidas"[42] podem estar relacionadas às informações assimétricas entre as partes – o segurado não informa todas as atividades ou processos significativos, e à

---

[41] O termo original em inglês é *Claims Made*.
[42] Do termo em inglês *hidden actions*.

redução das medidas para evitar a ocorrência do risco ao longo da vigência do seguro.

Para evitar ou reduzir ao mínimo o risco moral relativo à assimetria de informações é imprescindível que, na análise para aceitação do risco, a seguradora efetue inspeção de risco para identificar os principais aspectos ambientais nas atividades desenvolvidas e seus impactos associados. Seguradoras que fornecem capacidade para riscos ambientais sem realizar inspeção *in loco* possuem alta probabilidade de se exporem a riscos morais severos.

Outra questão importante é que a apólice de seguro jamais pode contribuir para a agravação do risco do dano ambiental. Quando as empresas possuem riscos de perdas, elas tendem a tomar cuidado para reduzi-los. Porém, quando esses riscos são removidos através do seguro, as empresas podem não se preocupar com medidas de controle dos riscos e deixar de investir nas medidas de prevenção.[43]

Para se precaverem contra o risco moral relativo à redução no padrão dos controles, as seguradoras devem monitorar o nível do cuidado no gerenciamento dos riscos ambientais do segurado durante a vigência do seguro. Felizmente, a maioria das empresas que contratam seguros de poluição é de grande porte, o que torna mais fácil essa averiguação.[44]

3.2.1.6. A seleção adversa não pode ser significativa

A seleção adversa ocorre quando numa carteira há mais segurados com perdas médias acima das perdas médias esperadas do que o contrário. Este cenário pode resultar em grande prejuízo para as seguradoras, face ao desequilíbrio existente na composição dos segurados.

Para KOLSTAD (2000, p. 239), a seleção adversa é mais frequente nas modalidades em que o seguro é de maior utilidade para as empresas que possuem riscos de perdas de altos valores. No caso de riscos ambientais não é incomum que os maiores interessados para aquisição de seguro sejam as empresas que possuem riscos mais severos em função de sua atividade ou em função do baixo investimento no gerenciamento de risco.

A seguradora deve estar consciente do risco de seleção adversa ao analisar a proposta de seguro e efetuar os cálculos dos prêmios. Pois se o segurado apresentar características que agravam o risco ou sua magnitude e tais características não forem observadas na análise para aceitação do seguro, a seguradora assumirá, em sua maioria, riscos muito ruins.[45]

Carregar os prêmios para compensar a má qualidade dos riscos aceitos pode corroborar mais ainda para a seleção adversa. Um prêmio mais alto não será atra-

---
[43] Kolstad (2000), p. 239.
[44] Idem, p. 239.
[45] Idem, p. 239.

tivo para potenciais segurados que possuem riscos bons, fazendo com que apenas detentores de riscos ruins sejam atraídos a fazer o seguro.

A melhor forma de evitar a seleção adversa é através da subscrição de risco bem executada, por parte da seguradora. Subscrição é o processo decisório pelo qual a seguradora seleciona os riscos que irá conceder cobertura e definir quais os termos, as condições e o prêmio a ser cobrado para aceitação.

Nesta análise são considerados tantos os riscos inerentes à atividade do segurado, quanto o gerenciamento e controles utilizados para minimizá-los. Por este motivo deve ser baseada em informações consistentes, geralmente obtidas através de questionários preenchidos pelo requerente do seguro, relatórios de inspeção de risco e informações disponibilizadas pelos órgãos ambientais.

A precificação do risco deve refletir seu nível de agravação de acordo com as informações levantadas pelo subscritor. Quanto mais o segurado investir em prevenção e na melhoria de seu sistema de gestão ambiental, melhor deve ser o seu custo de seguro. Atuando dessa maneira, a seguradora não só evita riscos morais como também faz com que o seguro seja utilizado como ferramenta para melhoria da qualidade dos riscos de poluição ambiental.

A subscrição rigorosa dos riscos possibilita aceitar riscos que se enquadrem no perfil da carteira segurada e recusar riscos que não atendem aos parâmetros mínimos desejáveis evitando a seleção adversa.

3.3. Conclusões

A prevenção da ocorrência dos danos ambientais é, via de regra, a maneira menos onerosa e mais eficiente para tratar os riscos ambientais. Contudo, mesmo adotando as técnicas de controle recomendadas e um bom sistema de gestão ambiental, é impossível remover os riscos de acidentes ambientais.

O seguro pode ser uma forma eficiente e economicamente viável para o gerenciamento de riscos de acidentes ambientais que apresentem alta probabilidade de perdas severas com baixa frequência.

Para que as seguradoras atinjam bons resultados, e sua operação perdure no longo prazo, os riscos de poluição assumidos devem atender aos requisitos de segurabilidade, os quais pautados na análise adequada da carteira de segurados ou segurados-alvo, no caso de seguradoras que estão no início de operação, na utilização de dados consistentes para estimar frequência e severidade dos riscos para definição das potenciais perdas e do precificação adequada.

Também é imprescindível adotar condições de seguro que transmitam clareza quanto a quais riscos estão cobertos e quais estão excluídos na apólice e definir qual é o gatilho mais apropriado para acionamento da apólice a fim de que não haja dúvidas em torno da delimitação temporal na ocorrência do sinistro. E, sobretudo buscar informações que possibilitem uma análise precisa dos riscos de cada segurado, visando a reduzir ao máximo o risco moral para a companhia seguradora e a seleção adversa com consequente desiquilíbrio da carteira.

4. Interface do regime de responsabilização ambiental e o seguro: possíveis óbices ao avanço do seguro ambiental

Ainda que previsto expressamente na legislação brasileira de proteção ao meio ambiente e já disponível no mercado, o seguro ambiental ainda é incipiente e considerado um setor de risco pelas seguradoras.

Muito se deve ao fato de que o regime de responsabilização ambiental adotado pela sistemática legislativa brasileira cria um cenário de insegurança jurídica, conforme será demonstrado a seguir.

No direito ambiental brasileiro, a responsabilização pode ocorrer em três esferas distintas: civil, penal e administrativa, conforme previsto pela Constituição Federal.[46] Diz-se que as três esferas de responsabilidade mencionadas acima são independentes, pois uma única ação pode gerar responsabilidade ambiental nos três níveis, com aplicação de 03 (três) sanções diversas. E ainda, a ausência de responsabilidade em uma das esferas não isenta, necessariamente, a responsabilidade nas demais.

A responsabilidade civil ambiental decorre de uma ação ou omissão do agente que resulte (nexo causal) em dano ou potencial dano ambiental de qualquer espécie e se caracteriza como modalidade de responsabilidade objetiva, independendo da verificação de culpa do agente (negligência, imperícia ou imprudência).

A relação de causalidade entre a atividade e o dano/potencial dano é muito ampla e pode envolver todos aqueles que de alguma forma participaram do evento danoso. Neste sentido, relevante citar o seguinte precedente da jurisprudência do Superior Tribunal de Justiça:

> Para o fim de apuração do nexo de causalidade no dano ambiental, equiparam-se quem faz, quem não faz quando deveria fazer, quem deixa fazer, quem não se importa que façam, quem financia para que façam, e quem se beneficia quando outros fazem.[47]

Vale esclarecer que o "potencial dano" significa que, ainda que não tenha ocorrido um efetivo dano ambiental, a sua mera potencialidade poderá caracterizar a responsabilidade civil.[48] Isso porque, não raramente, os danos ambientais são de

---

[46] CRFB, artigo 225, § 3°.

[47] Recurso Especial n° 650.728 – SC (2003/0221786-0). Relator Ministro Herman Benjamin.

[48] "Em matéria ambiental, prevenir é mais importante que reconstituir e obter futura indenização por dano já ocorrido. Os prejuízos ao meio ambiente nem sempre são mensurados, uma vez que têm repercussão em vários campos da atividade humana. A rigor, muitas vezes as lesões ao meio ambiente, conforme o recurso atingido são irreversíveis, a despeito da possibilidade de condenação do agressor ao ressarcimento do dano causado. Por isso, afigura-se imprescindível a prevenção, como medida que se antecipe às agressões potenciais à natureza. Em vista do perigo iminente ou potencial de dano ambiental, deve o Poder Público, assim também como o particular, agir, evitando o surgimento da agressão, ou, ao menos, estancando desde logo seus efeitos deletérios, se já iniciada." (Apelação Cível n° 2003.04.01.029745-6/SC, Juiz Federal Márcio Antônio Rocha).

difícil ou, até mesmo, impossível reparação, devido à complexidade dos ecossistemas envolvidos, motivo pelo qual ultrapassa a finalidade punitiva, abrangendo igualmente as finalidades preventiva e reparatória. De toda forma, em geral, o que se observa é que as medidas judiciais para responsabilização civil são ajuizadas quando efetivamente constatado (e comprovado) dano ambiental.[49]

De tal responsabilidade resulta a penalidade civil de reparar ou indenizar os danos produzidos ao meio ambiente e, ainda, os danos reflexos a terceiros.

Havendo mais de um responsável (direto ou indireto) pelo dano, prevalecerá entre eles o vínculo e as regras da solidariedade, em sendo impossível identificar ou individualizar o responsável. E assim, para aquele que pagar pela integralidade do dano caberá ação de regresso contra os outros corresponsáveis, sendo possível discutir a culpa e a parcela de responsabilidade de cada um, entre os particulares.

Por tudo visto acima, verifica-se que a responsabilidade civil ambiental em muito difere da tradicional responsabilidade civil entre particulares, prevista no Código Civil.

Um ponto de diferenciação, ainda polêmico, mas que já vem sendo tratado pelos tribunais, de relevante aplicação aos seguros ambientais, é quanto às excludentes de responsabilidade. Pelo Código Civil, quando houver incidência de excludentes de responsabilidade (caso fortuito, força maior, fato de terceiro entre outros) poderá ser afastada a responsabilidade civil do agente.[50]

No âmbito da responsabilidade ambiental, em razão da teoria do risco integral, não se admite a invocação de nenhuma das excludentes de culpabilidade conhecidas do Direito. Os adeptos da teoria do risco integral defendem seu posicionamento baseados na amplitude do conceito de poluidor, trazido pela legislação,[51] aqueles com relação direta ou indireta ao dano causado.

Outro posicionamento existente sobre tema, ainda minoritário, é a teoria do risco criado, na qual, para caracterizar a responsabilização ambiental, ainda que não se apure a presença de culpa, o dano teria que ser criado pela atividade, admitindo-se a presença das referidas excludentes.

Essa teoria, de acordo a doutrina, "aumenta os encargos do agente; é, porém, mais equitativa para a vítima, que não tem de provar que o dano resultou de uma

---

[49] "Processual civil e ambiental – violação do art. 535 do CPC não caracterizada – manutenção de aves silvestres em cativeiro -responsabilidade objetiva do agente poluidor -ausência de autorização administrativa -responsabilidade civil -dano ambiental não comprovado. (...) 2. A responsabilidade civil objetiva por dano ambiental não exclui a comprovação da efetiva ocorrência de dano e do nexo de causalidade com a conduta do agente, pois estes são elementos essenciais ao reconhecimento do direito de reparação. 3. Em regra, o descumprimento de norma administrativa não configura dano ambiental presumido. 4. Ressalva-se a possibilidade de se manejar ação própria para condenar o particular nas sanções por desatendimento de exigências administrativas, ou eventual cometimento de infração penal ambiental. 5. Recurso especial não provido." (REsp 1140549 MG 2009/0175248-6T2 – Segunda Turma, Ministra Eliana Calmon, DJe 14/04/2010).

[50] Artigos 188, 393, 930 e 945 do Código Civil

[51] Art. 3º, inc. IV, da Política Nacional de Meio Ambiente, instituída pela Lei Federal 6.938/1981

vantagem ou de um benefício obtido pelo causador do dano".[52] Assim, pela teoria do risco criado, ainda que se possa imputar responsabilização por atividade indiretamente responsável pelo dano ambiental independentemente de culpa, há que atentar, todavia, para a voluntariedade da ação ou da omissão, ou seja, deve-se analisar o quanto aquela atividade contribuiu para o dano (nexo de causalidade). Caso contrário, corre-se o risco de que a cadeia de responsáveis indiretos pelo dano não tenha fim, como o pode refletir na apuração de risco dos seguros ambientais.

Em recente julgado, de 10/09/2013, consubstancia-se a aceitação da teoria do risco integral pelo Superior Tribunal de Justiça, excluindo-se o cabimento das excludentes de responsabilidade, a saber:

> (...) nos danos ambientais, incide a teoria do risco integral, advindo daí o caráter objetivo da responsabilidade, com expressa previsão constitucional (art. 225, § 3º, da CF) e legal (art.14, § 1º, da Lei n. 6.938/1981), sendo, por conseguinte, descabida a alegação de excludentes de responsabilidade, bastando, para tanto, a ocorrência de resultado prejudicial ao homem e ao ambiente advinda de uma ação ou omissão do responsável.[53]

Ou seja, para a responsabilização civil ambiental (i) independe da aferição de culpa do agente (objetiva); (ii) basta demonstrar que a atividade gerou ou pode gerar dano (potencial); (ii) o sujeito passivo pode ser aquele que de alguma forma participou do evento danoso, até mesmo que tenham benefício, ainda que indireto; (iii) os danos podem ser de difícil e, até mesmo, impossível reparação; (iii) em geral, não se considera as causas excludentes de responsabilidade, devido à aplicação da teoria do risco integral.

Vê-se, portanto, que a pluralidade de vítimas, que inclui até terceiros afetados, e a dificuldade de valoração e extensão do dano ambiental, decorrente da sua natureza de responsabilização, impactam significativamente para o desenvolvimento e aplicação do seguro ambiental.

No âmbito penal, a responsabilização por dano ao meio ambiente decorre de atos antijurídicos e culpáveis, além de devidamente tipificados na legislação ambiental.

Diversamente da responsabilização de natureza civil, na penal, a investigação do elemento subjetivo do tipo é imprescindível, nos termos da Lei de Crimes Ambientais (Lei nº 9.605/98). Uma curiosidade é que a legislação ambiental admite a responsabilização por crime contra o meio ambiente praticado tanto pela pessoa física como pela jurídica (art. 3º da Lei nº 9.605/98).

A respeito da responsabilização penal da pessoa jurídica, o Supremo Tribunal Federal manifestou-se recentemente no sentido de que "não é necessária a demonstração de coautoria da pessoa física[54] para condenação da pessoa jurídica pela prática de crime ambiental". Diante desse entendimento, pode-se considerar

---

[52] PEREIRA, Caio Mário da Silva. *Responsabilidade civil*. Rio de Janeiro: Forense, 1994, p. 285
[53] STJ. REsp 1.374.342/MG. Quarta Turma. Rel. Min. Luis Felipe Salomão. j. 10.09.2013.
[54] STF. RE 548181/PR. Primeira Turma. Rel. Min. Rosa Weber. j. 06.08.2013.

que o processo penal em face de pessoa jurídica não mais está condicionado à apuração e indicação de pessoa física responsável pelo fato criminoso. A ação penal poderá prosseguir apenas à responsabilização por crime ambiental da pessoa jurídica.

Na esfera penal, portanto, considerando a necessidade de tipificação da atividade como crime ambiental e do elemento de culpa a ser apurado, reflete a possibilidade de afastamento da responsabilidade das seguradoras diante do resultado produzido por suas seguradas.

Por fim, tem-se a responsabilidade ambiental em âmbito administrativo, gerada em decorrência de ação ou omissão que viole as normas ambientais.[55]

A natureza jurídica da responsabilidade administrativa como objetiva ou subjetiva, ou seja, se depende ou não de apuração de culpa do agente, é matéria controvertida na doutrina e jurisprudência. Isso porque a legislação não é clara quanto a este aspecto, tal como o foi para tratar das esferas civil e penal ambiental.

Em geral, ainda se adota a regra da responsabilidade civil, ou seja, teoria objetiva, sem necessidade de apuração de culpa por parte do autuado.

Parte da doutrina entende que a multa administrativa torna-se devida independentemente da ocorrência de culpa ou dolo do infrator.[56]

Por outro lado, verifica-se que a própria legislação e também teses e decisões divergem da interpretação acima.

Ocorre que o § 3º do artigo 72 da Lei 9.605/98 prevê a necessidade de negligência ou dolo para aplicação de multa, da seguinte forma:

As infrações administrativas são punidas com as seguintes sanções, observado o disposto no art. 6º: (...) A multa simples será aplicada sempre que o agente, por negligência ou dolo: I – advertido por irregularidades que tenham sido praticadas, deixar de saná-las, no prazo assinalado por órgão competente do SISNAMA ou pela Capitania dos Portos, do Ministério da Marinha; e II – opuser embaraço a fiscalização dos órgãos do SISNAMA ou da Capitania dos Portos, do Ministério da Marinha.

E ainda, o artigo 72 da Lei n. 9.605/98, ao fazer remissão ao artigo 6º do mesmo diploma legal, dispondo que será observada a gravidade dos fatos, os antecedentes do infrator e a situação econômica do infrator quando da imposição de uma penalidade, salienta a característica subjetiva que envolveria a responsabilização na esfera administrativa ambiental.

Em alguns Estados, como no Rio de Janeiro, por exemplo, a infração administrativa é expressamente caracterizada por ação ou omissão "dolosa ou culposa".[57]

Seguindo essa tese, o Procurador Federal Eduardo Fortunato Bim consubstancia que a responsabilidade administrativa deve prescindir de avaliação quanto à existência de culpa, a saber:

---

[55] Artigo 70, *caput*, da Lei nº 9.605/98
[56] OLIVEIRA, Régis Fernandes de. *Infrações e sanções administrativas*. RT, 1985, p. 10.
[57] Artigo 1º da Lei Estadual n. 3.467/00.

Como infração administrativa que é, rege-se pelos princípios de direito sancionador administrativo, dentre os quais se inserem a exigência de dolo ou culpa. Obviamente não se aceitará qualquer escusa pela não reparação do bem ambiental lesado, mais isso não significa que a responsabilidade seja objetiva". E mais, "o direito ambiental sancionador se refere a ilícitos administrativos, não a civis.[58]

Da mesma forma é o entendimento do Tribunal de Justiça de São Paulo, de que a responsabilidade ambiental civil objetiva, não se confunde com a administrativa subjetiva, a saber:

> Ação de anulação de auto de infração ambiental e imposição de multa. Vazamento de substância poluente causada por acidente de trânsito provocado por terceiro. Responsabilidade civil objetiva pela reparação dos danos que não se confunde com a decorrente de ato ilícito. Imposição de multa só cabível em consequência de ato ilícito. Presunção de legitimidade do ato administrativo infirmada. Apelação provida.[59]

Ainda que de forma minoritária, é possível o entendimento de que para a aplicação de penalidade administrativa deverá ser comprovada culpa dos envolvidos na infração.

Assim, a natureza da responsabilidade administrativa ambiental ainda é passível de questionamentos, o que apresenta, portanto, um cenário de insegurança jurídica quanto ao alcance de suas consequências.

Em sendo caracterizada como objetiva, seguiria os ditames da responsabilidade civil em todos os aspectos? Como por exemplo, nos casos das excludentes de responsabilidade, o que evidentemente poderá ter reflexos para avaliação de riscos das seguradoras.

Além disso, os parâmetros para aplicação das penalidades previstas para os casos de responsabilização administrativa ambiental não são claramente definidos pela legislação.

O Decreto Federal 6.514/2008, que trata das infrações e sanções administrativas ao meio ambiente, prevê os valores mínimos e máximos de cada infração, que variam até 50 milhões de reais. O cálculo da multa será realizado de acordo com o objeto jurídico lesado, conforme critério adotado pelo órgão ambiental, tendo como base a unidade de medida que entender pertinente (hectare, metro cúbico, quilograma, metro quadrado...), além de antecedentes, porte da empresa, entre outros. Há também de se considerar que muitas vezes as penalidades de multas, mesmo em âmbito administrativo, também vem acompanhadas de exigências de recuperação/reparação ambiental.

A securitização pelo pagamento de eventuais multas deve, portanto, considerar uma análise de risco e precificação ampla, considerando a variabilidade dos valores envolvidos decorrentes de irregularidades ambientais que podem, inclusive, contemplar a reparação/recuperação do meio ambiente na esfera administrativa.

---

[58] O mito da responsabilidade objetiva no direito ambienta sancionador: imprescindibilidade da culpa nas infrações ambientais. Revista de Direito Ambiental, Ano 15, n. 57, jan/mar/2010
[59] Apelação com Revisão n. 336 712 5/3-00, TJSP, AC 336.712-5/3-00.

Nesse sentido, a responsabilidade administrativa ambiental, igualmente a civil, contribui para o quadro de insegurança quanto ao alcance e valoração dos riscos ambientais envolvidos em uma atividade, que refletem de forma significativa para o mercado securitário brasileiro.

Assim, em razão das dificuldades aqui apresentadas, que trazem incertezas jurídicas aos envolvidos, especialmente voltadas à pluralidade de sujeitos passíveis de responsabilização, difícil estimativa da extensão do dano e indefinição dos possíveis valores envolvidos, justifica-se o motivo do seguro ambiental ainda não ter alcançado a efetiva implantação que se espera.

Referências bibliográficas

ALPHANDÉRY, Pierre; BITOUN, Pierre; DUPONT, Yves. *O equívoco ecológico: riscos políticos da inconsequência.* São Paulo: Brasiliense, 1992.

ALVIM, Pedro. *O contrato de seguro.* Rio de Janeiro: Forense, 1983.

ANTUNES. Paulo de Bessa. *Dano ambiental.* Rio de Janeiro: Lumen Juris, 2000.

——. *Direito Ambiental.* Rio de Janeiro: Atlas, 2013.

ARAUJO. Vaneska Donato de. *Responsabilidade Civil.* São Paulo: Revista dos Tribunais, 2008.

BARANOFF, Etti *et al.* Risk management for enterprises and individual. Flat World Knowledge, 2011.

BECK, Ulrich. A reinvenção da política: rumo a uma teoria da modernidade reflexiva. In BECK, Ulrich; GIDDENS, Anthony; LASH, Scott. Modernização reflexiva: política, tradição e estética na ordem social moderna. Trad. Magda Lopes. São Paulo: Universidade Estadual Paulista, 1997.

——. La sociedad del riesgo: hacia una nueva modernidad. Barcelona: Paidós, 1998

BENJAMIN. Antonio Herman. *Dano ambiental: prevenção, reparação e repressão.* São Paulo: Revista dos Tribunais, 1993.

BUSENHART. Jürg *et al.* Insuring environmental damage in European Union. Swiss Reinsurance Company, 2007.

COSTA, Sildaléia Silva. Seguro ambiental: garantia de recursos para reparação de danos causados ao meio ambiente. Brasília, 2011.

DAHINTEN, Augusto Franke. Seguro Ambiental: possíveis razões para o precário desenvolvimento do produto no Brasil. RDA. Ano 18. vol. 70. abr.-jun. 2013.

FERREIRA, Heline Sivini. Política ambiental constitucional. In CANOTILHO, José Joaquim Gomes; LEITE, José Rubens Morato (organizadores). Direito constitucional ambiental brasileiro. São Paulo: Saraiva, 2007.

FIORILLO, Celso Antonio Pacheco. *Curso de Direito Ambiental Brasileiro.* São Paulo: Saraiva, 2013.

DERANI, Cristiane. *Direito ambiental econômico.* São Paulo: Saraiva, 2001.

GORE, Albert. Uma verdade inconveniente : o que devemos saber (e fazer) sobre o aquecimento global. Trad. Isa Mara Lando. Barueri: Manole, 2006.

HOBSBAWM, Eric J. *A era dos extremos: o breve século XX, 1914-1991.* Tradução Marcos Santarrita. São Paulo: Companhia das Letras, 1995.

KOLSTAD, Charles D. *Environmental economics.* New York: Oxford University Press, 1999.

LEITE, José Rubens Morato. *Dano ambiental: do individual ao coletivo extrapatrimonial.* São Paulo: Revista dos Tribunais, 2003.

——. *Sociedade de risco e Estado*. In CANOTILHO, José Joaquim Gomes; LEITE, José Rubens Morato (organizadores). *Direito constitucional ambiental brasileiro*. São Paulo: Saraiva, 2007.

——; AYALA, Patrick de Araújo. *Dano ambiental: do individual ao coletivo extrapatrimonial.* São Paulo: Revista do Tribunais, 2010.

LUCCAS FILHO, Olívio. Seguros: fundamentos, formação de preços, provisões e funções biométricas. São Paulo: Atlas, 2011.

MACHADO, Paulo Affonso Leme. *Direito Ambiental Brasileiro*. São Paulo: Malheiros, 2013.

MEIRELLES, Hely Lopes. *Direito Administrativo Brasileiro.* São Paulo, Malheiros: 2002.

MENDES, João José de Souza. *Bases Técnicas do Seguro*. São Paulo: Manuais Técnicos de Seguros, 1977.

MILARÉ, Edis. Direito do ambiente: a gestão ambiental em foco, doutrina, jurisprudência, glossário. São Paulo: Revistas dos Tribunais, 2005.

——. *Direito do Meio Ambiente.* São Paulo: RT, 2013.

NALINI, José Renato. *Ética geral e profissional.* São Paulo: Revista dos Tribunais, 2008.

OLIVEIRA, Régis Fernandes de. *Infrações e sanções administrativas.* RT, 1985.

OZAKI, Vitor. O papel do seguro na gestão do risco agrícola e empecilhos para o seu desenvolvimento. Rio de Janeiro: Revista Brasileira de Risco e Seguro, 2007.

PEREIRA, Caio Mário da Silva. *Responsabilidade civil.* Rio de Janeiro: Forense, 1994.

POLIDO, Walter Antonio. Resseguro – cláusulas contratuais e particularidades sobre responsabilidade civil. Rio de Janeiro: Funenseg, 2008.

——. *Seguro para riscos ambientais*. São Paulo: Revista Tribunais, 2005.

SARAIVA NETO, Pery. *A Prova na Jurisdição Ambiental.* Porto Alegre: Livraria do Advogado, 2010.

STEIGLEDER, Annelise Monteiro. Responsabilidade civil ambiental: as dimensões do dano ambiental no direito brasileiro. Porto Alegre: Livraria do Advogado, 2004.

——. Responsabilidade civil ambiental: As dimensões do dano ambiental no direito brasileiro. Porto Alegre: Livraria do Advogado, 2011.

TILGER, Giseli Giusti. *O seguro de poluição como instrumento econômico para proteção ambiental.* Trabalho de conclusão de MBA em Gestão e Tecnologias Ambientais. PECE/POLI – USP, 2013.

TRENNEPOHL, Natascha. Seguro ambiental. Salvador: JusPodivm, 2008.

TURNER, Kerry and Hans Opschoor. *Economic incentives and environmental policy – principles and practices.* Netherlands: Kluewer Academic Publishers, 1996.

— IV —

Circular SUSEP nº 437/2012: comentários técnicos e jurídicos

Sergio Ruy Barroso de Mello

Pós-graduado em Contrato de Seguro e Resseguro pela Universidade de Santiago de Compostela/USC. Pós-graduado em Direito Empresarial pela Universidade Federal Fluminense/UFF. Graduado em Direito/UFRJ. Professor da cadeira Direito de Seguros e Resseguros dos Cursos de Pós-Graduação da Universidade Cândido Mendes/UCAM-RJ, da Pontífice Universidade Católica de Belo Horizonte/PUC-MINAS, da Fundação Nacional Escola de Seguros/FUNENSEG e da Fundação Getúlio Vargas/FGV. Presidente do CILA, Comitê Ibero Latino-Americano da Associação Internacional de Direito de Seguro – AIDA. Membro do Conselho Mundial da AIDA e Presidente do Grupo Nacional de Trabalho de Responsabilidade Civil e Seguro da AIDA Brasil.

Osvaldo Haruo Nakiri

Subscritor de riscos facultativos de Responsabilidade Civil Geral. Autor de artigos sobre seguros em revistas especializadas.

Elisabete Anastacio

Integrante do Grupo Nacional de Trabalho de Responsabilidade Civil e Seguro da AIDA Brasil.

Monica Melanio de Almeida Quintino

Formada em Direito/UFRJ em 2006, com 10 anos de experiência no mercado securitário. Trabalhou com desenvolvimento de clausulados, programa mundial e regulação de sinistros, tendo atuado em importantes acidentes aeronáuticos. Atualmente é responsável por análise de sinistros de garantia, crédito e responsabilidade civil geral.

Natália Velasques Sanches Bisconsin

Advogada pós-graduada em Direito Processual Civil pela PUC/SP, com ampla experiência em direito securitário. Coautora de artigos publicados em revistas especializadas.

Luciana Amora

Integrante do Grupo Nacional de Trabalho de
Responsabilidade Civil e Seguro da AIDA Brasil.

Renata Struckas

Integrante do Grupo Nacional de Trabalho de
Responsabilidade Civil e Seguro da AIDA Brasil.

Felippe Moreira Paes Barretto

Integrante do Grupo Nacional de Trabalho de
Responsabilidade Civil e Seguro da AIDA Brasil.

Adilson Neri Pereira

Comissário de Avarias, Regulador de Sinistros, Licenciado em Matemática, Advogado, Mestrando em Direito Político e Econômico, Membro da Comissão de Direito Securitário da OAB – SP, Professor da FUNENSEG e do SINCOR.

Marcia Quintino Barbieri

Integrante do Grupo Nacional de Trabalho de
Responsabilidade Civil e Seguro da AIDA Brasil.

Celso Soares

Integrante do Grupo Nacional de Trabalho de
Responsabilidade Civil e Seguro da AIDA Brasil.

Átila Andrade Santos

Integrante do Grupo Nacional de Trabalho de
Responsabilidade Civil e Seguro da AIDA Brasil.

Sumário: 1. Introdução; 2. Início de vigência da circular; 3. Revisão gramatical. Estrangeirismos; 4. Pagamento direto ao terceiro; 5. Uso de linguagem clara; 6. Despesas emergenciais; 7. Supressão da expressão "ou não padronizado"; 8. Seguros plurianuais; 9. Caráter indenitário do seguro de RC; 10. Coberturas adicionais; 11. Redução de coberturas; 12. Cobertura de multa; 13. Riscos graves não excluídos; 14. Riscos de natureza distinta do seguro de RC; 15. Corretor não representa o segurado; 16. Prazo para aceitação do sinistro; 17. Emissão da apólice; 18. Limite de cobertura a evento; 19. Sinistros do mesmo evento e LMI; 20. Documento de cobrança e número da proposta; 21. Documento de cobrança e número da conta-corrente; 22. Informação sobre agravamento do risco; 23. Nomeação conjunta de advogado; 24. Assistência judicial e o seguro de RC; 25. Reembolso da sucumbência; 26. Ilegitimidade do segurador em relação a terceiros; 27. Juros compostos; 28. Estipulação de franquia; 29. Cláusula compromissória de arbitragem; 30. Regra de interpretação; 31. Alteração de expressões; 32. Glossário; 33. Anexo III. Condições especiais. Cobertura básica nº 101. Estabelecimentos comerciais e/ou industriais; 34. Anexo III. Cobertura ao produto de propriedade do segurado; 35. Anexo III. Despesas de salvamento. Impossibilidade de limitação; 36. Anexo III. Fornecimento deficiente; 37. Cobertura básica nº 103 – RC do empregador; 38. Cobertura básica nº 107 – Prestação de serviços de movimentação de cargas; 39. Cobertura básica nº 108 – Prestação de serviços em locais de terceiros, de limpeza e manutenção geral de imóveis; 40. Cobertura básica nº 109 – Prestação de serviços de guarda e/ou de vigilância em locais de terceiros; 41. Cobertura básica nº 111 – Guarda de veículos terrestres de terceiros (II); 42. Planos não padronizados. Definições. Consulta à SUSEP.

1. Introdução

A entrada em vigor da Circular SUSEP nº 437/2012, que regulamenta os seguros de responsabilidade civil geral, criou novo marco técnico e jurídico no setor, com a alteração de paradigmas clássicos da atividade de subscrição de risco e regulação de sinistros, e trouxe novos dogmas ao universo jurídico das relações.

Justamente para orientar o leitor quanto a pontos de crucial importância aos que se dedicam a atividade de seguros, o Grupo Nacional de Trabalho de Responsabilidade Civil e Seguro da AIDA resolveu estudar o assunto, cujas conclusões, de forma sintética, são apresentadas através do presente trabalho.

Ao longo do estudo, será possível ao leitor perceber o esforço dos autores em manter linguagem clara, objetiva e, de forma prática, bem como apresentar abordagem específica para cada tema, considerando que, afinal, o objetivo maior é exatamente servir como subsídio aos operadores do seguro de responsabilidade civil.

Observe-se que, muito possivelmente, a Superintendência de Seguros Privados – SUSEP – fará alterações pontuais na Circular nº 437/2012, justamente para atender aos pedidos do mercado e aqueles elaborados nesse trabalho, o que esperamos com forte expectativa.

2. Início de vigência da circular

O primeiro aspecto que surpreendeu na norma foi exatamente o seu momento inicial de vigência, que felizmente foi adiado, porque coincidiria com compromissos e festividades típicas do final do ano, responsáveis pelo encurtamento de seus dias úteis, e pelas costumeiras tarefas de fechamento de balanço, montagem de planos de negócios para o ano vindouro, dentre outras tantas atividades da rotina.

Em razão de pleito encaminhado à SUSEP pelo GNT RC e Seguro da AIDA e pela Federação das Empresas de Seguros de Danos – FENSEG –, aquele órgão regulador, por meio da Circular nº 454/2012, acatando os pedidos, postergou por mais seis meses a data inicial para entrada em vigência da norma. Evitou-se assim gigantesco impacto nas rotinas das sociedades seguradoras, facilitando a adaptação às normas no tempo devido, bem como se impediu prejuízo aos consumidores de seguro de responsabilidade civil, que poderiam ficar privados do produto nos primeiros meses de 2013, haja vista a impossibilidade de aprovação dos planos no curto prazo.

3. Revisão gramatical. Estrangeirismos

A fim de se evitar erros de português capazes de comprometer a compreensão do texto, sugere-se a submissão de todo o texto da Circular à revisão final, bem como a corretor ortográfico.

Igualmente, para se evitar dificuldades na interpretação de suas cláusulas, é de todo recomendável que se evite o uso de estrangeirismos, excluindo-se toda palavra em vernáculo que não o português.

Note-se que apesar de inexistir vedação ao uso de idioma estrangeiro em contrato particular, o Código Civil aponta em seu artigo 224 que os documentos redigidos em língua estrangeira serão traduzidos para o português para que surta os efeitos legais no país, donde se pode compreender que qualquer termo estrangeiro será interpretado conforme a sua tradução para a língua portuguesa.

Apesar de ser comum o uso da língua estrangeira, deve-se lembrar de que não há razão para que um contrato celebrado no Brasil e sob a égide de leis brasileiras venha a ser redigido em termos de língua estrangeira, inclusive porque bem se sabe que toda e qualquer dúvida decorrente da cláusula contratual será interpretada em favor do consumidor, nos termos do artigo 47 do Código de Defesa do Consumidor.

4. Pagamento direto ao terceiro

O § 1º do artigo 5º da Circular nº 437/2012 estabelece a possibilidade de o segurador dispor em suas condições a possibilidade de efetuar o pagamento direto da indenização ao terceiro. Todavia, juridicamente não se recomenda tal medida, tampouco a sua estipulação no clausulado. Se assim ocorrer, o segurador ficará exposto à possibilidade de longo período de provisões e reservas, levando-se em conta que os seguros de responsabilidade civil são considerados de longo curso, além de legitimar terceiros que sequer são de conhecimento do segurador, a promover demandas judiciais capazes de levar até 10 (dez) anos para seu ajuizamento, sem contar o tempo de processamento. Isso sem falar nos casos com o envolvimento de menores, por si bastante morosos e complexos.

Apesar da existência de decisões em contrário, o Superior Tribunal de Justiça – STJ – reviu seu próprio entendimento, ao julgar o Recurso Especial nº 962.230 – RS (2007/0140983-5), por meio de sua Segunda Seção, reconhecendo que o seguro de Responsabilidade Civil Facultativo não legitima o terceiro a ajuizar ação em face do segurador do causador do dano.

Logo, o uso de tal cláusula é temerário à técnica do seguro, causa grande impacto econômico nas necessárias provisões, e confere a terceiros legitimidade que não possuem para agir em face do segurador, transferindo a este, obrigação que não é sua, que é a de conhecer o próprio sinistro e suas peculiaridades.

Ao promover tal possibilidade, retira-se do segurado, inclusive, o direito de acionar ou não a sua apólice de seguro.

Importante notar que o acórdão do STJ acima mencionado cristalizou a jurisprudência sobre o assunto, ao estabelecer o julgado como de caráter e repercussão geral.

De toda a forma, como já é prática do mercado, caso o segurador entenda que deve realizar pagamento diretamente a terceiro, não há qualquer impeditivo, e ele poderá fazê-lo ainda que não haja previsão em norma.

5. Uso de linguagem clara

É necessário estabelecer linguagem clara e de fácil compreensão para o consumidor de seguros.

As definições de LMI (Limite Máximo de Indenização), LA (Limite Agregado) e LMG (Limite Máximo de Garantia) geram dificuldades de interpretação pelos técnicos do setor, e, certamente, provocarão reações ainda mais confusas por parte dos consumidores, bem como do próprio Judiciário na análise de matéria tão específica

Sendo o contrato de seguro de caráter adesivo às suas regras pré-elaboradas, qualquer dúvida na interpretação das cláusulas será decidida em favor do consumidor, conforme estabelece o Código de Proteção e Defesa do Consumidor em seu artigo 47.

Para não haver incompreensões por parte dos segurados, terceiros e magistrados, deveria ter havido melhor definição das expressões utilizadas no glossário. Pena que a SUSEP não realizou, ao menos até o momento, a necessária alteração do respectivo glossário, como também da Cláusula 9 das Condições Gerais.

Note-se que o próprio glossário trazido pela Circular não é claro, contendo termos que sequer são necessários à compreensão do clausulado e das condições gerais, por exemplo, a definição da sigla CNSEG.

Ao invés de esclarecer, as definições trazidas tornam o material mais extenso, prejudicando o próprio objetivo de se ter um glossário.

No entanto, pode e deve o segurador criar em seu "manual" explicações didáticas sobre tais expressões. Agindo assim, contribuiria fortemente na melhora das relações com os seus consumidores e evitaria demandas por falhas e dificuldades de interpretação do clausulado.

6. Despesas emergenciais

O artigo 5°, em seu § 4°, da referida Circular, merece ser examinado sob contexto do princípio da autonomia da vontade contratual, que permite a negociação de verbas suplementares e sublimites.

A negociação de verbas para despesas emergenciais, a nosso ver, pode perfeitamente englobar quantia específica, acima e distinta do Limite Máximo de Indenização – LMI –, por exemplo, para a rubrica mencionada de despesas emergenciais, em respeito ao princípio do artigo 779 do Código Civil.

A limitação imposta no artigo 5° retira da Seguradora a possibilidade de negociar tal verba junto ao segurado, direito facultado pela lei, o que parece ser um retrocesso à negociação.

7. Supressão da expressão "ou não padronizado"

O § 1° do artigo 13 da Circular n° 437/2012 merece ser reparado para que seja suprimida a expressão "ou não padronizados", justamente com o objetivo de evitar que os problemas identificados fiquem restritos aos "padronizados", permanecendo as Seguradoras livres na comercialização de produtos não padronizados, sem qualquer ligação com as disposições irregulares da Circular 437.

Tal condição engessa a Seguradora no desenvolvimento de novos produtos.

8. Seguros plurianuais

O § 3° inciso II do artigo 13 cria regra que afetará negativamente os seguros plurianuais, como são aqueles decorrentes dos grandes investimentos públicos (Ex.: PAC), cujos seguros são contratados por longos períodos, ao prever limitação temporal de coberturas.

Recomenda-se ao subscritor de seguros de responsabilidade civil de longo curso ou plurianual, a realização de consulta à Superintendência de Seguros Privados – SUSEP –, com o fim de solicitar autorização expressa para os seguros não padronizados e, consequentemente, excluir tal regra da norma.

9. Caráter indenitário do seguro de RC

No Anexo II (*APÓLICE À BASE DE OCORRÊNCIA – CONDIÇÕES GERAIS*), precisamente na Cláusula 1.1, entendemos que a expressão "garante pagar" deixa em aberto a quem deveria ser paga a indenização do seguro de Responsabilidade Civil que, como se sabe, é de caráter indenitário, ou seja, indeniza o segurado dos prejuízos a ele causados, por conta de prática de ilícito civil.

Do jeito como foi redigida, pode gerar interpretação no sentido de que o pagamento poderia ser feito a terceiros. Não pode!

Não se pode perder de vista que a cobertura securitária está relacionada com os danos experimentados pelo segurado, em decorrência da caracterização da sua responsabilidade civil frente a terceiros, de acordo com a garantia contratada.

Pena que o órgão regulador não excluiu tal norma e sequer alterou o seu sentido, para ficar absolutamente claro que o pagamento será unicamente ao segurado, afinal, esse é o objetivo de todo seguro indenitário, como é exemplo concreto o seguro de responsabilidade civil.

10. Coberturas adicionais

Na Cláusula 1.1.4 do Anexo II, a norma, uma vez mais, em excessiva e não recomendável intervenção do órgão regulador na esfera da criatividade privada, prejudicou o negócio de seguro, ao dificultar a inserção de coberturas adicionais nas apólices.

A incorporação de coberturas adicionais à básica é da técnica do seguro, muitas vezes do interesse do próprio segurado, que exige tal medida, como seria o caso de verbas adicionais para salvamento da coisa ou para evitar o dano.

11. Redução de coberturas

A Cláusula 5.2 do Anexo II traz forte redução do nível atual de coberturas encontradas nas apólices de Responsabilidade Civil Geral – RCG – do mercado brasileiro.

Houve significativa perda para mercado de seguros, mais ainda para o consumidor de seguros, que se verá privado de inúmeras coberturas no país, o que, em última análise, poderá provocar evasão de divisas com aquisição de seguros no exterior, mesmo de forma irregular.

Claramente, tal norma merece ser revista pela Superintendência de Seguros Privados – SUSEP –, a bem da evolução e saúde econômica do setor de seguros, do interesse dos segurados e do próprio governo, que perde forte receita em impostos.

12. Cobertura de multa

A negativa de cobertura de multa, inserida na Cláusula 5.3, alínea "a", é de todo incompreensível, porque pertence à natureza do próprio risco de Responsabilidade Civil. É consequência do risco coberto, e sua abrangência deveria ser negociada respeitando-se a autonomia das partes.

Multa, principiologicamente, nasce com o ato ilícito praticado pelo segurado, cujos efeitos de sua reparação econômica são exatamente o objeto de cobertura do seguro de Responsabilidade Civil.

O mesmo raciocínio se dá em relação ao chamado "dano punitivo" que, embora não existente no direito brasileiro, tem sido utilizado sob a forma de "dano moral" ou "dano coletivo", ou ainda "dano moral coletivo", pelos Tribunais, razão pela qual sua cobertura nos parece igualmente consequente dos riscos de responsabilidade civil e possível, respeitando-se a vontade das partes em contratar ou oferecer cobertura para tal risco.

13. Riscos graves não excluídos

A Cláusula 5.3, em sua alínea "c", estabelece exclusões expressas para determinados riscos, todavia, a experiência do seguro de RC exige a exclusão de determinados riscos ignorados pela Norma em análise.

Existem itens merecedores de exclusão desse tipo de risco, por conta de sua amplitude, desconhecimento, severidade, dentre outros tantos de ordem fática e técnica, são eles:

Danos genéticos, bem como danos causados por asbestos, SILICA, MOFO, talco asbestiforme, diethilstibestrol, dioxina, uréia formaldeído, CHUMBO, BISPHENOL A ("bpa"), ÉTER METIL BUTIL TERCIÁRIO ("mtbe"), CAMPOS E/OU RADIAÇÃO ELETROMAGNÉTICA ("emf") E BIFENILA POLICLORADA ("PCB"); BEM COMO vacina para gripe suína, dispositivo intra-uterino (DIU), contraceptivo oral, danos resultantes de hepatite B ou síndrome de deficiência imunológica adquirida ("AIDS"), SÍNDROME DE ALCOOLISMO FETAL, ENCEFALOPATIA ASBESTIFORME TRANSMISSÍVEL ("tse"), ORGANISMOS GENETICAMENTE MODIFICADOS ("ORGANISMOS TRANSGÊNICOS"), E DANOS à saúde CAUSADOS PELO USO DE BEBIDAS ALCOÓLICAS, fumo, tabaco ou derivados.

Recomendável a exclusão de todos os riscos mencionados acima, além daqueles objeto da Cláusula 5.3, alínea "c", antes mencionada.

14. Riscos de natureza distinta do seguro de RC

A Cláusula 5.4, do Anexo II, ao se utilizar da expressão "SALVO CONVENÇÃO EM CONTRÁRIO" em seu *caput*, acabou por gerar expectativa de cobertura para certos riscos não usuais e fora da natureza do seguro de Responsabilidade Civil Geral.

Tome-se, por exemplo, a Cláusula 5.4, alínea "d", que pretendia cobrir danos a terceiros produzidos pela carga de propriedade do segurado, mas a forma como foi redigida permite cobrir a Responsabilidade Civil do Transportador, além do próprio bem do segurado, algo sem qualquer cabimento lógico e técnico, porque não faz parte do contexto do seguro de RC, pertencendo mais ao seguro de transporte.

Outro exemplo se nota no texto da Cláusula 5.4, alínea "f", na medida em que a cobertura de RCG avançou na cobertura de RC Profissional. Justo por isso deve se evitar qualquer menção ao assunto na referida alínea. Essa forma de redação prejudica a carteira de RCG. Pode levar a interpretações equivocadas, como a de que o patrimônio do profissional poderá ser acionado. Certamente criará confusões, porque o teor da cobertura está relacionado à obrigação propriamente dita e nada mais.

Veja-se ainda a Cláusula 5.4, alínea "i", na qual a forma como está redigida dá a entender pela cobertura de riscos de RCF-V. Todavia, dentro da apólice de RC Geral não parece tecnicamente correto, pode confundir o segurado e, em última análise, ao próprio julgador em eventual controvérsia judicial ou arbitral.

A ideia é de o risco excluído está ligado à cobertura oferecida. Por isso, se há amplitude de riscos excluídos que não se relacionam à cobertura contratada, a Seguradora pode ficar exposta à interpretação de que tudo aquilo que não estiver excluído, estará coberto, ainda que não tenha sido definido na cobertura.

15. Corretor não representa o segurado

O texto da Cláusula 6.1.1 do Anexo II, da maneira como foi redigido, induz a imaginar que o corretor de seguros é representante do segurado, mas não é, a menos que tenha poderes outorgados por competente procuração.

É bom esclarecer que a Circular SUSEP nº 437/2012 insere-se na categoria de norma infralegal, razão pela qual possui força de lei, até porque emanada de órgão regulador competente. Neste sentido, dizer que o corretor poderá firmar proposta de seguro em nome do segurado é de todo temerário, porque não o representa e está absolutamente fora do contexto de sua atuação profissional de intermediário do negócio jurídico de seguro.

Recomenda-se a não utilização da prática de assinatura da proposta pelo corretor de seguros, para evitar sérias e desnecessárias discussões judiciais sobre o tema.

16. Prazo para aceitação do sinistro

A Cláusula 6.3.1 nos faz observar que o prazo para aceitação da proposta de seguro, após a solicitação de novos dados e documentos, fica suspenso e não interrompido, logo, há que se contar o prazo já passado. A interrupção do prazo faz-se muito importante, especialmente nos sinistros complexos, já que com a recepção de novas informações e documentos será realizada nova análise.

Ademais, vale lembrar, o pedido de informações e documentos poderá ser feito mais de uma vez, desde que justificado, conforme Circular SUSEP nº 256/2004.

17. Emissão da apólice

Há que se elogiar o cuidado do órgão regulador com o tema da emissão da apólice inserido na Cláusula 7.1. O prazo anterior era de 15 (quinze) dias, contados da data de vigência, agora passou a ser da data da *aceitação*, algo altamente lógico e justo. Está de parabéns a SUSEP, neste ponto específico.

18. Limite de cobertura a evento

Ao examinarmos o texto da Cláusula 9.5.1 do Anexo II, é fundamental observar que o limite de responsabilidade se refere a uma ou mais coberturas, todavia do mesmo evento. Logo, os limites estão diretamente ligados ao evento ocorrido e reclamado ao segurador, o que deve ser esclarecido adequadamente na redação do clausulado, a fim de evitar dúvidas em sua interpretação.

19. Sinistros do mesmo evento e LMI

No estudo da Cláusula 9.5.3, a interpretação correta é de que o Limite Máximo de Garantia (LMG) deixa de existir se os sinistros não forem do mesmo evento, neste caso se mantém apenas o Limite Máximo de Indenização (LMI).

Observe-se que com essa disposição a seguradora não poderá mais fazer o resseguro apenas com o LMG, terá que utilizar o LMI, causando assim o fenômeno indesejado de realização de vários contratos de resseguro facultativos e prêmios consequentemente elevados.

Para evitar forte impacto econômico nas contas do segurador, sugere-se a realização de resseguro de forma acumulada, por cobertura, trabalhando com LMG e com o LMI. Há que se ter muito cuidado na subscrição, e talvez esse seja o grande diferencial comercial do produto de responsabilidade civil doravante.

20. Documento de cobrança e número da proposta

Obrigar o segurador a fazer constar no "documento de cobrança" do prêmio parcelado o número da proposta, tal qual determina a Cláusula 10.1, Alínea "c", significa gerar para o segurador a obrigação de manter dois controles, algo improdutivo, inseguro e dispendioso.

Como o seguro já foi aceito, nessas circunstâncias, seria de todo coerente fazer constar apenas o número da apólice, e não o da proposta.

21. Documento de cobrança e número da conta-corrente

Inegavelmente, obrigar o segurador a divulgar o número de sua conta-corrente no "documento de cobrança", tal qual determina a Cláusula 10.1.7, é facilitar a prática do crime de lavagem de dinheiro, porque, dentre outras ocorrências, poderá haver o pagamento duplo ou triplo pelo segurado, com pedido de devolução dos valores.

Por outro lado, se o segurado fizer simples depósito e justificá-lo como sendo a título de prêmio de seguro, sem quitar e registrar a tal quitação no boleto, o segurador perderá o controle da transação, facilitando, uma vez mais, o crime de lavagem de dinheiro.

Tal item deveria ser completamente excluído pelo órgão regulador, para se evitar a prática de ilícito criminal que ele mesmo tenta evitar em diversas normas de sua autoria sobre o tema.

22. Informação sobre agravamento do risco

A expressão "na avaliação do Segurado", inserida na Cláusula 13.1, colide com o Item 11.1, alínea "a". No último, o Segurado está obrigado a avisar ao Segurador sempre que tiver ciência de possível ocorrência de evento capaz de gerar sinistro. No Item 13.1, estabeleceu-se que tal obrigação se dará *a critério do Segurado*.

As cláusulas mencionadas estão com redações colidentes e serão interpretadas de maneira mais favorável ao segurado, por tratar-se de contrato de adesão, de forma que prevalecerá a indesejada subjetividade inserida na Cláusula 11.1, alínea "a".

De se notar, ainda, o possível conflito da cláusula com o disposto no artigo 771 do Código Civil, ao dispor que o segurado é obrigado a comunicar ao segurador logo que tome conhecimento da ocorrência do sinistro.

A melhor maneira de tratar o assunto seria excluir a expressão: "na avaliação do Segurado", constante do Item 13.1.

23. Nomeação conjunta de advogado

A característica fundamental do seguro facultativo de responsabilidade civil é o seu caráter indenitário unicamente ao segurado. Justo por isso, tem o segurador total interesse em minimizar os seus prejuízos, mantendo-se íntegra a garantia da apólice, para futura utilização pelo segurado em eventuais sinistros ocorridos.

Seguindo esse raciocínio, é compreensível o interesse do segurador em evitar condenações do segurado em demandas movidas por terceiros, sendo plenamente justificável a nomeação conjunta de advogado para o exercício da defesa dos interesses do segurado nas demandas judiciais, com despesas a cargo do segurador, por conta da cobertura securitária

Com a nomeação conjunta de advogado, o segurador também consegue preservar a confidencialidade do contrato de seguro, sem dar ciência a terceiros de sua existência e limites, evitando que sejam inadequadamente utilizados como critério balizador de indenizações por meio de acordos ou condenações judiciais.

A nosso ver, a Cláusula 14 não impede, e nem poderia, tal medida, porque, afinal, respeita justamente o contexto da autonomia da vontade contratual das partes. Não deve haver, assim, qualquer irregularidade legal em tal prática, que se justifica exatamente pela natureza de negócio jurídico a que está vinculada, qual seja, o seguro de responsabilidade civil.

Neste sentido, recomenda-se a inclusão de cláusula na qual fique expresso o direito do segurador e do segurado de definir conjuntamente o advogado do primeiro, remunerado por este último, nos limites econômicos da apólice contratada.

É dizer, trata-se de direito já existente, porque presente no referido marco da liberdade contratual e da autonomia da vontade das partes.

24. Assistência judicial e o seguro de RC

A Cláusula 14.1.2 dá a entender que somente haverá uma única modalidade de intervenção de terceiro no processo civil: a da *assistência*. Contudo, o Código de Processo Civil prevê diversas modalidades, precisamente em seu Capítulo VI, nos artigos 56 e seguintes, sendo, a mais usual, a denunciação da lide inserida no artigo 70, do mencionado código.

Logo, é recomendável a exclusão da Cláusula 14.1.2, pois a Circular em análise, por ser norma infralegal, não tem o poder de revogar texto expresso de lei, qual seja, o do Capítulo VI, do Código de Processo Civil, inclusive em razão da possibilidade de que esta venha a ser considerada nula de pleno direito, posto que contrária à lei.

25. Reembolso da sucumbência

A Cláusula 14.4.1 trata de tema absolutamente inédito no universo técnico das coberturas do seguro de Responsabilidade Civil Geral, ao estabelecer que o Segurador seja obrigado a reembolsar a sucumbência que o segurado for obrigado a pagar, em ação judicial movida por terceiros.

Há que se observar a barreira do limite de tal cobertura ao próprio LMI da apólice.

Recomenda-se comunicação expressa aos atuários, para exame de seu impacto no valor do prêmio de seguro, o qual deverá sofrer impacto natural desse significativo aumento de cobertura.

26. Ilegitimidade do segurador em relação a terceiros

O Item 14.4.2 do Anexo II pretende dar ao terceiro legitimidade para acionar o segurador, em juízo ou fora dele. Juridicamente, o terceiro não é pessoa legitimada a promover pretensão judicial em face do segurador, com quem não contratou e a quem nada foi estipulado. No campo da jurisprudência o assunto já foi definitivamente resolvido por conta da decisão proferida pelo STJ, no Recurso Especial nº 962.230 – RS (2007/0140983-5).

Justo por isso deve ser excluída do clausulado a possibilidade de acionamento por terceiros, porque o seguro de RC não é feito em função deles, do contrário, ficará o segurador à mercê de reservas por longo curso, porquanto não saberia se eventuais terceiros foram prejudicados por atos ilícitos praticados pelo segurado.

É muito importante, tanto no campo técnico quanto econômico e jurídico, manter intacta a ilegitimidade do segurador em relação aos terceiros o que preserva, inclusive, a autonomia de vontade do segurado em acionar ou não o seu seguro.

27. Juros compostos

A Cláusula 15.4 cria penalidade de *juros compostos* para pagamento por atraso na indenização e determina que os juros sejam calculados com base na *Taxa Selic*, durante todo o período do atraso, com exceção do último mês, no qual deverá ser aplicado 1% (um por cento) sobre o total, a título de multa.

Trata-se de inovação perigosa, porque em sinistros vultosos afetará fortemente as contas finais da indenização securitária, razão pela qual deve ser cuidadoso o manuseio dos prazos regulamentares para pagamento da indenização.

28. Estipulação de franquia

Recomenda-se muito cuidado com o teor da Cláusula 20: se o Segurador não estipular a utilização da *franquia* em *cláusula particular*, não poderá cobrá-la.

29. Cláusula compromissória de arbitragem

Ao analisarmos a Cláusula 23, observamos que a Cláusula compromissória de arbitragem somente será válida se aceita por ambas as partes, através de documento firmado pelo Segurado e pelo Segurador, com duas testemunhas.

Tal medida é adequada, porque vai ao encontro das leis de proteção das relações de Consumo, das quais a mais representativa é aquela que deu origem ao Código de Proteção e Defesa do Consumidor, que estabelece, no inciso VII do artigo 51, a nulidade da cláusula que determine o uso compulsório da arbitragem.

Aliás, a Lei de Arbitragem (Lei nº 9.307/1996) faz a mesma ponderação no § 2º do seu artigo 4º.

30. Regra de interpretação

O estudo das Cláusulas 24.1 e 24.2 produz recomendação no sentido do uso da regra clássica de interpretação da técnica do seguro na qual a cláusula especial prevalece sobre a geral, e a particular sobre a especial, já que várias cláusulas específicas (básicas/especiais) serão contratadas com o uso do clausulado padrão.

31. Alteração de expressões

A palavra "contratos", inserida no Item 24.2.1, "b", deve ser substituída pela palavra "cobertura", porque a apólice já funciona como instrumento contratual.

32. Glossário

O Glossário inserido na Cláusula 25 deveria ser totalmente alterado, encontra-se confuso, impreciso e sem cuidados adequados na definição de palavras e expressões.

Poderíamos citar alguns exemplos, dentre muitos, para mostrar a sua imprecisão, senão, vejamos:

Adesão: todos os contratos de seguro são de adesão, inclusive os singulares. Não se percebe a definição da palavra "adesão", mas opinião sobre o que seria. Recomenda-se a total alteração desse texto.

Apólice a base de reclamações, com cláusula de notificações: Essa cláusula colide com a obrigação do segurado de avisar os eventos capazes de gerar sinistros, conforme estabelecido na Cláusula 11.1, letra "a", da Circular nº 437/2012. Há que se observar tal aspecto porque como cláusula particular terá o efeito de eliminar a Cláusula 11.1, "a". Trata-se de cláusula com clara intenção de proteção ao segurado. O segurador precisa verificar se é de seu interesse a utilização dessa Cláusula porque poderá ser impactante na gestão de seus riscos.

O Glossário, portanto, deve ser totalmente revisado, para evitar confusão interpretativa por parte de segurados, julgadores, reguladores de sinistros e advogados.

33. Anexo III. Condições especiais. Cobertura básica nº 101. Estabelecimentos comerciais e/ou industriais

Neste item específico, lamentamos a ausência de menção a coberturas fora do estabelecimento comercial ou industrial, ignorando-se a extensão de responsabilidade para entregas, prestação de serviços externos, dentre outros tantos.

Esta é, aliás, demanda do próprio mercado consumidor de seguros, razão pela qual é importante a inclusão de coberturas para atos ocorridos fora do local segurado, ainda que em produto não padronizado, caso o órgão regulador não resolva tal omissão.

34. Anexo III. Cobertura ao produto de propriedade do segurado

No Item 1.1, Alínea "G", verifica-se nova impropriedade, na medida em que estabelece cobertura ao produto do próprio segurado. No entanto, tal garantia não é parte do contexto da Responsabilidade Civil, tornando-se assim não recomendável no produto a ser comercializado pelo mercado segurador.

35. Anexo III. Despesas de salvamento. Impossibilidade de limitação

A análise do Item 1.1.1. do Anexo III mostra a evidente necessidade de cuidados especiais no momento da subscrição dos riscos e da estipulação de eventuais coberturas expressas para despesas de salvamento, porque a sua limitação será exatamente o Limite Máximo Segurado – LMI –, em razão do disposto no artigo 779 do Código Civil.

As despesas de salvamento, após a edição do referido dispositivo legal, tornaram-se parte do objeto segurado e encontram amparo justamente na cobertura básica, nos exatos e precisos termos e limitações do LMI.

Sobre o tema sugerimos a leitura do item 6, acima.

36. Anexo III. Fornecimento deficiente

O Item 2.2, alínea "a", contém em seu texto a expressão "fornecimento deficiente", que pode ser considerada como falha do produto garantido. Logo, em respeito ao princípio do art. 779, do Código Civil, não pode ser excluída a verba para seu salvamento ou para minorar-lhe o dano, já que, faz parte do próprio objeto segurado.

37. Cobertura básica nº 103 – RC do empregador

A Alínea "b" do Item 2.1 traz claro dispositivo em absoluta colisão com o disposto no artigo 779 do Código Civil, razão pela qual merece ser excluída.

Lembre-se que as normas editadas pelos órgãos reguladores, e a SUSEP é um exemplo concreto, são consideradas de âmbito infralegal, estando abaixo da norma legal, razão pela qual jamais poderão alterar o texto ou o sentido desta última, estando hábeis a apenas funcionar como elemento indutor de temas não regulados pela norma legal.

Na medida em que eventual Resolução do CNSP ou Circular da SUSEP contrariar norma legal, passa a ser considerada ilegal, e, portanto, perde a sua validade no mundo jurídico, o que é o caso do dispositivo em análise.

38. Cobertura básica nº 107 – Prestação de serviços de movimentação de cargas

A averbação de carga não é obrigatória, e como o risco de sua adoção é elevado, há que se examinar criteriosamente a aceitação, nos termos propostos pelo Item 4.1.

39. Cobertura básica nº 108 – Prestação de serviços em locais de terceiros, de limpeza e manutenção geral de imóveis

O Item 1, alínea "h", está em total e absoluto desacordo com o item 2.1, "b", porque lá a cobertura é garantida; neste último dispositivo, a única cobertura concedida é a de dano pessoal.

Parece abusivo, e é!

Merece ser retificado, mesmo que para tanto seja preciso adotar planos não padronizados, uma vez que o erro é gravíssimo e qualquer litígio, por óbvio, será interpretado em favor do segurado, considerando a aderência ao clausulado e a proteção do artigo 47 do Código de Proteção e Defesa do Consumidor (interpretação mais favorável ao aderente – segurado).

Por outro lado, a averbação mencionada no Item 4.1 é totalmente impraticável, justo pelo excesso de risco gerado pelo descontrole.

40. Cobertura básica nº 109 – Prestação de serviços de guarda e/ou de vigilância em locais de terceiros

Este item volta a apresentar problemas em relação às mercadorias averbadas.

A averbação mencionada no Item 3.1 deve ser evitada, em vista do aumento significativo do risco.

41. Cobertura básica nº 111 – Guarda de veículos terrestres de terceiros (II)

Pela leitura e análise do Item 1, verifica-se a não inclusão de *subtração de coisa sem vestígio ou arrombamento* na cobertura básica. Como se trata de cobertura natural, intrínseca ao produto, é recomendável a sua inclusão nas condições particulares.

42. Planos não padronizados. Definições. Consulta a SUSEP

Sugere-se consulta à SUSEP, no sentido de deixar claro que poderão ser utilizadas, nos Planos não Padronizados, definições distintas daquelas inseridas no Plano Padronizado.

A medida se justifica pela necessidade criativa e pela demanda de produtos sofisticados por parte dos consumidores de seguros.

— V —

Negativa de cobertura e os lucros cessantes e/ou danos emergentes

Ana Paula Mataveli

Formada em Administração de Empresas/USP e em Direito/PUC-SP. Especialista em Direito de Seguro e Resseguro/FGV-Law. Advogada em departamentos jurídicos de empresas seguradoras.

André Tavares

Pós-graduado em Direito Securitário/MBA-Cândido Mendes/FUNENSEG. Professor no MBA de Direito Securitário da FUNENSEG. Secretário-Geral da Comissão de Direito do Seguro e Resseguro da OAB/RJ. Membro da Associação Internacional do Direito do Seguro – AIDA/Brasil. Advogado.

Pery Saraiva Neto

Mestre em Direito/UFSC. Especialista em Direito Ambiental/UFSC. Professor Universitário (Graduação e Pós-Graduação). Autor e colaborador de livros e artigos sobre Direito do Seguro. Secretário-Geral da Comissão de Direito do Seguro da OAB/SC. Membro e Conselheiro da Associação Internacional do Direito do Seguro e Presidente do GNT Seguro Ambiental – AIDA/Brasil. Advogado.

Sumário: 1. Lucros cessantes: natureza jurídica, conceitos e aplicação; 1.1. Natureza jurídica dos lucros cessantes; 1.2. Conceito, suporte legal e amplitude dos lucros cessantes; 1.3. Mensuração e prova dos lucros cessantes; 1.4. Momento processual de produção da prova dos lucros cessantes: "an debeatur" e "quantum debeatur"; 2. Negativa de cobertura – prerrogativa do segurador no exercício regular de direito; 2.1. Introdução; 2.2. Responsabilidade civil contratual; 2.3. Excludentes de ilicitudes; 2.4. Negativa de cobertura; 2.4.1. Limites de cobertura; 2.4.2. Riscos excluídos; 2.4.3. Indícios de irregularidade; 2.4.4. Suspeita de fraude; 2.4.5. Declarações inexatas na contratação; 2.4.6. Agravamento do risco; 2.4.7. Documentação comprobatória do dano; 2.4.8. Documentação necessária para pagamento da indenização; 2.4.9. Implicações da lisura da negativa e hipótese excepcional de excesso de exigências; 3. Lucros cessantes e os limites de indenização; Referências bibliográficas.

1. Lucros cessantes: natureza jurídica, conceitos e aplicação

1.1. Natureza jurídica dos lucros cessantes

A figura jurídica dos lucros cessantes localiza-se, na ciência jurídica, no âmbito da responsabilidade civil, instituto este consagrado em nosso ordenamento[1] e com previsão básica, na atualidade, na letra dos artigos 186, 187 e 927 do Código Civil.

Para uma apresentação panorâmica e introdutória do instituto da responsabilidade civil, e que servirá de guia para este trabalho, oportuno recorrer à lição prefacial apresentada por Cavalieri Filho, quando afirma:

> A violação de um dever jurídico configura o *ilícito*, que, quase sempre, acarreta dano para outrem, gerando um novo dever jurídico, qual seja, o de reparar o dano. Há, assim, um *dever jurídico originário* chamado por alguns de primário, cuja violação gera um *dever jurídico sucessivo*, também chamado de secundário, que é o de indenizar o prejuízo. (...)
> É aqui que entra a noção de *responsabilidade civil*. Em seu sentido etimológico, responsabilidade exprime a ideia de obrigação, encargo, contraprestação. Em sentido jurídico, o vocábulo não foge dessa ideia. A essência da responsabilidade está ligada à noção de desvio de conduta, ou seja, foi ela engendrada para alcançar as condutas praticadas de forma contrária ao direito e danosas a outrem.[2]

Deste conceito, extrai-se elementos essenciais para a caracterização da responsabilidade civil, quais sejam: a ação ou omissão, que são geralmente práticas antijurídicas; o dano, que assume, como regra, dimensões patrimoniais e extrapatrimoniais; e o nexo causal entre o fato e o dano, cuja exigência de demonstração será mais ou menos precisa, a depender de fatores essencialmente relacionados à natureza da atividade do ofensor ou de sua condição, bem como à relevância e peculiaridades do direito material.

Antes de aprofundar sobre as dimensões do dano, para então localizar a figura dos lucros cessantes, necessário analisar detidamente o pressuposto da ilicitude da ação, omissiva ou comissiva, que haverá de acarretar prejuízo a terceiro, pois a origem do instituto da responsabilidade civil foca-se na repressão, prévia ou pós--fato, da prática do ilícito.

O instituto jurídico da responsabilidade civil tem como premissa, desde seus primórdios, a noção de ilícito, que Nader assim classifica:

> *Ato lícito* e *ato ilícito* são espécies de fatos jurídicos, que se consubstanciam em acontecimentos que geram, modificam ou extinguem relações jurídicas. Fatos jurídicos são a grande fonte de criação de direitos subjetivos e de deveres jurídicos. (...)

---

[1] Da redação do *Código Civil de 1916*, Lei 3.071/1916, se extrai: Art. 1.059. Salvo as exceções previstas neste Código, de modo expresso, as perdas e danos devidos ao credor, abrangem, além do que ele efetivamente perdeu, o que razoavelmente deixou de lucrar. Parágrafo único. O devedor, porém, que não pagou no tempo e forma devidos, só responde pelos lucros, que foram ou podiam ser previstos na data da obrigação. Art. 1.060. Ainda que a inexecução resulte de dolo do devedor, as perdas e danos só incluem os prejuízos efetivos e os lucros cessantes por efeito dela direto e imediato.

[2] CAVALIERI FILHO, Sergio. *Programa de responsabilidade civil*. São Paulo: Atlas, 2012, p. 2.

Os *ilícitos* (...) são os atos proibidos em lei, direta ou indiretamente. É a prática de tais atos que gera o direito à indenização por dano moral ou material.[3]

Este conceito trazido pela doutrina se coaduna com o disposto no artigo 186 do Código Civil, que dispõe:

Art. 186. Aquele que, por ação ou omissão voluntária, negligência ou imprudência, violar direito e causar dano a outrem, ainda que exclusivamente moral, comete ato ilícito.

Não obstante, o artigo supratranscrito não é a única previsão de imposição do dever de indenizar. Por força de inovação trazida ao sistema legal brasileiro pelo vigente Código Civil, porquanto sem precedente no Código de 1916, equiparam-se aos atos ilícitos a ideia de *abuso de direito*, na forma do artigo 187, que reza:

Art. 187. Também comete ato ilícito o titular de um direito que, ao exercê-lo, excede manifestamente os limites impostos pelo seu fim econômico ou social, pela boa-fé ou pelos bons costumes.

Esta ampliação da categoria de ilícito decorre essencialmente da introdução no novo diploma civilista de valores éticos que devem pautar as relações privadas.

Isto decorre, segundo Reale,[4] da necessidade de projetar o novo código substanciado em novos parâmetros, quando comparado à codificação anterior, de modo que se estabeleceram como ponto de partida três princípios fundamentais, quais sejam, a eticidade, a socialidade e a operabilidade.

Especificamente pela eticidade buscou-se superar o apego do código revogado ao formalismo jurídico, para dar espaço à indeclinável participação dos valores éticos no ordenamento jurídico, sem abandonar os avanços da técnica jurídica que fossem compatíveis com as finalidades do novo código.

Isto se evidencia no disposto nos artigos 421 e 422 do Código Civil, especialmente no que toca à matéria contratual, *verbis*:

Art. 421. A liberdade de contratar será exercida em razão e nos limites da função social do contrato.

Art. 422. Os contratantes são obrigados a guardar, assim na conclusão do contrato, como em sua execução, os princípios da probidade e boa-fé.

Diante deste cenário, o que se tem, portanto, é uma significativa ampliação do primeiro pressuposto da responsabilidade civil, a ilicitude, o que Cavalieri Filho assinala como verdadeira virada, na medida em que há um desapego do critério subjetivo para caracterização da ilicitude, rumo à responsabilidade objetiva.

Para o referido autor, não só o abuso de direito previsto no artigo 187 do Código Civil traz esta nova realidade. Nas suas palavras:

Embora tenha mantido a responsabilidade subjetiva, optou pela responsabilidade objetiva, tão extensas e profundas são as cláusulas gerais que a consagram, tais como o abuso do direito (art. 187), o exercício de atividade de risco ou perigosa (parágrafo único do art. 927), danos causados por produtos

---

[3] NADER, Paulo. *Curso de direito civil, parte geral – vol. 1*. Rio de Janeiro: Forense, 2004, p. 541/542.
[4] REALE, Miguel. *Visão Geral do Novo Código Civil*. Revista de Direito Privado, 9, p. 9/17.

(art. 931), responsabilidade pelo fato de outrem (art. 932, c/c o art. 933), responsabilidade pelo fato da coisa e do animal (arts. 936, 937 e 939), responsabilidade dos incapazes (art. 928) etc.[5]

Diante de situações de ofensa à lei, seja de forma mediata ou imediata, poderá haver, e como regra há, implicações na esfera jurídica de proteção de terceiros, geralmente desdobrando-se em prejuízos, que nosso sistema denomina de dano.

Para tais situações é que o sistema jurídico de responsabilidade civil impõe o dever de indenizar, o que o faz por força do artigo 927 do Código Civil, nos seguintes termos:

Art. 927. Aquele que, por ato ilícito (arts. 186 e 187), causar dano a outrem, fica obrigado a repará-lo.

A responsabilidade civil surge a partir do descumprimento de um dever jurídico, gerador de dano, e, por consequência, origina o dever de indenizar. Desde seus primórdios, este instituto visa à reparação de dano decorrente de ato ilícito.

1.2. Conceito, suporte legal e amplitude dos lucros cessantes

O dano, requisito para caracterização da responsabilidade civil, pela natural evolução do seu entendimento, trouxe novas concepções quanto à sua extensão. Assim, o dano deixa de ter caráter eminentemente material (patrimonial) e passa a ser compreendido também em sua dimensão de prejuízo à personalidade humana, hipótese em que será denominado de dano extrapatrimonial.

Considerando o escopo deste trabalho, há que se atentar à sua dimensão patrimonial e, a partir de então, localizar quais os prejuízos patrimoniais causados a terceiros que serão abarcados pela figura do dano e serão passíveis de reparação. Isto é, resta refletir sobre os alcances dos danos patrimoniais.

Isto porque, de princípio, a leitura é no sentido de que o dever de indenizar se refere à perda patrimonial imediata, ou seja, aquilo que o terceiro vitimado possuía antes do evento danoso e perdeu, pela sua ocorrência. Até aqui se está a falar dos danos emergentes, os danos que se mostram claros imediatamente ao evento danoso.

Contudo, compreende-se em tal perda material, também, aquilo que deixou de ganhar e é neste viés que se insere a figura dos lucros cessantes.

Tal aparte é feito com clareza por Cavalieri Filho, vejamos:

O ato ilícito pode produzir não apenas efeitos diretos e imediatos no patrimônio da vítima (dano emergente), mas também mediatos ou futuros, reduzindo ganhos, impedindo lucros, e assim por diante. Aí teremos o lucro cessante. É a consequência futura de um fato já ocorrido.[6]

Neste sentido, o Código Civil é claro quando dispõe que abrangem os danos patrimoniais tanto aquilo que se perdeu quanto aquilo que se deixou de auferir. É o que estipula o artigo 402, *verbis*:

---

[5] CAVALIERI FILHO, Sergio. *Programa de responsabilidade civil*. São Paulo: Atlas, 2012, p. 170 e ss.
[6] Idem, 2012, p. 79.

Art. 402. Salvo as exceções expressamente previstas em lei, as perdas e danos devidas ao credor abrangem, além do que ele efetivamente perdeu, o que razoavelmente deixou de lucrar.

Pelo texto legal, pode-se extrair que há, portanto, duas amplitudes do dano patrimonial, em uma perspectiva temporal. No que toca ao dano iminente, trata-se do dano emergente; quanto aos danos posteriores – ou perdas posteriores, trata-se de lucros cessantes.

Na medida em que a responsabilidade civil visa à reparação do dano ocasionado a outrem, buscando a retomada ao *status quo ante* do lesado, esta responsabilização deve atingir sua máxima eficácia. Assim, os lucros cessantes se mostram como instrumento essencial para ter garantido o adequado direito à reparação, a que alude o artigo 927 do Código Civil.

À guisa de conclusão, válida a lição de Cavalieri Filho, quando afirma:

> Consiste, portanto, o lucro cessante na perda do ganho esperável, na frustração da expectativa do lucro, na diminuição potencial do patrimônio da vítima. Pode decorrer não só da paralisação da atividade lucrativa ou produtiva da vítima, como, por exemplo, a cessação dos rendimentos que alguém já vinha obtendo da sua profissão, como, também, da frustração daquilo que era razoavelmente esperado.[7]

Postos estes elementos caracterizadores da natureza jurídica dos lucros cessantes, seu conceito e localização no sistema legal, apropriado se proceder a uma reflexão, especialmente relacionada à práxis jurisdicional de aplicação do instituto.

Trata-se da mensuração e da prova dos lucros cessantes.

1.3. Mensuração e prova dos lucros cessantes

Resta posto que o dever indenizatório pretende a retomada ao *status quo ante*, sendo necessária a análise extensiva do dano, de modo que o lesado tenha seu patrimônio adequadamente refeito. A questão, portanto, é saber qual o patrimônio que deve ser refeito. Afinal, o que foi perdido ou se deixou de ganhar?

Os danos emergentes, como regra, são de mais fácil mensuração e comprovação, pois se evidenciam e materializam de forma imediata.

Contudo, em razão da incerteza quanto ao futuro, a análise dos lucros cessantes impõe maior complexidade.

Vejamos tal complexidade, primeiramente, pelo prisma da sua mensuração.

O supracitado artigo 402 do Código Civil é categórico ao estipular que será passível de reparação, também, aquilo que *razoavelmente* se deixou de lucrar.

A amplitude do conceito vago (cláusula geral) *razoabilidade*, no caso, deve ser preenchida pela parte final do artigo seguinte (CC, 403), especificamente quando dispõe que "as perdas e danos só incluem os prejuízos efetivos e os lucros cessantes por efeito dela direto e imediato, sem prejuízo do disposto na lei processual".

---

[7] CAVALIERI FILHO, Sergio. *Programa de responsabilidade civil*. São Paulo: Atlas, 2012, p. 79.

A aplicação da razoabilidade como modo de quantificar o lucro cessante mostra-se adequada quando criteriosamente acompanhada da exigência de demonstração de *prejuízos efetivos* e *efeitos diretos e imediatos*.

Se, por um lado, seria demasiado penoso exigir do lesado a comprovação exata daquilo que deixou de lucrar – mesmo porque, em diversas situações, tais comprovações seriam dificultosas, como por exemplo tendo em vista que em muitas profissões as rendas são variáveis; por outro lado, não seria aconselhável que ao civilmente responsabilizado fossem impostas obrigações baseadas em critérios especulativos ou em meras presunções.

O que se faz para mensurar o lucro frustrado é estipular expectativa média do que o lesado ganharia normalmente se não tivesse ocorrido o dano.

Esta expectativa deve vir demonstrada em argumento sólido e comprovado – como por exemplo pela demonstração dos rendimentos de períodos anteriores – observando-se as peculiaridades de cada caso.

Meras alegações, portanto, não são passíveis de se tornar parâmetro, devendo o lesado dispor das provas que lhe cabe. E neste ponto se apresenta uma preocupação.[8]

1.4. Momento processual de produção da prova dos lucros cessantes: an debeatur e quantum debeatur

Embora a regra na jurisprudência seja no sentido da exigência categórica de demonstração (prova processual) de elementos capazes de projetar os lucros cessantes, há decisões judiciais que aceitam transferir para fase posterior ao processo de conhecimento a mensuração dos lucros cessantes.

Quer dizer, admite-se que em sede de conhecimento se investigue o *an debeatur* em relação aos lucros cessantes, contudo, que o *quantum debeatur* seja postergado para a fase de liquidação de sentença.

Tal solução não parece adequada. Se a demonstração de elementos que venham a caracterizar os lucros cessantes deve ser feita, como regra, com provas preexistentes à ocorrência do próprio evento danoso, por certo que esta prova deve ser feita já no processo de conhecimento, tanto para demonstrar o *an debeatur* quanto para se alcançar o *quantum debeatur*.

Ocorre que no rigor dos artigos 475-A e seguintes do Código de Processo Civil, a hipótese em apreço não se insere em qualquer das categorias de liquidação de sentença.

Por certo não se trata de liquidação por cálculo do credor, na forma do artigo 475-B do Código de Processo Civil, pois a determinação do valor não depende

---

[8] E o que se pretende na argumentação que segue é trazer à baila um ponto de vista diante de situações práticas, sem qualquer pretensão categórica ou definitiva. Apenas uma reflexão, aberta a críticas e estimulando-as.

apenas de cálculo aritmético, já que a sentença, em seu dispositivo, não traz balizas para tanto.

Pelo contrário, pressupõe elementos extras. Elementos extras que, no entanto – e na realidade, por serem preexistentes, deveriam constar do processo de conhecimento e ser elemento do dispositivo sentencial (não sendo caso, tampouco, de liquidação por artigos, conforme será visto abaixo).

Também não é caso, por certo, de liquidação por arbitramento (CPC, 475-C), pois a prova dos lucros cessantes deve ser cabal, à luz do já apreciado artigo 403 do Código Civil, no que toca à *demonstração de prejuízos efetivos e efeitos diretos e imediatos*.

Didier Jr. *et alii*, aos discorrem sobre as espécies de liquidação de sentença, assim definem a liquidação por arbitramento:

> Liquidação por arbitramento é aquela em que a apuração do elemento faltante para a completa definição da norma jurídica individualizada depende apenas da *produção de prova pericial*.[9]

Por certo que, diante de lucros cessantes, não há que se aplicar tal solução. Ainda que se faça necessário o auxílio de um contabilista, por incapacidade da parte em fazê-lo, parece que no rigor se está falando de elaboração de cálculo aritmético, a que se refere o artigo 475-B do Código de Processo Civil, cuja confecção deveria vir balizada pela sentença, conforme anotamos anteriormente.

O que se está a afirmar é que a sentença do processo de conhecimento deve ser líquida ou, no mínimo, indicar balizas precisas do *quantum* (para as hipóteses, por exemplo, de os lucros cessantes perdurarem para além da decisão judicial do processo de conhecimento).

Não é caso, por derradeiro, de liquidação por artigos, a que faz referência o artigo 475-E do Código de Processo Civil, pois por certo não é caso de necessidade de *alegar e provar fato novo*. Insiste-se, a prova dos lucros cessantes são essencialmente preexistentes ao próprio evento danoso.

Contudo se, e apenas se, como sugerido acima, se tratar de hipótese em que os lucros cessantes se estendam para além da decisão do processo de conhecimento, aí sim, se haveria de falar em fato novo a ser alegado e provado.

Mas o que se percebe, como regra, é que os elementos de prova dos lucros cessantes são preexistentes e poderiam/deveriam ter sido trazidos ao longo do processo de conhecimento.

Parece ser uma inadequação técnica e sem suporte legal a transferência da determinação e quantificação dos lucros cessantes para a fase de liquidação de sentença.

---

[9] DIDIER JR., Fredie, *et alii*. Curso de Direito Processual Civil: Execução. Salvador: JusPodivm, 2010, p. 135 e ss.

Ou no processo de conhecimento há elementos para constatar os lucros cessantes e quantificá-los, devendo constar do dispositivo sentencial, ou é caso de julgamento de improcedência do respectivo pedido, por falta de prova.[10]

Pois do contrário se está transferindo, para a fase de liquidação de sentença, uma empreitada que pertence, por excelência, ao âmbito do processo de conhecimento que, ao mesmo passo que constatar o *an debeatur* deverá aferir o *quantum debeatur*.

Se os lucros cessantes pressupõem a demonstração do que se deixou de ganhar, isto deve restar caracterizado no processo de conhecimento.

Pois afirmar a possibilidade de ocorrência dos lucros cessantes (presunção), mas não ser possível aferi-los *prima facie*, sendo necessária a liquidação, parece caracterizar evidente contradição à essência do próprio instituto. Em suma, só haverá lucros cessantes quando for possível se convencer, à luz da prova dos autos do processo de conhecimento, do quanto a vítima deixou de ganhar.

Postas estas questões introdutórias e conceituais sobre o instituto da responsabilidade civil, seguidas da reflexão acima proposta, no tópico seguinte, o trabalho volta-se a analisar a prática securitária e sua regulação, de modo a caracterizar as prerrogativas do segurador, especialmente a possibilidade – baseada nas regras contratuais e legais de regência – de negar cobertura diante de determinados casos concretos.

2. Negativa de cobertura – prerrogativa do segurador no exercício regular de direito

2.1. Introdução

A negativa de cobertura é uma prerrogativa do segurador no exercício regular do seu direito, pois, na qualidade de administrador do fundo do mútuo, o segurador tem o DEVER de PROTEÇÃO ao MUTUALISMO e, assim, tem a prerrogativa de recusar indenizações quando forem observadas situações não previstas em contrato ou que se caracterizem como riscos excluídos ou, ainda, hipóteses em que há a perda do direito à indenização pelo segurado.

Dessa forma, se o segurador realizar uma boa regulação do sinistro, com análise técnica norteada pelo princípio da boa-fé, por meio da qual obtém provas ou um conjunto de indícios ou elementos que levem à conclusão pela negativa ou ausência da cobertura securitária, não há que se falar em prática de um ATO ILÍCITO pelo segurador e, portanto, não se pode falar, também, em dever de indenizar por eventuais danos extracontratuais decorrentes dessa negativa, tais como os lucros cessantes, danos morais e/ou danos emergentes.

---

[10] Ressalvado, insiste-se, a hipótese de lucros cessantes estendidos para além do marco da decisão judicial.

Cumpre, neste ponto, reportar ao primeiro tópico deste trabalho, em que tivemos a oportunidade de conceituar a noção de ato ilícito, sua ampliação (da teoria subjetiva à objetiva), bem como o suporte legal que enseja o dever de indenizar, contido no art. 927 do Código Civil.

2.2. Responsabilidade civil contratual

Isto posto, necessário mencionar a responsabilidade contratual, pela qual o dever de indenizar, por perdas e danos, decorre do inadimplemento de uma cláusula contratual.

Destaca-se, porém, que a negativa de cobertura pelo segurador, baseada em legítima regulação de sinistro e fundamentada em cláusula contratual ou dispositivo legal, não se aplica à hipótese, vez que não se trata de inadimplemento do contrato, ao contrário, trata-se da aplicação deste ao caso concreto, vez que o próprio contrato estabelece tais hipóteses, conforme veremos adiante.

2.3. Excludentes de ilicitudes

A legislação brasileira prevê, ainda, algumas hipóteses que excluem a ilicitude do ato praticado pelo agente. Estas hipóteses estão previstas no art. 188 do Código Civil, sendo:

Os atos praticados em legítima defesa ou no exercício regular de um direito reconhecido; e

A deterioração ou destruição da coisa alheia, ou da lesão a pessoa, a fim de remover perigo iminente.

Portanto, excluída a ilicitude do ato, não há falar-se em responsabilidade civil e, consequentemente, em dever de indenização, pois, conforme visto alhures, o dever de reparação do dano decorre da concomitância do ato ilícito praticado pelo agente e da existência do dano em verificação à causalidade da conduta do agente.

Inexistindo ou desaparecendo um dos elementos da responsabilidade civil, inexiste ou desaparece o dever de reparação.

2.4. Negativa de cobertura

O segurador, como administrador e responsável pela proteção do mútuo, ao deparar-se com um sinistro irregular, por inexistência ou exclusão de cobertura pelo contrato, tem o dever legal de negar o pagamento da indenização perseguida.

Isso porque o contrato de seguro tem uma finalidade social pela qual não se pode privilegiar um único indivíduo em detrimento do grupo.

Trata-se, portanto, do estrito cumprimento de um dever legal, no exercício regular do seu direito, que exclui o caráter de ilicitude do ato, se assim entendida a negativa de cobertura, não havendo que se falar em dever de reparar o dano que eventualmente dele decorra.

Admitir que o segurador, ao negar uma cobertura, estará sujeito à reparação por danos extracontratuais, ainda que tenha agido no exercício de seu direito, em estrito cumprimento de seu dever legal como administrador do mutualismo, gera insegurança jurídica e desequilíbrio do fundo.

O mutualismo é a essência do contrato de seguro, pelo qual um grupo de pessoas transfere ao segurador as consequências financeiras de um determinado risco a que estão expostas, por meio do pagamento do prêmio, que formará o fundo comum, capaz de suportar tais perdas caso ocorra o risco assumido.

Pelo contrato de seguro, o segurador se compromete a garantir interesse legítimo do segurado, mediante o pagamento de prêmio, contra riscos predeterminados, relativos a objetos ou pessoas, guardando, segurado e segurador, tanto na conclusão como na execução do contrato, a mais estrita boa-fé e veracidade, conforme preceituam os artigos 757 e 765, ambos do Código Civil brasileiro.

Assim sendo, no contrato de seguro são estabelecidos os limites de coberturas, tais como eventos cobertos e capitais garantidores, bem como hipóteses de exclusão de cobertura ou perda de direito à indenização.

Se durante a regulação do sinistro for observado algum elemento que descaracterize a essência do contrato do seguro, como por exemplo, pretender-se indenização de um interesse que não seja legítimo, ou de um risco não previsto, não determinado previamente no contrato, ou ausência de pagamento de prêmio, o segurador estará legitimado a negar aquela pretensão de cobertura, no exercício regular de seu direito, não se caracterizando, tal negativa, ato ilícito contratual ou extracontratual.

Pois bem, várias são as hipóteses contratuais e legais, que podem motivar a negativa de cobertura: evento não coberto, riscos excluídos, suspeita de fraude, falta de prova do dano, inexistência de contrato, falta de pagamento de prêmio, entre outras.

2.4.1. Limites de cobertura

Os limites de cobertura são os elementos que nortearão o contrato de seguro. São eles: o prazo de vigência do seguro, o objeto ou vida segurada, os limites máximos de responsabilidade assumidos pelo segurador diante do risco subscrito e os eventos cobertos. São as cláusulas contratuais que regerão o seguro, conforme disposto no art. 760 do Código Civil:

> A apólice ou o bilhete de seguro serão nominativos, à ordem ou ao portador, e mencionarão *os riscos assumidos, o início e fim de sua validade, o limite da garantia e o prêmio devido*, e, quando for o caso, o nome do segurado e o beneficiário.

2.4.2. Riscos excluídos

O contrato de seguro prevê, ainda, alguns eventos que não se prestam à proteção securitária, seja por se tratar de um ato ilícito e/ou ilegal, moral e/ou socialmente inadmitido, ou simplesmente um risco que não está sujeito à regra dos grandes números ou que, por sua natureza, agravam o equilíbrio do fundo comum do mutualismo.

Trata-se dos riscos excluídos, como por exemplo, a embriaguez do condutor do veículo segurado, enquanto agravamento do risco, no caso de seguro de automóvel. Não se pode admitir que o segurador se filie a ato ilícito do segurado, sendo conivente com o condutor embriagado, beneficiando-o com o pagamento da indenização.

2.4.3. Indícios de irregularidade

Quando, durante a regulação, o segurador identifica que houve alguma irregularidade, seja no fato descrito que não corresponde à realidade, seja na contratação ou na ocorrência de um agravamento de risco, a negativa de cobertura é lícita, não podendo ser atribuída ao segurador qualquer responsabilidade por eventuais danos decorrentes desta negativa.

2.4.4. Suspeita de fraude

No caso do fato descrito não corresponder à realidade, estamos diante de uma suspeita de fraude, como por exemplo, um incêndio criminoso provocado pelo próprio segurado para obter indenização securitária indevida ou a automutilação para obter indenização no seguro de vida.

O maior problema que ocorre na prática é que, frequentemente, as situações sabidas fraudulentas nem sempre são passíveis de serem provadas pelo segurador, que acaba negando a indenização com base em indícios, fragilizando, assim, seu posicionamento perante o Judiciário.

No entanto, sabe-se que as fraudes no mercado de seguro são mais comuns do que se divulga, existindo verdadeiras quadrilhas especializadas em aplicar golpes de seguro, sendo que, quanto mais especializada a quadrilha, mais perfeita é a simulação dos fatos e, portanto, mais difícil de ser provada, senão por meio de indícios.

Dessa forma, diante de uma negativa por suspeita de fraude, não há falar-se em reparação de danos extracontratuais, a fim de que não se privilegie o indivíduo supostamente fraudulento em detrimento ao mútuo.

2.4.5. Declarações inexatas na contratação

Trata-se de outra hipótese de negativa de cobertura autorizada pela legislação brasileira, no artigo 766 do Código Civil, que dispõe:

> Se o segurado, por si ou por seu representante, fizer declarações inexatas ou omitir circunstâncias que possam influir na aceitação da proposta ou na taxa do prêmio, perderá o direito à garantia, além de ficar obrigado ao prêmio vencido.

Como exemplo, podemos citar as declarações de perfil no seguro automóvel, bem como as declarações de saúde no seguro de vida, que lotam o Poder Judiciário brasileiro, que tem decidido de forma equivocada, em total desmando ao dispositivo legal que as prevê.

O perfil, por exemplo, tem por objetivo privilegiar o bom segurado, ou seja, aquele exposto a menor grau de risco. No entanto, o que temos na prática é que esta modalidade de seguro vem sendo utilizada como redutor de prêmio, mediante declarações inverídicas no momento da contratação.

Verifica-se, dessa forma, um aumento na sinistralidade e, por consequência, nas taxas de seguro, que irão onerar o segurado que deveria ser privilegiado pelo pagamento de uma parcela menor de prêmio, descaracterizando a função principal desta modalidade de seguro.

2.4.6. Agravamento do risco

Dispõe o artigo 768 do Código Civil: "O segurado perderá o direito à garantia se agravar intencionalmente o risco objeto do contrato".

Trata-se de hipótese, por exemplo, do segurado que pretende utilizar-se de um sinistro para fazer um reparo geral em seu veículo, alegando que eventuais danos mecânicos, decorrentes de má conservação, teriam decorrido do acidente.

Nesse caso, é lícito que o segurador negue parcialmente a cobertura pleiteada, não havendo que se falar em danos extracontratuais eventualmente decorrentes desta negativa.

2.4.7. Documentação comprobatória do dano

Muitas vezes o segurador se depara com um sinistro regular, porém, sem prova do dano. Em alguns seguros, há necessidade de prova de reposição do bem para obter a indenização (teoria do reembolso) ou prova documental do dano sofrido (contábil, por exemplo).

Nessas hipóteses, geralmente, não há negativa de indenização, mas exigência de apresentação de documentos hábeis a comprovar o respectivo direito à cobertura. Sendo assim, eventual demora no pagamento por falta destes documentos ou mesmo suspensão da regulação, que gere dano ao segurado, não poderá implicar a atribuição de responsabilidade extracontratual ao segurador, vez que o próprio segurado, por falta de controles contábeis ou falta de prova de seu dano, por exemplo, deu causa a seu próprio infortúnio.

2.4.8. Documentação necessária para pagamento da indenização

Outra situação muito comum, que também não gera negativa de cobertura, mas implica a demora no pagamento da indenização ou suspensão da regulação do sinistro, é a falta de documentação necessária para a conclusão de análise ou pagamento, como por exemplo, a carta de saldo devedor de veículo financiado, objeto de indenização integral.

Todas essas hipóteses estão previstas no contrato de seguro e no Código Civil e permitem a negativa de cobertura pelo segurador, desde que a regulação do sinistro tenha sido bem feita, reunindo provas ou um conjunto de indícios que levem à conclusão pela negativa da cobertura securitária, por quaisquer dos motivos acima exemplificados.

2.4.9. Implicações da lisura da negativa e hipótese excepcional de excesso de exigências

Pois bem, se a hipótese de negativa de cobertura decorre da própria lei, não há que se falar em ocorrência de ato ilícito e, portanto, não há que se falar, também, em dever de indenizar eventuais perdas e danos extracontratuais.

Ainda que se admita a hipótese em que sejam apuradas novas provas em instrução processual, que levem à procedência do pedido do autor ou, ainda, a hipótese de não serem acolhidos os argumentos e provas produzidas pelo segurador, como por exemplo, o que tem sido muito comum nas decisões judiciais: cláusula contratual na qual se fundamentou a negativa ser considerada abusiva e declarada nula pelo julgador. Ora, neste caso não se pode falar em prática de ato ilícito ou culpa do segurador, vez que agiu no estrito cumprimento de seu dever legal, na qualidade de administrador do mútuo.

Ocorrendo um evento não previsto ou excluído do contrato de seguro e, portanto, não assumido pelo mútuo, o segurador tem o dever de repudiá-lo no exercício regular de seu direito, conforme prevê o artigo 188 do Código Civil, ainda que posteriormente ocorra fato modificativo à negativa.

E, assim, excluída a ilicitude da negativa de cobertura, não há que se falar em danos extracontratuais passíveis de indenização.

Conforme se vê, o segurador, na qualidade de administrador do mútuo, tem o direito-dever de negar indenização decorrente de eventos não cobertos, riscos excluídos e/ou hipóteses em que o segurado perde o direito à indenização, conforme previsão legal e contratual.

Verifica-se, também, que a negativa de cobertura bem instruída durante a regulação do sinistro e devidamente fundamentada não caracteriza ato ilícito e, portanto, não gera dever de indenizar eventuais perdas e danos extracontratuais decorrentes dessa negativa.

No entanto, se o segurador, ao regular o sinistro, solicitar repetidamente documentos desnecessários ou documentos que já tenham sido apresentados pelo segurado, protelar por qualquer motivo o pagamento da indenização, utilizar-se de provas frágeis para justificar uma negativa indevida ou, de alguma forma, exceder ao seu direito, nesse caso estará cometendo um ato ilícito, agindo com culpa, e será obrigado a indenizar eventual dano decorrente de seu ato, porquanto, nos termos do artigo 187 do Código Civil: "Também comete ato ilícito o titular de um direito que, ao exercê-lo, excede manifestamente os limites impostos pelo seu fim econômico ou social, pela boa-fé ou bons costumes".

Excesso injustificável de prazo para pagamento de indenização ou para decidir sobre eventual negativa de cobertura, erro grave na regulação e abuso de direito são, portanto, exemplos, excepcionais, que caracterizam ato ilícito do segurador e podem gerar perdas e danos ao segurado.

3. Lucros cessantes e os limites de indenização

Como dito acima, a responsabilidade do segurador, por natureza, circunscreve-se ao limite da garantia estabelecido no contrato de seguro. É o que preceituam a melhor técnica da operação securitária e a lei (CC, artigo 760, *caput*).

Essa realidade técnico-jurídica resulta, em contrário senso, na assertiva de que a responsabilidade extracontratual do segurador, a ultrapassar o limite fixado na apólice, embora excepcional, mostra-se possível.

Neste sentido, o artigo 772 do Código Civil determina expressamente que "a mora do segurador em pagar o sinistro obriga à atualização monetária da indenização devida segundo índices oficiais regularmente estabelecidos, sem prejuízo dos juros moratórios".

O conceito é prestigiado em muitas das legislações estrangeiras. A esse respeito, a doutrina espanhola entende, por exemplo, que:

> La imposición de los interesses no es automática, pudiendo el asegurador quedar exonerado si prueba que la falta de pago 'está justificada' o que se debe a una causa 'no imputable.[11]

Veja-se, também a título exemplificativo, que a doutrina uruguaia defende, quanto à extensão da responsabilidade do segurador, que:

> (...) resulta claro ademáas, que el tenor del artículo 32 de le Ley nº 17.250, confirma plenamente esta interpretación, puesto que no reconoce limitación alguna al resarcimiento, sino que por el contrario, refiere a la 'reparación', más los 'daños y perjuicios', con lo cual, la reparación integral del daño derivado de la responsabilidad precontractual posee sólido sustento legal.[12]

No Código Civil brasileiro, a interpretação literal do artigo 722 levaria ao entendimento de que, em caso de mora do segurador em pagar a indenização,

---

[11] JUAN BATALLIER GRAU, NURIA LATORRE CHINER, JESÚS OLAVARRÍA IGLESIA, *Derecho de los Seguros Privados*. Madrid: Marcial Pons, 2007, p. 207.

[12] NÉSTOR A. GUTIÉRREZ CUÑA, *El Contrato de Seguro*, Montevideo: FCU, 2007, p. 141.

o segurado apenas poderia pleitear que a indenização devida fosse acrescida de atualização monetária e juros da mora.[13]

Contudo, a interpretação sistemática da regra permite que se compreenda como devidos, em caso de mora do segurador, não apenas a atualização monetária e os juros da mora, mas também eventual prejuízo superior que o atraso no pagamento da indenização tenha causado ao segurado.

Com efeito, a citada regra é uma especificação, no âmbito do contrato de seguro, do disposto no artigo 395, *caput*, do Código Civil, segundo o qual "responde o devedor pelos prejuízos a que sua mora der causa, mais juros, atualização dos valores monetários segundo índices oficiais regularmente estabelecidos, e honorários de advogado".[14] Ou seja, o devedor (no caso, o segurador) deve arcar com todos os danos causados ao credor pela sua mora, o que pode vir a exceder os juros e a correção monetária de que trata o artigo 722 do Código Civil.

Ambos os dispositivos legais devem ser aplicados sistematicamente à regra do artigo 394 do Código Civil, segundo a qual:

(...) considera-se em mora o devedor que não efetuar o pagamento (...) no tempo, lugar e forma que a lei ou a convenção estabelecer". Ressalte-se, por oportuno, que "Deixa de haver mora toda vez que o devedor, sem culpa sua, ignora o tempo, lugar ou modo do cumprimento da obrigação.[15]

Verifica-se, portanto, que o elemento subjetivo *culpa* – inerente à constituição da mora – mostra-se de fundamental relevância para a pertinência quanto ao dispêndio, pelo segurador, de verba superior ao que foi estritamente contratado.

Trata-se, efetivamente, de responsabilidade civil aquiliana, subjetiva, de caracteres dessemelhantes aos da responsabilidade do segurador, contratual e objetiva. Por isso a sua excepcionalidade.

Parece importante também deixar claro que não compete à coletividade subjacente ao mutualismo arcar com o ônus financeiro decorrente da responsabilidade civil do segurador. O fundo comum não pode ser desfalcado por eventual atuação negligente do segurador a extrapolar o seu dever de gestão e controle das provisões comuns.

Observe-se que eventual pretensão de segurado em receber verba suplementar, não contemplada no contrato, depende da demonstração de que o atraso na regulação do sinistro foi injustificado. Com efeito, a complexidade da questão e

---

[13] É importante lembrar que o entendimento do Superior Tribunal de Justiça é o fixado pela Corte Especial no seguinte precedente: "CIVIL. JUROS MORATÓRIOS. TAXA LEGAL. CÓDIGO CIVIL, ART. 406. APLICAÇÃO DA TAXA SELIC. 1. Segundo dispõe o art. 406 do Código Civil, "Quando os juros moratórios não forem convencionados, ou o forem sem taxa estipulada, ou quando provierem de determinação da lei, serão fixados segundo a taxa que estiver em vigor para a mora do pagamento de impostos devidos à Fazenda Nacional". 2. Assim, atualmente, a taxa dos juros moratórios a que se refere o referido dispositivo é a taxa referencial do Sistema Especial de Liquidação e Custódia – SELIC, por ser ela a que incide como juros moratórios dos tributos federais (arts. 13 da Lei 9.065/95, 84 da Lei 8.981/95, 39, § 4º, da Lei 9.250/95, 61, § 3º, da Lei 9.430/96 e 30 da Lei 10.522/02). 3. Embargos de divergência a que se dá provimento." (EREsp 727842/SP, Corte Especial, Rel. Ministro TEORI ALBINO ZAVASCKI, julgado em 08.09.2008, DJe 20.11.2008).

[14] Nesse sentido, confira-se TEPEDINO, Gustavo *et alii*. *Código Civil interpretado conforme a Constituição da República*, vol. II. Rio de Janeiro: Renovar, 2006, p. 581.

[15] NERY JR., Nelson, *apud*, ALVIM, Agostinho. *Código Civil Comentado*, 5ª ed. São Paulo: RT, 2007, p. 448.

a eventual demora do segurado em fornecer documentos ou em prestar informações, podem ser consideradas motivo que justificaria um tempo mais longo para se concluir a regulação do sinistro.

Os tribunais compreendem a realidade da mora do segurador apta a gerar o dever de indenizar. Nesse sentido, posicionou-se o Tribunal de Justiça de São Paulo no julgamento da Apelação 0001420-82.2004.8.26.0072, relativa à demora na realização de reparos no veículo segurado:

> Apelação. Seguro facultativo. Indenização. Lucros cessantes. Demora na conclusão dos reparos no veículo segurado. Alegação da ré de que a culpa é exclusiva da oficina responsável pelo conserto. Ônus de comprovar o alegado. Art. 333, II, do CPC. Ausência de provas. Oficina credenciada. Responsabilidade solidária do segurador pelos prejuízos provocados ao segurado em razão do atraso injustificado. Culpa in elegendo. Exclusão contratual do pagamento de lucros cessantes. Irrelevância do argumento. Pretensão do autor que não está fundamentada na extensão da cobertura securitária contratada. Inadimplemento caracterizado pela demora excessiva dos reparos do caminhão. Indenização devida pelo segurador pode ultrapassar os limites contratados caso incorra em mora. Art. 781 do CC. Sentença mantida. Recurso improvido.[16]

Veja-se, também, o seguinte julgado, no qual a demora na regulação do sinistro implicou condenação da seguradora no pagamento de indenização pelos danos causados, inclusive de caráter moral:

> Seguro. Demora na liquidação. Lucros cessantes e dano moral causado aos segurados. Ação procedente. Preliminar de quitação afastada. Recibo passado pela indenização recebida tardiamente e não pelas consequências da demora. Lucros cessantes, a serem apurados em fase de execução por arbitramento, bem demonstrados. Dano moral evidenciado pela angústia, aflição e falta de tranquilidade gerada pela demora do pagamento da indenização do caminhão perecido, devido à impossibilidade de os autores reporem seu instrumento de trabalho em tempo razoável. Questão relativa ao pedido de exclusão de domingos e feriados da condenação ao pagamento de lucros cessantes, não conhecida neste momento, pois deverá ser examinada na fase de liquidação. A condenação do pagamento da indenização por dano moral em valor inferior ao pretendido na inicial não caracteriza sucumbência recíproca (STJ, Súmula 326). Apelo conhecido em parte, com improvimento da parte conhecida.[17]

Não se pode deixar de levar em consideração, ao pretender apurar-se suposta responsabilidade do segurador, a lição de Pedro Alvim, quando afirma que:

> Apesar de ser um contrato amplamente divulgado, o seguro continua sendo mal compreendido pela maioria dos segurados. (...) Infelizmente, o que acontece com maior frequência, apesar de ter sido o contrato cumprido, de acordo com suas cláusulas, é ficar o segurado insatisfeito, supondo-se lesado em seus direitos. Mesmo sabendo das dificuldades muitas vezes enfrentadas nas regulações de sinistros mais complexas e de mais difícil obtenção das informações, documentos e dados necessários para sua completa e perfeita conclusão.[18]

E mais: faz-se necessário destacar que eventual indenização suplementar apenas seria devida ao segurado caso haja efetiva comprovação dos danos provocados pela mora no pagamento da indenização. Além da prova dos prejuízos, é

---

[16] TRIBUNAL DE JUSTIÇA DE SÃO PAULO. Apelação 0001420-82.2004.8.26.0072. 31ª Câmara de Direito Privado. Relator Des. Hamid Bdine. Julgado em 03.09.13.

[17] TRIBUNAL DE JUSTIÇA DE SÃO PAULO. Apelação 0002112-46.2004.8.2.0407. 34ª Câmara de Direito Privado. Relator Des. Soares Levada. Julgado em 20.5.13.

[18] ALVIM, Pedro. Palestra no seminário "O Código de Defesa do Consumidor e o Contrato de Seguro", apud BECHARA SANTOS, Ricardo, Direito de Seguro no Novo Código Civil e Legislação Própria, 2. ed. Rio de Janeiro: Forense, 2008, p. 6.

necessário que se demonstre o nexo de causalidade entre esses danos e o alegado atraso do segurador em proceder à regulação do sinistro.

Em outras palavras, o pedido de indenização suplementar do segurador pela mora na regulação apenas teria êxito caso ficasse reconhecida a culpa do segurador. Eventual atraso provocado por motivos alheios à vontade do segurador ou por culpa do próprio segurado exime aquele da responsabilidade pelos possíveis prejuízos causados por essa demora.

Corroborando a essa ideia, Tzirulnik ensina:

> (...) certamente, a casuística poderá implicar a incidência de fatores capazes de alargar o tempo da regulação, tais como o atraso do cumprimento pelo segurado de determinadas cargas informativas suplementares realmente indispensáveis.[19]

Por óbvio, socorrer-se o segurador a exigências documentais desmedidas, exageradas, ou fora do escopo da cobertura pleiteada, com vistas ao retardo da regulação do sinistro, não é conduta bem vista pelo Judiciário. E dessa forma vem entendendo a jurisprudência:

> Cível. Contrato de seguro. Negativa de pagamento de indenização decorrente de sinistro. Pretensão autoral de ressarcimento pelos prejuízos materiais apurados e lucros cessantes. Sentença de procedência. Apelo da parte ré. Documental indicada pela ré como imprescindível à liquidação do sinistro que não resta relacionada no contrato. Prova documental apresentada pela parte autora que demonstra o envio de quantidade de documentos em cumprimento às exigências perpetradas. Exceção de contrato não cumprido que se refuta. Lucros cessantes. Paralisação do veículo comprovada pela documental que instrui os autos. Prova pericial que corretamente apura o valor desta verba, consoante documentação fornecida pela parte autora. Parte que não apresenta contraprova ao laudo pericial. Violação ao comando do artigo 333, inciso II do CPC. Cálculo do ressarcimento dos salários de motorista que presta serviços à autora que se encontra em conformidade com o período e valores lançados nos respectivos contracheques, não merecendo reparos. Desprovimento do recurso. Manutenção da sentença.[20]

> Apelação Cível. Contrato de seguro de veículo. Acidente automobilístico. Perda total do veículo. Negativa de cobertura securitária. Argumento de ausência de todos os documentos necessários para liquidação do sinistro. Documento exigido não previsto na relação constante no manual do segurado. Inexistência de justificativa plausível a embasar o descumprimento da obrigação. Abusividade configurada. Falha na prestação de serviço. Dano moral configurado. Precedentes deste tribunal de justiça. Quantum indenizatório fixado com observância aos princípios da proporcionalidade e razoabilidade.[21]

Por oportuno, diga-se que a Resolução nº 117, de 22 de dezembro de 2004, editada pelo Conselho Nacional de Seguros Privados,[22] prevê que o prazo para o pagamento do capital segurado poderá ser de até 30 dias após a apresentação

---

[19] TZIRULNIK, Ernesto. *Regulação de Sinistro (ensaio jurídico)*, Max Limonad, 1999, p. 87.

[20] TRIBUNAL DE JUSTIÇA DO ESTADO DO RIO DE JANEIRO. Apelação Cível 0047058-79.2009.8.19.0001. 6ª Câmara Cível. Relator Des. PEDRO FREIRE RAGUINET. Julgado em em 12.9.12.

[21] TRIBUNAL DE JUSTIÇA DO ESTADO DO RIO DE JANEIRO. Apelação Cível 0074852-07.2011.8.19.0001. 19ª Câmara Cível. Relator. Des. GUARACI DE CAMPOS VIANNA. Julgado em 21.8.12.

[22] A Resolução CNSP nº 117/2004 "Altera e consolida as regras de funcionamento e os critérios para operação das coberturas de risco oferecidas em plano de seguro de pessoas, e dá outras providências.". Já a Resolução CNSP nº 280, de 30 de janeiro de 2013, de determina que "Os bilhetes de seguro emitidos pelas sociedades seguradoras deverão conter, no mínimo, os seguintes elementos de caracterização do contrato (...) prazo máximo para pagamento da indenização ou do capital segurado pela sociedade seguradora; (art. 3º, XVIII)".

dos documentos necessários à liquidação do sinistro (regulação + pagamento do benefício contratado).[23]

Ou seja, parece inviável condicionar-se o início do cômputo da mora do segurador à data anterior à apresentação, pelo segurado, dos documentos necessários à liquidação do sinistro.[24] Veja-se a lição da melhor doutrina:

> A SUSEP/CNSP tem estabelecido em suas normas o prazo de trinta dias para a seguradora efetuar o pagamento da indenização ou do capital segurado, contados, certamente, da entrega pelo interessado de toda documentação necessária para a liquidação do sinistro. Somente após vencido o termo estipulado, quer no contrato quer nas normas pertinentes, para pagamento do sinistro, estará caracterizada a mora da seguradora, normas e contratos esses que, pressionados pelo Código de Defesa do Consumidor, passaram a conter dispositivo sobre o termo inaugural da corrida desse prazo, este que, uma vez vencido sem que o segurador tenha efetuado o pagamento da indenização ou informado as razões pelas quais o sinistro não tem cobertura, estará em mora e sujeito aos acréscimos legais e contratuais.[25]

Afirme-se, por oportuno, que o necessário processo de regulação não deve passar alheio às necessidades do segurado, que, mais do que nunca, precisa da garantia securitária para manter a sua higidez econômico-social.

Veja-se que:

> Ocorrido o sinistro, não pode o segurado exigir o cumprimento imediato da obrigação do segurador que necessidade e algum tempo para verificar a comprovação dos prejuízos e a sua cobertura em face das condições contratuais. Por outro lado, este prazo não pode ficar à mercê dos interesses exclusivos do segurador, e nem ser dilatado indefinidamente sem atenção aos direitos do segurado.[26]

Por isso, muitas vezes, disponibiliza-se ao segurado adiantamentos da verba indenizatória, a fim de que os efeitos do sinistro possam ser mitigados, e o segurado possa retomar as suas atividades de modo menos traumático, em obediência à verdadeira índole do contrato de seguro. Essa é uma solução consentânea à boa-fé e certamente mitigadora dos efeitos nefastos da demora culposa do segurador.

Faz-se possível, ainda, o adiantamento paulatino, na medida em que se constatar efetivamente devidos valores a título de indenização securitária, estando comprovados os prejuízos do segurado. Vale lembrar que a concessão de sucessivos adiantamentos – desde que atinentes a verbas comprovadamente devidas – além de remediar a situação difícil do segurado vitimado por sinistro, é maneira de fazê-lo aguardar com boa vontade os prazos da regulação, na maioria das vezes

---

[23] Art. 50. Os procedimentos e o prazo para liquidação de sinistros deverão constar das condições gerais, com especificação dos documentos básicos previstos a serem apresentados para cada tipo de cobertura, facultando-se às sociedades seguradoras, no caso de dúvida fundada e justificável, a solicitação de outros documentos. § 1º O prazo para a liquidação dos sinistros de que trata o caput será de no máximo 30 (trinta) dias, contados a partir da entrega de todos os documentos básicos previstos nas condições gerais, ressalvado o disposto no § 2º deste artigo. § 2º Deverá ser estabelecido que no caso de solicitação de documentação e/ou informação complementar, na forma prevista no "caput" deste artigo, o prazo de que trata o parágrafo anterior será suspenso, reiniciando sua contagem a partir do dia útil subsequente àquele em que forem completamente atendidas as exigências.

[24] A Lei do Contrato de Seguro portuguesa, em seu art. 104º preceitua que "A obrigação do segurador vence-se decorridos 30 dias sobre o apuramento dos factos a se refere o artigo 102º".

[25] BECHARA SANTOS, Ricardo. *Direito de Seguro no Novo Código Civil e Legislação Própria*, 2ª Edição. Rio de Janeiro: Forense, 2008, p. 137.

[26] ALVIM, Pedro. *Contrato de Seguro*, 2. ed. Rio de Janeiro: Forense, 1986.

mais longos do que a sua necessidade iminente em ser ressarcido dos danos que sofreu.

Sem dúvidas, a melhor gestão do fundo comum recomenda o pagamento rápido e eficaz da indenização securitária ou do capital segurado quando ocorrido o sinistro, pois é nessa hora que o segurado mais precisa do capital contratado. E a atividade do segurador consiste na prestação de um serviço de garantia financeira. Para a consecução dessa atividade, o segurador deve ser austero e criterioso no controle de liberação do fundo, procedendo ao trabalho técnico de enquadramento do evento reclamado ao clausulado e aos limites estabelecidos na apólice, o que é feito através do processo de regulação e liquidação do sinistro. Dentro dessa atuação específica e qualificada, caso o segurador – a partir dos elementos configuradores da responsabilidade civil subjetiva e extracontratual – descuide-se de seu dever, causando prejuízo ao segurado, deverá ser apurada a sua responsabilidade, mesmo que em valores superiores aos previstos no contrato.

Referências bibliográficas

ALVIM, Pedro. Palestra no seminário "O Código de Defesa do Consumidor e o Contrato de Seguro", apud BECHARA SANTOS, Ricardo. *Direito de Seguro no Novo Código Civil e Legislação Própria*, 2. ed. Rio de Janeiro: Forense, 2008.

BATALLIER GRAU, Juan; LATORRE CHINER, Nuria; OLAVARRÍA IGLESIA, Jesús. *Derecho de los Seguros Privados.* Madrid: Marcial Pons, 2007.

BECHARA SANTOS, Ricardo, *Direito de Seguro no Novo Código Civil e Legislação Própria*, 2. ed. Rio de Janeiro: Forense, 2008.

CAVALIERI FILHO, Sergio. *Programa de responsabilidade civil.* São Paulo: Atlas, 2012.

DIDIER JR., Fredie, et alii. *Curso de Direito Processual Civil: Execução.* Salvador: JusPodivm, 2010.

GUTIÉRREZ CUÑA, Néstor A. *El Contrato de Seguro*, Montevideo: FCU, 2007.

NADER, Paulo. *Curso de direito civil, parte geral – vol. 1.* Rio de Janeiro: Forense, 2004.

NERY JR., Nelson, apud, ALVIM, Agostinho. *Código Civil Comentado*, 5. ed. São Paulo: RT, 2007.

REALE, Miguel. Visão Geral do Novo Código Civil. *Revista de Direito Privado*, n. 9.

TEPEDINO, Gustavo et alii. *Código Civil interpretado conforme a Constituição da República*, vol. II. Rio de Janeiro: Renovar, 2006.

TZIRULNIK, Ernesto. *Regulação de Sinistro (ensaio jurídico).* Max Limonad, 1999.

— VI —

As cláusulas limitativas dos Seguros de Responsabilidade Civil

Daniel Curi

Advogado. Especialista em Direito Contratual e do Seguro. Pós-Graduado em Responsabilidade Civil pela EMERJ. *Master of Laws* (LLM) em Direito Corporativo pelo IBMEC. Consultor Jurídico Técnico da CNSeg-Confederação Nacional das Empresas de Seguros Gerais, Previdência Privada e Vida, Saúde Suplementar e Capitalização. Integrante do GNT Responsabilidade Civil e Seguro da AIDA/Brasil.

Carlos Eduardo Cavalcante Ramos

Advogado. Especialista em Direito Contratual e do Seguro. Pós-Graduado em Direito Processual Civil pela Universidade Cândido Mendes. Membro do IBGC – Instituto Brasileiro de Governança Corporativa. Integrante do GNT Responsabilidade Civil e Seguro da AIDA/Brasil.

Sumário: 1. Introdução; 2. A limitação da cobertura securitária a partir do cálculo atuarial que define o prêmio a ser pago pelo segurado; 3. Código de Defesa do Consumidor e Código Civil, o diálogo das fontes; 4. Validade da cláusula limitativa do seguro de responsabilidade civil; 5. Conclusão; Referências bibliográficas.

1. Introdução

Os seguros, de uma forma geral e em especial os de Responsabilidade Civil, foram impactados pelas profundas transformações ocorridas nas sociedades mundiais, especialmente a brasileira, que em função da estabilidade econômica obtida em um sistema que preza pela segurança jurídica e cumprimento dos contratos, viabilizou o desenvolvimento de diversos setores da economia, sendo inconteste a importância da atividade seguradora neste contexto,[1] ao promover a socialização dos prejuízos e a coletivização dos interesses.

---

[1] Segundo Sérgio Mello (MELLO, Sérgio Ruy Barroso de Mello. *Contrato de Resseguro*. Escola Nacional de Seguros, 2013, p. 5) a indústria e o comércio se sustentam sobre duas grandes colunas: o crédito e o seguro. Não é costume ver nascer a atividade industrial sem que seus bens estejam segurados, sobretudo os oferecidos em garantia.

Diante desta realidade, o seguro passou de simples contrato de cunho meramente particular, privado e patrimonial, a uma relação jurídica mais ampla, sujeita a regulação administrativa e estatal como verdadeira política pública, de efeitos metaindividuais,[2] submetida aos postulados da boa-fé e da função social.

Garantir a segurança dos cidadãos é a promessa básica e razão da existência do Estado Democrático brasileiro, e o Sistema Nacional de Seguros Privados é um instrumento de garantia do mercado segurador, ao promover o controle da atividade e coibir excessos, sendo, portanto, uma política pública. Todavia, considerando-se que o sistema fora instituído pelo Decreto-Lei nº 73, de 1966, portanto dois anos após o golpe militar de 1964, que adormeceu por décadas o processo democrático em nosso país, e diante de novas demandas sociais e econômicas do século XXI, há nítido resquício de exacerbada intervenção estatal nesta regulação, uma vez que, além de fiscalizar a capacidade financeira das companhias de seguros, frise-se, gerando estabilidade ao mercado, os órgãos reguladores acabam por legislar indevidamente por meio de circulares, impondo cláusulas padronizadas, engessando a autorregulação do mercado e porque não dizer a capacidade criativa deste em desenvolver novos produtos com clausulados distintos, permitindo novas escolhas aos destinatários finais dos seguros, quase sempre o consumidor.

O consumidor, por sua vez, fora amparado pela Constituição Federal de 1988, que trouxe em seu bojo artigos que se referem expressamente à sua proteção e defesa, determinando-se a elaboração de um Código específico, que se deu através da Lei nº 8.078/90, o chamado Código de Defesa do Consumidor, bem como através das portarias do Ministério da Justiça que reforçam a caracterização do Sistema Nacional de Defesa do Consumidor como política de Estado.

Alguns podem reagir à caracterização da atividade seguradora como política pública, pois a mesma não teria uma definição de metas ou resultados, nem claramente os instrumentos de acesso e realização desta mesma política.[3] Contudo, entendemos que há elementos suficientes para adotarmos este conceito, cabendo uma ampla discussão dos meios acadêmicos, das iniciativas pública e privada, quanto à necessidade de desenvolvimento desta política mediante a criação de uma Lei de Contrato de Seguro,[4] a semelhança de diversos países, alçando o Contrato de Seguro o verdadeiro agente de desenvolvimento econômico, ao permitir a pulverização dos riscos pela coletividade segurada, o que decerto não será aprofundado no presente estudo, posto que este não visa a tratar deste aspecto.

---

[2] Segundo Castilho (CASTILHO, Ricardo dos Santos. *Direitos e interesses difusos, coletivos e individuais homogêneos*. Campinas: Lzn editora, 2004, p. 28), metaindividual é o interesse que ultrapassa o círculo individual e corresponde aos anseios de todo um segmento ou categoria, e o liame entre os titulares desse interesse consiste em que todos estão na mesma situação de fato, *v.g.*, indústria que vende produtos defeituosos, lesando os consumidores, ou então, alunos de uma faculdade que sofrem aumento ilegal nas mensalidades.

[3] BUCCI, M. P. D. 2006 – *O conceito de política pública em Direito*. In: M. P. D Bucci (Org.) *Políticas Públicas: reflexões sobre o conceito jurídico*. São Paulo: Saraiva, 2006.

[4] Tramita no Congresso Nacional o Projeto de Lei nº 3.555/2004, apresentado pelo Deputado Federal José Eduardo Cardozo.

O que se nota é que o Estado Democrático de Direito, fundado na ideia de justiça social e amparado pela declaração dos direitos fundamentais, exigiu e continua a exigir grandes transformações legislativas, cabendo destaque, também, às inovações trazidas pelo Código Civil de 2002, em especial nos dispositivos que tratam do Contrato de Seguro, consolidando a relativização dos princípios contratuais clássicos, antes adstritos ao *pacta sunt servanda*, e agora, face aos pilares da boa-fé objetiva e da função social sustentarem o novo modelo civilístico, busca-se o equilíbrio contratual através do combate a onerosidade excessiva dos contratos.

E, sem qualquer sombra de dúvidas, nota-se, nos últimos anos, que os Seguros de Responsabilidade Civil passaram à condição de mero instrumento restrito a uma minoria a garantidor dos interesses das diversas camadas da população, através dos inúmeros interesses decorrentes da estabilidade econômica e maior abrangência das coberturas e dos produtos oferecidos, que em outras épocas ficavam restritos aos seguros de natureza obrigatória e, nos seguros facultativos, limitavam-se a contratação dos tradicionais seguros de veículos e de propriedades.

Diante desta demanda social, econômica e da necessidade de continuar-se o processo de desenvolvimento do mercado segurador, é essencial a harmonização das cláusulas contratuais dos contratos de seguros com os novos paradigmas das fontes do Direito. Nos dizeres de Walter Polido:[5] *"deixou de prevalecer, portanto, aquela visão estanque e voltada apenas para o Código Civil e para as cláusulas contratuais da apólice"*.[6]

Portanto, diante da evidente necessidade do contrato de seguro estabelecer os limites da cobertura securitária, pormenorizando os riscos efetivamente cobertos e aqueles não cobertos, o presente estudo visa à análise das cláusulas limitativas do Contrato de Seguro de Responsabilidade Civil diante da nova ordem jurídica iniciada pela Constituição Federal de 1988, que, como Carta Maior da República Federativa do Brasil, nos traz princípios fundamentais que se conectam com o Direito Privado Civil, como a dignidade da pessoa humana, a livre iniciativa, a defesa do consumidor, a função social do contrato e a livre concorrência, passando pelo Código de Defesa do Consumidor e, finalmente, pelo Código Civil de 2002.

2. A limitação da cobertura securitária a partir do cálculo atuarial que define o prêmio a ser pago pelo segurado

A atuaria é a ciência da avaliação de riscos e do cálculo dos prêmios e reservas relativas às operações de seguros. É o campo do conhecimento que analisa os

---

[5] POLIDO, Walter A. *Seguro de Responsabilidade Civil, manual prático e teórico*. Juruá, 2013, p. 83.
[6] Segundo Walter Polido (citando CANOTILHO, José Joaquim Gomes. *Estudos sobre direitos fundamentais*. 1. ed. Brasileira e 2. ed. Portuguesa. São Paulo: Coimbra e RT, 2008, p. 266) Canotilho, diante da nova dogmática, lembra dos cuidados que se deve tomar de modo que não haja a exacerbação de determinados pressupostos, os quais, mesmo na condição de direitos fundamentais, têm limites jurídicos-funcionais.

riscos e expectativas financeiras e econômicas, principalmente na administração de seguros e pensões. É uma área de conhecimento multidisciplinar, na qual o domínio de conceitos em economia, administração, contabilidade, matemática, finanças e estatística são fundamentais para o entendimento dos modelos atuariais mais elementares.[7]

Por oportuno, a palavra *prêmio*, que quer dizer, pagar, adquirir ou obter antes, vem do latim *premium* ou *praemium*[8] e corresponde à soma a ser paga pelo segurado pelo seguro contratado, que não raro tem a infelicidade de ser confundido com a indenização securitária.

Grande parte dos prêmios ganhos pela seguradora não vai, como se pode imaginar, para o acionista controlador das companhias de seguros, mas sim, para constituição de provisões técnicas e reservas obrigatórias, com objetivo de satisfazer regras de capital mínimo e de solvência, estabelecidas pelo órgão regulador, a SUSEP – Superintendência de Seguros Privados –, concedendo solidez ao mercado.

Das inúmeras provisões técnicas obrigatórias para as seguradoras, destaca-se, no Seguro de Responsabilidade Civil, a importância da IBNR (*incurred, but not reported*), que é uma provisão feita pelo segurador para sinistros que geralmente levam vários anos para serem avisados, isto é, já ocorridos porém não notificados à seguradora. A provisão de IBNR aplica-se, principalmente, aos denominados riscos de cauda longa (*long tail risks*), como é o caso dos Seguros de Responsabilidade Civil, notadamente de RC Produtos, Poluição Ambiental e RC Profissionais.[9]

Portanto, conclui-se que não é possível à companhia seguradora dispor de suas reservas técnicas ao seu livre alvedrio, cabendo-lhe somente na liquidação de seus sinistros, uma vez que tais garantias são constituídas pelo somatório dos prêmios que os segurados efetuam, visando à constituição do fundo que se destina a tal fim.

E sendo o cálculo do seguro estimado através de critérios matemáticos e econômicos, as reservas destinadas ao pagamento de futuros sinistros pendentes influenciará os resultados contábeis da seguradora, bem como os resultados estatísticos das carteiras existentes, repercutindo em suas tarifas e em todo o modelo do negócio em que se baseia o seguro, na confiança.

Desta forma, é notório que a fiscalização realizada pelo órgão competente tem o condão de preservar a solvência das companhias de seguros,[10] imprescindí-

---

[7] http://www.fea.usp.br/conteudo.

[8] *Praemium* – from prae ("before") + emo ("acquire, obtain")

[9] Dicionário de Seguros IRB Funenseg http://www.irb-brasilre.com.br/cgi/dicionario/vertb.cfm.

[10] Segundo Ricardo Bechara (SANTOS, Ricardo Bechara. *Direito de Seguro no Novo Código Civil e Legislação Própria*. 2. ed. Forense, 2008, p. 417) preservar a solvência da seguradora é tão importante que, além das provisões técnicas, é preciso seja ela ainda reforçada com uma MARGEM DE SOLVÊNCIA, pois solvente é a seguradora que paga ou pode pagar seus compromissos, que possui seu ativo maior que o passivo.

vel ao cumprimento futuro dos sinistros a liquidar, avisados e não avisados, sendo de suma importância a constante revisão dos valores das reservas estabelecidas.

Verifica-se, portanto, que a cada risco assumido pelas seguradoras há o correspondente prêmio a ser pago pelo segurado, com base nos cálculos atuariais desenvolvidos, preservando-se o equilíbrio contratual entre as partes e a higidez do mercado segurador.

Ao tratar dos riscos assumidos pelo segurador, o Código Civil de 2002, em seu art. 757, estabelece:

> Art. 757. Pelo contrato de seguro, o segurador se obriga, mediante o pagamento do prêmio, a garantir interesse legítimo do segurado, relativo a pessoa ou coisa, contra risco predeterminado.

O dispositivo legal em questão estabelece claramente a possibilidade de predeterminação e limitação do risco efetivamente coberto pelo Contrato de Seguro, não estando o segurador obrigado a conceder cobertura e indenizar por riscos que não estejam devidamente cobertos, especialmente se expressamente excluídos.

Sendo o prêmio pago pelo segurado definido mediante cálculos atuariais que precisam matematicamente os riscos assumidos e passíveis de serem indenizados, uma condenação judicial alheia ao que fora pactuado no Contrato de Seguro não prejudica apenas a seguradora e toda a sua tarifação, mas, acima de tudo, prejudica a massa de segurados e, com eles, toda a sociedade.

É preciso chamar a atenção para o fato de que quando se condena uma seguradora a pagar por um sinistro cuja cobertura fora excluída nas condições da apólice, sem que tenha ocorrido alguma das hipóteses de nulidade da cláusula de exclusão, o Estado, que tem o dever de proteger o consumidor (arts. 5º, inciso XXXII, e 170, V, da CFB/88 c/c arts. 1º e 4º, inciso III, do CDC), compromete o fundo mútuo e, por consequência, toda a massa de segurados que dele faz parte, desequilibrando toda a sistemática do contrato seguro e seu caráter indenitário, obrigando a seguradora a reconsiderar seus critérios no cálculo do prêmio, elevando-o em tarifação futura, a fim de compensar os prejuízos suportados em função da literal inobservância das cláusulas limitativas que foram consideradas na sua elaboração.

E ainda que se vislumbre invocar a função social do contrato em defesa da invalidade das cláusulas restritivas, cabe lembrar que o seguro decorre de uma atividade econômica e, portanto, não se presta ao cumprimento de preceitos sociais e políticos que descaracterizem a essência indenitária deste contrato.[11]

---

[11] Segundo a Ministra do Superior Tribunal de Justiça, Dra. Nancy Andrighy, em trecho de seu voto prolatado no REsp 783404/GO, julgado em 28/06/2007 (...) a função social infligida ao contrato não pode desconsiderar seu papel primário e natural, que é econômico. Este não pode ser ignorado, a pretexto de cumprir-se uma atividade beneficente. Ao contrato incumbe uma função social, mas não de assistência social. Por mais que o indivíduo mereça tal assistência, não será no contrato que se encontrará remédio para tal carência. O instituto é econômico e tem fins econômicos a realizar, que não podem ser postos de lado pela lei e muito menos pelo seu aplicador. A função social não se apresenta como objetivo do contrato, mas sim como limite da liberdade dos contratantes em promover a circulação de riquezas.

Tal equilíbrio nas relações deve observar o viés econômico para ambas as partes, afinal, fornecedores e consumidores formam o mercado, atrelados aos princípios básicos da transparência (art. 4º do CDC), da livre iniciativa (art. 1º, inciso VI, da CFB/88), da livre concorrência (art. 170, inciso IV, da CFB/88) e da liberdade de contratar (art. 5º, inciso II, CFB/88), que visam, diante da boa-fé objetiva, a buscar equilíbrio, a equivalência nas relações, tendo o fornecedor, no caso o segurador, o fundamental dever de informar, nos termos do art.6º, inciso III, do CDC.

Como a seguradora, ao aceitar o risco, prometeu garantir interesse legítimo do segurado, mediante o pagamento do prêmio, contra riscos predeterminados, fica evidente que se trata de violação expressa ao art. 757 do Código Civil de 2002, quando ocorre, por exemplo, uma condenação judicial da companhia por uma garantia não contratada, uma vez que indenizar é tornar indene, sem dano. Indenizar o segurado por algo que ele não contratou viola os princípios da boa-fé, tão bem elencados nos artigos 422 e 765 do CC/02, causa desequilíbrio econômico-financeiro do contrato de seguro e prejudica umas das funções sociais do contrato de seguro, que é a defesa do fundo mútuo, da massa segurada, papel fundamental exercido pelas cláusulas limitativas de risco.

Ademais, quando ocorre uma condenação por situação expressamente excluída ou não garantida pelo contrato de seguro, viola-se o princípio constitucional da livre iniciativa, uma vez que a seguradora, quando habilitada nos órgãos reguladores e fiscalizadores do mercado segurador, tem autorização para exercer sua atividade econômica sem qualquer intervenção exacerbada por parte do Estado.

O Estado, enquanto regulador das atividades de seguro e de consumo, tem, entre outras funções, o dever Constitucional de proteger o consumidor, sem prejuízo da livre iniciativa e da livre concorrência, inibindo preços e cláusulas abusivas, porém preservando, a todo custo, o equilíbrio nas relações entre segurado e seguradora.

Assim, a concessão de cobertura securitária não prevista na apólice acaba por prejudicar a sociedade como um todo, beneficiando-se um único indivíduo ou grupo de indivíduos segurados em prejuízo de toda a massa segurada, cuja pulverização dos riscos e mutualismo existentes ficam comprometidos.

A defesa da coletividade, através das cláusulas limitativas de seguros, é um dos fundamentos para a sua legalidade e legitimidade no ordenamento jurídico, permitindo a particularização dos riscos e dever indenitário somente em decorrência de sinistros decorrentes da obrigação assumida, excluindo-se a possibilidade de conceder-se cobertura aos riscos excluídos quando da contratação, desde que seguidos amiúde os princípios insculpidos na elaboração de cláusulas que não sejam consideradas nulas por serem abusivas.

3. Código de Defesa do Consumidor e Código Civil, o diálogo das fontes

É sabido que o Código de Defesa do Consumidor dispôs de uma nova teoria contratual, com previsão expressa ao princípio da boa-fé objetiva em seus arts. 4º, III, e 51, IV. Por sua vez, o Código Civil de 2002 também consagrou a boa-fé objetiva em seu escopo, nos arts. 113, 187 e 422.

A boa-fé consagrada nos dois ordenamentos jurídicos mencionados passa a exigir das partes contratantes um distanciamento dos conceitos individuais que sustentavam a boa-fé subjetiva, dando um caráter mais coletivo a função econômica e social dos contratos, com primazia ao interesse da coletividade.

E partindo-se da lealdade, transparência e cooperação que deve haver entre as partes em todas as fases do contrato, desde a pré-contratual a pós-contratual, vê-se que sendo o seguro um contrato com características específicas desde a fase pré-contratual, onde muitas vezes a parte contratante é instada a prestar informações que impactarão o cálculo do prêmio correspondente ao seguro pretendido, tornou-se de suma importância a maior divulgação, nesta fase contratual, que antecede o fechamento do contrato de seguro, das cláusulas restritivas que irão compor o seguro, sob pena de não serem consideradas válidas.

A este respeito, verifica-se que o CDC (Lei 8.078/90), em seu art. 51, estabeleceu uma série de cláusulas nulas, cabendo destaque neste momento:

Art. 51. São nulas de pleno direito, entre outras, as cláusulas contratuais relativas ao fornecimento de produtos e serviços que:
(...) IV – estabeleçam obrigações consideradas iníquas, abusivas, que coloquem o consumidor em desvantagem exagerada, ou sejam incompatíveis com a boa-fé ou a equidade.

Por sua vez, o art. 54 do mesmo diploma legal, ao definir contrato de adesão:

Art. 54 (...)
4º As cláusulas que implicarem limitação de direito do consumidor deverão ser redigidas com destaque, permitindo sua imediata e fácil compreensão.

Indubitavelmente, desde quando o legislador estabeleceu de que forma se dará a redação das cláusulas limitativas de direito (com destaque, permitindo sua imediata e fácil compreensão), verifica-se que fora validada a existência da referida cláusula no ordenamento jurídico.

Verifica-se que o CDC não conceituou o que são cláusulas abusivas, o legislador optou por relacioná-las de forma exemplificativa, e não exaustiva, viabilizando ao julgador a aplicação em qualquer situação em que restar prevista a abusividade, o que, por sua vez, deixa margem para que seja distorcida a intenção legislativa,[12] caso a jurisprudência não se posicione de forma a conhecer as especificidades do contrato de seguro.

---

[12] Decisões que acolheram a possibilidade de limitação: Número: 70052878139 Tribunal: Tribunal de Justiça do RS – Seção: CIVEL – Tipo de Processo: Apelação Cível – Órgão Julgador: Sexta Câmara Cível – Decisão: Acórdão – Relator: Ney Wiedemann Neto – Comarca de Origem: Comarca de Porto Alegre. Ementa: Apelação cível.

Em que pese a liberdade contratual subsistir, a mesma passou a ser considerada no âmbito dos interesses coletivos. Com a evolução do direito contratual, esta autonomia da vontade foi relativizada, sendo certo que estas restrições (limites) impostas pelo Estado também devem ter limites, pois, do contrário, violarão a própria liberdade, a qual, frise-se, é um dos aspectos da dignidade (liberdade, igualdade, integridade física e psíquica (psicofísica) e solidariedade.

O art. 46 do CDC estabelece: Os contratos que regulam as relações de consumo não obrigarão os consumidores, se não lhes for dada a oportunidade de tomar conhecimento prévio de seu conteúdo, ou se os respectivos instrumentos forem redigidos de modo a dificultar a compreensão de seu sentido e alcance.

Cabe destacar que diante do papel fundamental dos Corretores na comercialização dos seguros, torna-se necessário que estes sejam treinados e instados a prestarem todos os esclarecimentos necessários ao cumprimento da norma, informando as condições ofertadas, com os riscos cobertos e as cláusulas restritivas, sob pena de gerar prejuízo não previsto pela seguradora, ainda que esta tenha sido cautelosa no cumprimento da regra e cumpridora da parte que lhe coube, qual seja, redação clara e precisa das cláusulas.

No contrato de seguro, assim como em toda teoria contratual vigente, a mais estrita boa-fé (*Utmost good Faith, Uberrimae Fidei or Uberrima Fides*) deve ser observada por ambas as partes, segurado e seguradora, tanto na fase pré-contratual, quanto na execução e na conclusão do contrato firmado entre as partes.

Uma cláusula limitativa de direito poderá ser considerada abusiva quando restringir direitos ou obrigações fundamentais inerentes à natureza do contrato de seguro. A cláusula limitativa de risco também deverá ser considerada abusiva quando for incompatível com a boa-fé objetiva, tão valorizada no Código Civil de 2002, no seu art. 422 e, principalmente, no que concerne ao contrato de seguro, no art. 765 do mesmo diploma, tendo sido anteriormente recepcionada no art.4º, inciso III, do CDC.

Por outro lado, devem ser consideradas nulas as cláusulas que estipulem a renúncia antecipada do aderente a direito resultante da natureza do negócio (art. 424

Seguros. Ação de cobrança. Seguro de vida. No seguro de vida para o caso de morte, é lícito estipular-se um prazo de carência, durante o qual o segurador não responde pela ocorrência do sinistro. *A cláusula que determina o prazo de carência para cobertura no caso de morte é limitativa, porém está clara e de forma destacada no próprio certificado individual. Não há qualquer contradição ou dificuldade em entender qual o período em que não haverá o direito a indenização em caso de morte, não tendo sido colocado o consumidor em desvantagem exagerada em relação à seguradora.* Inteligência do art. 797 do Código Civil. Apelo provido. (Apelação Cível Nº 70052878139, Sexta Câmara Cível, Tribunal de Justiça do RS, Relator: Ney Wiedemann Neto, Julgado em 11/04/2013). Número: 70017356577 Tribunal: Tribunal de Justiça do RS – Seção: CIVEL – Tipo de Processo: Apelação Cível – Órgão Julgador: Quinta Câmara Cível – Relator: Pedro Luiz Rodrigues Bossle – Comarca de Origem: Comarca de Erechim. Ementa: SEGUROS. AÇÃO DECLARATÓRIA E DE COBRANÇA. INVALIDEZ PARCIAL. Realização de nova prova pericial. *Descabimento, diante da validade do laudo apresentado. Limitação da indenização por invalidez parcial com base no percentual da perda da função do membro inferior. Possibilidade, conquanto a cláusula limitativa encontra-se redigida com destaque.* Agravo retido e apelo improvidos. (Apelação Cível nº 70017356577, Quinta Câmara Cível, Tribunal de Justiça do RS, Relator: Pedro Luiz Rodrigues Bossle, Julgado em 22/11/2006).

CC/02) e por óbvio, quando houver no contrato de adesão cláusulas ambíguas ou contraditórias, quando se deverá adotar a interpretação mais favorável ao aderente (art. 423 CC/02).

Portanto, as cláusulas limitativas de risco ou de direito são permitidas no contrato de seguro desde que redigidas com destaque e clareza, permitindo a sua imediata compreensão e as partes estejam dotadas da mais estrita boa-fé, olhando--se, sob qualquer prisma, para a função social do contrato.

Decerto que, além das inovações assinaladas, o Código Civil de 2002 trouxe em destaque a positivação da função social dos contratos, em seu art. 421.

> O art. 421 expressa que: A liberdade de contratar será exercida em razão e nos limites da função social do contrato.

Na interpretação do contrato de seguro, tornou-se inevitável o confronto entre as cláusulas limitativas de direito, a dignidade da pessoa humana e a função social do contrato. A teoria Civil-Constitucional, bandeira hasteada pelo movimento de Juristas pós-CFB/88 e pós-CDC, teve como objetivo equilibrar as relações entre as partes contratantes, consumidores e fornecedores de serviços e produtos.

A liberdade e os limites da função social do contrato não devem ser ponderados sem o equilíbrio entre a dignidade da pessoa humana, a proteção do consumidor, a livre iniciativa e a livre concorrência. É imprescindível que haja uma visão ou perspectiva econômica do Direito como um todo, sob pena de que venha submergir, em futuro próximo, um desequilíbrio nas relações entre consumidores e fornecedores.

A função social do contrato, por se tratar de uma regra insculpida num sistema aberto de codificação, na qual a participação do juiz é fundamental para a construção do direito, corre-se o risco de ampliar-se a sua abrangência e, com isso, conceder ao consumidor interpretação mais vantajosa acerca de serviço ou produto pelo qual não pagou (ou que nem é oferecido pelas empresas fornecedoras de serviços ou produtos).

No contrato de seguro, a função social do contrato não é conceder pagamento *ex gratia* por serviço ou cobertura não contratada ou nem mesmo oferecida pela seguradora, pois tal concessão fere de morte todo o Sistema Nacional de Seguros Privados, causando dano muito maior à coletividade.

Isto porque, a concessão de cobertura ou serviço extracontratual ou ultracontratual fará aumentar o custo de manutenção operacional da seguradora, que, por sua vez, conforme as regras atuariais às quais está submetida, conforme vimos, repassará tal custo ao consumidor do seguro, aumentando o valor do prêmio, o que torna tal concessão extraordinária prejudicial à coletividade.

4. Validade da cláusula limitativa do seguro de responsabilidade civil

Desta forma, a função social das cláusulas limitativas de risco no contrato de seguro de responsabilidade civil é a de proteção do fundo mútuo e da massa de segurados de uma determinada seguradora, ou seja, da coletividade. Neste passo, ao se deparar com uma cláusula limitativa de risco, considerando não ter ocorrido qualquer vício de informação na contratação, deverá o segurado, a sociedade e o Estado respeitá-la, em prol da proteção do fundo mútuo e da massa de milhões de segurados daquela seguradora.

Quanto maior for o desequilíbrio entre a função social das cláusulas limitativas de risco e as decisões que emanam dos Estados e da União Federal, sejam Judiciais ou por Atos Normativos, determinando que as seguradoras paguem aos segurados por serviço que não foi por eles contratado e devidamente remunerado, maior será o distanciamento do seguro das classes populares, inibindo o crescimento do mercado de seguro e, com isso, estar-se-á golpeando uma atividade econômica pujante e capaz de viabilizar o crescimento econômico brasileiro, conciliando-se com outros fatores de ordem política, econômica e social.

Via de regra, uma cláusula limitativa de direito deve ter destaque, clareza e permitir a sua imediata compreensão, mas que por outro lado, é permitida a limitação do risco nos Contratos de Seguro de Responsabilidade Civil, o Superior Tribunal de Justiça editou a Súmula 402 que diz que: O contrato de seguro por danos pessoais compreende danos morais, salvo cláusula expressa de exclusão.

Segundo os ministros da 2ª Seção do Superior Tribunal de Justiça, se o contrato de seguro consignou, em cláusulas distintas e autônomas, o dano material, corpóreo e moral, e o segurado optou por não contratar a cobertura para este último, não pode exigir o seu pagamento pela seguradora.

Um seguro de responsabilidade civil contratado em uma seguradora no Brasil garante o reembolso da indenização pela qual o segurado vier a ser responsável civilmente, em sentença judicial transitada em julgado ou em acordo judicial ou extrajudicial autorizado prévia e expressamente pela seguradora, por danos involuntários corporais, materiais ou morais (se contratado), causados a terceiros pelo segurado.

O dano moral, se contratado, para estar tecnicamente coberto pela garantia do seguro de responsabilidade civil, deve decorrer de um dano corporal ou um dano material (coisas), causado involuntariamente a terceiro.

O dano corporal, no seguro de responsabilidade civil, é todo e qualquer dano causado ao corpo humano,[13] e normalmente cobre despesas médicas de terceiro decorrentes do acidente até o limite da garantia contratada. O dano corporal, normalmente, cobre também o pensionamento de terceiro decorrente do acidente, pelo que efetivamente deixou de aferir em período de ausência/internação.

A propósito, existe a possibilidade da contratação da garantia de dano estético no seguro de responsabilidade civil, que é o dano injusto perpétuo ou duradouro causado à aparência da pessoa, mediante a contratação em apartado, em contrapartida ao pagamento pelo segurado de um prêmio adicional.

---

[13] Dicionário de Seguros IRB/Funenseg

5. Conclusão

Com a evolução da sociedade brasileira e o pleno acesso aos serviços e bens de consumo, deverá emergir, junto com as classes sociais, a consciência formada pelo consumidor do Contrato de Seguro, consciente do que fora contratado, do valor do prêmio que ele pode e quer pagar, seu objeto, suas garantias, limitações e suas exclusões contratuais. E, para que isto ocorra, a educação terá papel importante.

As cláusulas limitativas de direito no Seguro de Responsabilidade Civil devem possuir, em sua essência, a função social de proteção da massa de segurados, do fundo mútuo e da coletividade.

Cumpre às seguradoras e mais, na prática, aos Corretores de Seguro, o importantíssimo e fundamental papel de explicar de forma clara e acessível o objeto do Contrato de Seguro, que está coberto e o que não está, fazendo valer suas obrigações que se relacionam com a boa-fé objetiva, com o dever de informar e com o princípio da transparência que deve permear as relações contratuais.

A relativização do *pact sunt servanda,* que pregava, em regra, a imutabilidade dos contratos, na esteira do princípio da autonomia da vontade, não veio para tornar ou trazer um desequilíbrio às avessas, mas para tornar equânime a relação entre segurado e seguradora, com os mecanismos necessários de proteção ao segurado, com objetivo de equilibrar as relações, sem inibir o desenvolvimento econômico, no qual o acesso amplo aos seguros está incluído, promovendo os princípios constitucionais da livre iniciativa e da livre concorrência.

Uma seguradora tem a função social de indenizar os seus segurados, ou beneficiários quando for o caso, por sinistros cobertos pelas garantias contratadas, ou melhor, a função social de cumprir o que prometeu pelo prêmio equivalente pago pelo segurado.

A seguradora também possui função social de gerar riqueza, criando postos de trabalho e contribuindo com o recolhimento de impostos como qualquer empresa, e ainda, na pessoa de seus administradores, tem a função social de gerir bem, com competência e probidade, o fundo mútuo que garantirá futuras indenizações securitárias. Para tanto, cumpre a sua função social a seguradora que firma com os seus segurados contratos com destaque e clareza no que diz respeito ao seu escopo, trazendo exclusões expressas que não restrinjam direitos ou obrigações fundamentais inerentes à natureza do Contrato de Seguro ou que venham a ser incompatíveis com a boa-fé.

Não custa lembrar que quando houver no contrato de adesão cláusulas ambíguas ou contraditórias, dever-se-á adotar a interpretação mais favorável ao aderente, segundo determina o art. 423 do CC/02, e que são nulas também as cláusulas que estipulem a renúncia antecipada do aderente a direito resultante da natureza do negócio, conforme determina o artigo seguinte do mesmo Diploma Civil (art. 424 do CC/2002).

No Seguro de Responsabilidade Civil o segurado é obrigado a comunicar, tão logo saiba, qualquer ato seu, suscetível de acarretar a responsabilidade na garantia (§ 1º do art.787, do CC/02). Também é proibido ao segurado reconhecer sua responsabilidade ou confessar a ação, bem como transigir com o terceiro prejudicado, ou indenizá-lo diretamente, sem anuência expressa da seguradora (§ 2º do art.787, do CC/02).

Sendo assim, verifica-se que as cláusulas limitativas de risco ou de direito são válidas, desde que redigidas com destaque e clareza, permitindo a sua imediata compreensão. Afinal, o prêmio pago pelo segurado é o preço do risco contratado.

Referências bibliográficas

ALVIM, Pedro. *O Contrato de Seguro*. Rio de Janeiro. Forense. 1983.

MELLO, Sérgio Ruy Barroso de. *Contrato de Resseguro*. Ed. Escola Nacional de Seguros, 2013.

CASTILHO, Ricardo dos Santos. *Direitos e interesses difusos, coletivos e individuais homogêneos*. Campinas: Lzn editora, 2004.

BUCCI, M. P. D. 2006. O conceito de política pública em Direito. In M. P. D Bucci (Org.) *Políticas Públicas*: reflexões sobre o conceito jurídico. São Paulo. Saraiva. 2006

POLIDO, Walter A. *Seguro de Responsabilidade Civil, manual prático e teórico*. Juruá, 2013.

SANTOS, Ricardo Bechara. Direito de Seguro no Novo Código Civil e Legislação Própria. 2. ed. Rio de Janeiro: Forense, 2008.

CANOTILHO, José Joaquim Gomes. *Estudos sobre direitos fundamentais*. 1. ed. brasileira e 2. ed. portuguesa. São Paulo: Coimbra e RT, 2008.

— VII —

Dano moral e dano moral coletivo: reflexões contemporâneas

Landulfo de Oliveira Ferreira Júnior

Mestrando em Direito Empresarial pela Faculdade de Direito Milton Campos. Professor da PUC/MG. Presidente da Comissão de Assuntos Jurídicos do SINDSEG/MG-GO-MT-DF. Membro e Conselheiro da AIDA/Brasil. Advogado.

Sumário: 1. Conceitos introdutórios; 2. Dano estético como espécie do gênero dano moral; 3. Dano à honra; 4. Dano à imagem; 5. Da indenização por danos morais e sua quantificação; 6. Danos morais coletivos; 7. Conclusão; Referências bibliográficas.

1. Conceitos Introdutórios

O tema central do presente trabalho é constantemente objeto de debates, indagações, novas formulações teóricas e, com maior relevo, litígios judiciais. O dano moral ocupa lugar de destaque na doutrina contemporânea, mas não se mostra de recente criação ou estabelecimento no ordenamento jurídico.

Orientados pela boa técnica, iniciemos por trazer à baila sua conceituação, nas lições dos mais abalizados autores que se ocuparam de profunda pesquisa e magistério.

Inevitável e mesmo como que compulsório que façamos o cotejamento da conceituação do dano moral a começar pelas lições sempre precisas de Wilson Melo da Silva, que nos brinda o saber de forma que:

> Danos morais são lesões sofridas pelo sujeito físico ou pessoa natural de direito em seu patrimônio ideal, em contraposição ao patrimônio material, o conjunto de tudo aquilo que não seja suscetível de valor econômico. (1999, p. 01)

Como visto, é no afastamento da conceituação ou da pretensão que possa ser aquilatada economicamente que encontramos um dos elementos centrais para a constatação, correta nos dizeres do Professor Wilson Melo da Silva.

Segue o renomado autor a esclarecer que:

> Seu elemento característico é a dor, tomado o termo em seu sentido amplo, abrangendo tanto os sofrimentos meramente físicos, quanto os morais propriamente ditos. (1999, p. 2)

Como antes ressaltado, não é de data recente que se tem disposição protetiva ao sujeito de direito e a responsabilizar o ofensor em reparar o dano causado àquele. No que pertine ao dano moral, o Código de Hamurabi já trazia sanção àquele que violasse a moralidade alheia.

Segundo Mariana de Cássia Araújo, em primoroso artigo sob o título *A Reparabilidade do Dano Moral Transindividual*,

A noção de reparação do dano encontra-se claramente definida no Código de Hamurabi. As ofensas pessoais eram reparadas na mesma classe social, à custa de ofensas idênticas, pois se valiam do 'direito de *vindita*' (direto de vingança), isto é, da retribuição do mal pelo mal, princípio sintetizado na expressão 'olho por olho, dente por dente'. (2009, p. 122)

Necessário, neste ponto, também trazer a conceituação de dano como uma ofensa ao patrimônio da pessoa, entendido este como conjunto de bens juridicamente protegidos, sejam tais bens patrimoniais ou extrapatrimoniais.

A posição doutrinária de Carlos Alberto Bittar nos traz com clareza a orientação no sentido de que

o dano constitui lesão, ou redução patrimonial, sofrida pelo ofendido, em seu conjunto de valores protegidos no Direito, sejam quanto à sua própria pessoa – moral ou fisicamente – seja quanto a seus bens ou a seus direitos. É a perda, ou diminuição, total ou parcial, de elemento, ou de expressão, componente de sua estrutura de bens psíquicos, físicos, morais ou materiais. (1989, p. 564 e 565)

Se por um lado o dano patrimonial consiste na perda ou depreciação de um bem material sujeito à apreciação econômica, o dano moral tem em sua natureza vínculo com ofensa a sentimentos, boa reputação, honra e à própria moral do sujeito de direito.

Não menos autorizadas e precisas são as lições de Aguiar Dias, que esclarece que o dano moral é

a reação psicológica à injuria, são as dores físicas e morais que o homem experimenta em face da lesão", complementando, ainda, que o dano moral "é o efeito não patrimonial a lesão de direito e não a própria lesão, abstratamente considerada. (1994, p. 740 e 741)

Ampliando ao alcance e as consequências decorrentes da lesão extrapatrimonial, doutrina e jurisprudência evoluíram de modo a permitir afirmarmos que tanto a honra, quanto a liberdade, a saúde, a integridade mental, o sentimento, paz interior também podem ser afetadas pela lesão decorrente de ato do terceiro causador, em tudo podendo ser possível encontrar a dor, o sofrimento, a humilhação, o vexame o sentimento de pesar da própria vítima.

Esta evolução conceitual trouxe consigo a inclusão dos chamados novos direitos da personalidade que, como destaca Sérgio Cavalieri Filho, em sua festejada obra *Programa de Responsabilidade Civil*, são:

(...) intimidade, imagem, bom nome, privacidade, a integridade da esfera íntima. Tutela-se, aí, o interesse da pessoa humana de guardar só para si, ou para estrito círculo de pessoas, os variadíssimos aspectos da sua vida privada: convicções religiosas, filosóficas, políticas, sentimentos, relações afetivas, aspirações, hábitos, gostos, estado de saúde, situação econômica, financeira, etc. (1999, p. 75)

Como em contraponto à definição antes lançada, cunhada nas palavras do Professor Wilson Melo da Silva, mas sem que dela se perca a essência e extrema validade, não mais nos restringimos à dor, tristeza e sofrimento da vítima ao reconhecer a lesão em seu patrimônio imaterial. Mas resta a tônica da não inclusão da lesão na esfera patrimonial insuscetível de apreciação econômica. Não se deixa de resultar em sanção ou pena de natureza pecuniária ao ofensor, mas desta é possível colher muito mais uma satisfação do que uma indenização propriamente dita.

Hodiernamente, não mais se discute a reparabilidade do dano moral, como outrora era frequente e sustentado em doutrina e jurisprudência que acabaram suplantadas, ante a insustentabilidade do central argumento de que a moral ou do dano a esta era inestimável.

A Carta Magna de 1988 versa, ao dispor dos Direitos e Deveres Individuais e Coletivos, esculpidos no artigo 5º, em pelo menos dois de seus incisos (V e X) serem expressamente indenizáveis os danos morais, vejamos:

Art. 5º Todos são iguais perante a lei, sem distinção de qualquer natureza, garantindo-se aos brasileiros e aos estrangeiros residentes no País a inviolabilidade do direito à vida, à liberdade, à igualdade, à segurança e à propriedade, nos termos seguintes:
(...)
V – é assegurado o direito de resposta, proporcional ao agravo, além da indenização por dano material, moral ou à imagem;
(...)
X – são invioláveis a intimidade, a vida privada, a honra e a imagem das pessoas, assegurado o direito a indenização pelo dano material ou moral decorrente de sua violação;

Há bem pouco tempo a temática do dano moral não se fazia presente, mas as regras constitucionais acima transcritas a trouxeram à tona na medida em que se deu expressa valorização à dignidade da pessoa humana, ex vi do contido no artigo 1º, inciso III, da Constituição Federal de 1988, donde colhemos os fundamentos da República Federativa do Brasil, rompendo com o momento até certo ponto obscuro, advindo das práticas dos governos autoritários que suprimiram, em grande escala, as liberdades individuais e o pleno acesso à justiça.

Como fundamento constitucional, a dignidade da pessoa humana ocupa posição de destaque na proteção jurisdicional. De se valer, neste ponto, das acertadas palavras de Karl Larenz (1997, p. 402): "Haverá que dizer, sem vacilar, que à vida humana e, do mesmo modo, à dignidade humana, corresponde um escalão superior ao de outros bens, em especial os bens materiais".

O mesmo se pode dizer da não mais incerteza quanto à sua, do dano moral, cumulatividade com o dano material e, do mesmo modo, com o dano estético.

A exemplificar e dar concretude à assertiva anterior, valemo-nos do posicionamento do Superior Tribunal de Justiça, que tem pacificamente decidido, conforme a seguir:

CIVIL. DANOS MORAIS E ESTÉTICOS. CUMULATIVIDADE.
Permite-se a cumulação de valores autônomos, um fixado a título de dano moral e outro a título de dano estético, derivados do mesmo fato, quando forem passíveis de apuração em separado, com causas inconfundíveis.

> Hipótese em que do acidente decorreram seqüelas psíquicas por si bastantes para reconhecer-se existente o dano moral; e a deformação sofrida em razão da mão do recorrido ter sido traumaticamente amputada, por ação corto-contundente, quando do acidente, ainda que posteriormente reimplantada, é causa bastante para reconhecimento do dano estético. RECURSO ESPECIAL N° 210.351 – RIO DE JANEIRO (1999/0032968-6) RELATOR MINISTRO CESAR ASFOR ROCHA. Publicado em 25/09/2000 – DJU

A própria Súmula nº 37 do Superior Tribunal de Justiça não permite maior alongamento e discussão quanto à cumulatividade do dano moral com o dano estético, servindo, por corolário, para cumulação de outros tipos de danos com o dano moral, senão vejamos:

> Súmula 37 – São cumuláveis as indenizações por dano material e dano moral oriundos do mesmo fato.

2. Dano estético como espécie do gênero dano moral

Para muitos autores, a moral pessoal está contida na conjugação de diversos valores íntimos e personalíssimos. Assim é que, como já dissemos, a honra, o bom nome, a reputação, a paz interior, a dignidade, o crédito representam esta moral reconhecida como um bem patrimonial protegido.

Também a vaidade, a aparência física e estética, podem ser tidas como integrantes deste patrimônio. Deste modo, aquele que sofre uma agressão ao seu físico e da qual lhe resulte aleijão, cicatrizes, deformidades, terão sido vítimas de lesão tanto ao patrimônio material, ante a possibilidade de que tais consequências tenham impacto na redução de sua capacidade laboratícia, quanto ao patrimônio imaterial, *in casu*, moral, na medida em que as resultantes da lesão, como antes exemplificado, trarão sentimentos de inferioridade, de rejeição, de perda diante das pessoas que não apresentam aquela diminuição ou aparência disforme.

Na forma bem exposta pelos Professores Adriano Stanley Rocha Souza *et al*,

> O corpo humano é o cartão de visitas da pessoa. É pela sua apresentação e pela sua aparência que a sociedade nos vê. O corpo não é apenas a matéria que se apresenta. Ganha valoração, ainda que seja o corpo que reflita a vida, os anseios, as conquistas do homem. Este se vê, mesmo, diante do mundo, através de seu corpo. (2013, p. 44 e 45)

3. Dano à honra

O direto à honra compreende uma variada quantidade de significados, mas pode, em breve síntese, ser identificado como o bom nome, a fama, a reputação, a estima, o decoro, consideração tida por terceiros, enfim o respeito de que goza determinada pessoa.

Como antes asseverado, a Constituição Federal de 1988 assegura a proteção o direito a honra, estando assim expresso nos já transcritos incisos V e X do artigo 5º da Carta Magna, não pairando controvérsias de que tal direito, se ofendido, deverá ser objeto de reparação.

Em seu magistral Tratado de Responsabilidade Civil, Rui Stoco, citando decisão proferida pelo Desembargador Alves Braga, na Apelação Cível nº 161.284-1/4, do TJSP, elucida com sua peculiar clareza:

> (...) o direito de resposta se concede ao indivíduo agravado na sua honra, quer por expressões injuriosas, caluniosas ou difamatórias. Esse atentado à honra é que quis preservar o constituinte, pois dependendo da sua condição pessoal e das circunstâncias, pode resultar em dano pelo desgaste da sua reputação, à sua imagem, à sua honra. Desenganadamente pretendeu o constituinte consignar que, além do direito de resposta, o ofendido tem direito a reparação pelo dano moral, não bastando assegurar-se-lhe o direito de resposta. Aqui, portanto, a reparação pelo dano moral é restrita a ofensa à honra. (2007, p. 1655)

A este respeito, mister trazer a autorização, lapidada nos dizeres do artigo 953 do Código Civil, para que o ofendido busque a reparação do dano sofrido em sua honra.

> Art. 953. A indenização por injúria, difamação ou calúnia consistirá na reparação do dano que delas resulte ao ofendido.
>
> Parágrafo único. Se o ofendido não puder provar prejuízo material, caberá ao juiz fixar, eqüitativamente, o valor da indenização, na conformidade das circunstâncias do caso.

Em conjugação à proteção do direito à honra, como podemos colher do texto dos incisos V e X do artigo 5º da Constituição Federal de 1988, também a imagem e a intimidade estão tuteladas sobre este mesmo manto constitucional. Não se tolera, pois, seja a imagem denegrida, exposta indevidamente ou utilizada indevidamente e sem autorização de seu titular.

Não menos autorizada é a lição de Aparecida Amarante (2001, p. 71), que nos ensina que: "Sem dúvida que, entre as várias categorias de bens, a dos bens personalíssimos é fundamental e a honra, o bem jurídico de maior apreciação da personalidade humana, porque representa o seu campo moral se social".

Sendo a honra um bem precioso que goza da proteção maior, doutrinadores de escol têm-na equiparado à vida, atribuindo-lhe uma ligação intrínseca à moral da pessoa, um bem que dela não se dissocia.

4. Dano à imagem

Não raro, os meios de comunicação, nas suas mais diversas formas, levam "ao ar" e expõem a imagem das pessoas sem que elas tenham sido previamente instadas a autorizar. Até este ponto, ressalvadas as exceções de caso a caso, não se teria uma exposição indevida. A nosso ver, a questão ganha contornos de ilegalidade quando aqueles que são expostos o são em situações constrangedoras, de exposição de sua intimidade ou mesmo quando tenham praticado atos reprováveis, posto que estarão tais pessoas expostas a toda ordem de julgamento antes mesmo de formado e finalizado o devido processo legal.

A exibição da imagem de uma determinada pessoa durante um evento público, tal como uma partida de futebol, não afetará, em princípio, o seu direito à imagem ou intimidade. Diversamente se dá, quando a veiculação da imagem se dá de modo a denegrir a imagem da pessoa, vinculando-a situações de ridículo ou que gere constrangimento.

Duas circunstâncias em especial, de violação aos direitos de imagem, têm sido frequentemente levadas aos tribunais, quando a exposição da imagem se dá indevidamente para fins publicitários, bem como nas conhecidas "pegadinhas" em que o ofendido é levado a ser filmado em situações constrangedoras previamente elaboradas pela equipe de determinados programas ditos de "entretenimento".

Exemplarmente, recente julgado do Superior Tribunal de Justiça consagrou a proteção do direito à honra e à imagem, ao julgar situação como acima referimos:

> Está pacificado o entendimento desta Corte no sentido de que o valor da indenização por dano moral somente pode ser alterado na instância especial quando ínfimo ou exagerado, tendo em vista os seus critérios de fixação, intimamente relacionados com os elementos probatórios da demanda.
>
> In casu, o Colegiado Estadual, ao analisar o conjunto fático-probatório dos autos, entendeu comprovado o ato ilícito praticado pela agravante, consistente no lançamento de terra, pela sua equipe, no corpo do agravado, quando este desemprenhava seu trabalho de engraxate, bem como a indevida veiculação dessas imagens no programa televisivo Pânico da TV – Hora da Morte, tendo fixado a indenização por danos morais em R$150.000,00 (cento e cinquenta mil reais), valor que não se distancia do bom senso e dos critérios recomendados pela doutrina e jurisprudência.
>
> Confira-se trecho do voto condutor, verbis (fls. 338/360)
>
> No campo moral, diferentemente ocorre, pois o autor foi humilhado, exposto a vexame e constrangimento, tanto quando foi abordado pela equipe da ré, com "gracinhas" consistentes em atirar-lhe terra, além de interromper-lhe o seu trabalho graças ao qual sobrevive, submetendo-o a situação de afronta à sua dignidade e foi além a demandada, divulgou essas cenas deprimentes, através e gravação magnética, através de sua rede de televisão, ampliando largamente o campo de exposição do autor ao ridículo.
>
> (...)
>
> É evidente que o objetivo da ré foi obter lucro com a audiência de programa que integra o triste e revoltante processo de idiotização em massa empreendido pela ala degradante da imprensa nacional prestadora de desserviço à sociedade a qual, necessita de melhor amparo cultural e educacional, recebe desse segmento da mídia grosserias e inutilidades alienantes através de programações que pessoas menos tolerantes costuma equiparar a excrementos atirados nos rostos dos telespectador.
>
> (...)
>
> Na espécie o autor estava trabalhando quando foi surpreendido pelos integrantes da equipe ré os quais, interrompendo o seu trabalho, o submeteram a situação de revoltante humilhação pública e fizeram uso das imagens gravadas dessas cenas deprimentes para auferir lucro financeiro através de difusão televisiva. Em tais circunstâncias o valor indenizatório não poderia ser modestamente estipulado, sob pena desconstituir, no raciocínio custo-benefício, vantagem econômica à demandante à qual certamente seria mais interessante continuar explorando a miséria social pagando parcas indenizações, o que faria letra morta da garantia constitucional ao direito de imagem e à dignidade humana.
>
> E não se venha dizer que o quantum da indenização estabelecido proporciona lucro ou locupletamento ao demandante, porque a humilhação à qual foi submetido não permite tal raciocínio dentro do conceito comum de justiça que deve ser a 'meta optada' do Direito.
>
> A indenização por dano moral fixada na r. sentença corresponde a cerca de 576 unidades salariais vigentes desde o dia 01 de maio de 2004 (Lei n.º 10.888/04). Nas circunstâncias aqui consideradas não pode ser tido como exacerbado o valor indenizatório estabelecido na r. sentença, em que pese a sua sumária fundamentação aqui complementada. (STJ – AgRg no AGRAVO DE INSTRUMENTO Nº 1.348.247 – SP – RELATOR : MINISTRO PAULO DE TARSO SANSEVERINO – Pub. DJe 15/02/2013)

Outro não foi o posicionamento do Tribunal de Justiça de São Paulo, ao julgar a Apelação Cível nº 9057276-26.2006.8.26.0000, da lavra do Desembargador-Relator Caetano Lagrasta, publicado em 25/10/2006.

> Processo Civil. Ação de indenização por danos morais. Valor da causa que não interfere diretamente no montante da indenização pleiteada. Atribuído valor excessivo ã causa, na inicial. Impossibilidade de se inviabilizar o acesso à Justiça. Correta redução pelo magistrado. Agravo retido rejeitado.
> Responsabilidade Civil. Indenização por danos morais e uso indevido de imagem. Prazo decadencial. Art. 56 da Lei de Imprensa, não recepcionado pela CF de 1988. Precedentes do STJ. Preliminar de decadência afastada. Programa "Pânico na TV". Despejadas baratas vivas sobre a autora, que transitava em via pública. Terror que repercutiu na atividade psíquica da vítima, que não se confunde com mera brincadeira. Além do dano moral, uso não autorizado da imagem, não desvirtuado por se tratar de filmagem em local público, nem pelo uso de 'mosaicos'. Punição deve ser exemplar, para que o ofensor não reincida na conduta. Caráter reparatório, punitivo e pedagógico da indenização por dano moral. Indenização fixada em montante equivalente a 500 (quinhentos) salários mínimos. Rejeitados a matéria preliminar e o agravo retido; recurso da autora provido, improvido o do réu.

Quanto à responsabilidade pela lesão, importante restar suficientemente claro que não apenas os atos voluntários, ditos dolosos, do ofensor, mas também aqueles decorrentes de sua culpa, por imprudência ou negligência, e ainda, por sua omissão ou atos omissivos, resultarão na imposição ao autor do dano a obrigação de sua reparação.

Oportuno, então, nesta quadra, já adentrarmos à base legal vigente e atinente ao dever de indenizar.

A legislação civil traz estampada no Título IX do Livro I da Parte Especial, a caracterização da Responsabilidade Civil, e, por conseguinte, no Capítulo I, as regras quanto à Obrigação de Indenizar.

Assim é que no artigo 927 do Código Civil brasileiro, temos:

> Art. 927. Aquele que, por ato ilícito (arts. 186 e 187), causar dano a outrem, fica obrigado a repará-lo. Parágrafo único. Haverá obrigação de reparar o dano, independentemente de culpa, nos casos especificados em lei, ou quando a atividade normalmente desenvolvida pelo autor do dano implicar, por sua natureza, risco para os direitos de outrem.

De se sopesar que, quanto aos danos morais, a ideia de reparação traz ínsito o significado de compensação do patrimônio lesado e que foi diminuído pelo ato ilícito, por meio de uma indenização capaz de aplacar na vítima os sofrimentos provocados por aquela lesão ao direito de personalidade.

Nas precisas palavras do sempre festejado Professor Caio Mário da Silva Pereira,

> (...) o fundamento da reparabilidade pelo dano moral está em que, a par do patrimônio em sentido técnico, o indivíduo é titular de direitos integrantes de sua responsabilidade, não podendo conformar-se a ordem jurídica em que sejam impunemente atingidos. (1989, p. 15 e 16)

E arremata o mestre "De quantos tentaram conceituar a responsabilidade civil, emerge a ideia dualista de um *sentimento social e humano*, a sujeitar o causador de um mal a reparar a lesão" (1989, p. 15 e 16).

Em conclusão, ministra o autor:

> O lesado não se contenta coma punição social do ofensor. Nasce daí a idéia de reparação, como estrutura de princípios de favorecimento à vítima e de instrumentos montados para ressarcir o mal sofrido. Na responsabilidade civil estará presente uma finalidade punitiva ao infrator aliada a uma necessidade que eu designo de pedagógica, a que não é estranha a idéia de garantia para a vítima, e de solidariedade que a sociedade humana deve-lhe prestar. (1989, p. 15 e 16)

O Desembargador e professor Ênio Santarelli Zuliani, citando Trabucchi, bem observa que:

> (...) a indenização por danos morais (*pretium doloris*) não possui a função de restituir integralmente o dano causado (*restitutio in integrum*), mas, sim, 'una genérica función satisfactoria, con la cual se procura un bien que recompense em certo modo el sufrimento o la humillación sufrida. (2006, p. 58)

Por certo, como muito já se discutiu a condenação do causador do dano não tem o condão de satisfazer a vitima de forma plena, vez que não se repara a dor, o constrangimento, a lesão à honra ou à imagem. O que se tem, aqui afirmamos com apoio na força doutrinaria reinante, é uma punição ao infrator e uma satisfação ao lesado.

5. Da indenização por danos morais e sua quantificação

A atribuição de um valor pecuniário a titulo de sanção ou condenação, melhor dizendo, ainda, a própria indenização não transmuta esta condição satisfativa em reparatória, eis que não se chegaria, mesmo com toda casuística, a um valor exato, extreme de questionamento de ambas as partes, que pudesse afastar e tornar indene a lesão sofrida pelo bem da personalidade humana.

Este tem sido o ponto central de diversas discussões travadas nos tribunais, qual seja: qual o valor do "dano moral"?

Neste sentido, recorremos mais uma vez à citação de ZULIANI, que traz abalizado ensinamento de Manuel A. Domingues de Andrade:

> O dano moral não comporta, no rigor dos termos, uma expressão ou representação pecuniária. Trata-se antes duma reparação, ou melhor, ainda, duma compensação ao ofendido. A ideia geral em que se funda esta indenização é a seguinte: os danos morais (dores, mágoas, desgostos) ocasionados pelo fato ilícito podem ser compensados, isto é, contrabalançados pelas satisfações (até da ordem mais finalmente espiritual, incluindo o prazer altruístico de fazer bem) que o dinheiro pode proporcionar ao danificado. É preferível isto a deixar o ofendido sem nenhuma compensação pelo mal que sofreu; e o ofensor por sua vez sem nenhuma sanção correspondente ao mal produzido. (2006, p. 58)

Assim, no plano dos litígios em que se reclama reparação pelos danos morais decorrentes de ato ilícito, de início se torna tormentoso ao julgador, na ausência de critérios objetivos resultantes de previsão legal fixar em condenação o valor da indenização. A nosso sentir, neste ponto, aconselha-se o uso da prudência e bom-senso, de modo a que não fique a vítima sem a satisfação decorrente da prestação jurisdicional e, tampouco, seja esta mesma vítima contemplada com valores que permitam concluir pelo seu enriquecimento sem causa.

Deverá o julgador, valendo-se das chamadas máximas de experiências, perfilhadas no artigo 335 do Código de Processo Civil, bem analisar as circunstâncias fáticas para, ao final, se concluir pela ocorrência de lesão extrapatrimonial, sopesando o grau de culpa do causador do dano, suas condições socioeconômicas, assim como as da vítima, a própria repercussão do ato ilícito no meio social e para a vida da vitima, para aplicar em tal casa uma condenação em pagamento de quantia que não leve o ofensor à ruína e nem que avilte o lesado.

As máximas de experiência são, conforme lição de Flávio Luiz Yarshell (2013):

> (...) definições ou juízos hipotéticos de conteúdo geral, desligados dos fatos concretos que são julgados no processo, procedentes da experiência e independentes dos casos particulares de cuja observação tenham esses juízos sido deduzidos. Diferentemente de juízos resultantes de mera "ciência privada", elas consistem na verificação abstrata de que, de acordo com a experiência comum, em uma determinada esfera social certos fatos ordinariamente acontecem em associação com outros fatos (*communis opinio*).

Prossegue Yarshell, afirmando que:

> (...) essas regras integram, de acordo com Moacyr Amaral Santos, o que se pode genericamente denominar cultura, e são utilizadas pelo juiz como normas destinadas a servir como premissa maior dos silogismos que forma no seu trabalho de fixação, interpretação e avaliação das provas. Algumas dessas máximas são comuns, isto é, inerentes à cultura da esfera social a que pertence o juiz: são as regras de experiência comum.

Diversamente do que ocorre em países de *common law*, no Brasil há, ainda, por parte dos julgadores, um certo comedimento na fixação dos valores das indenizações por danos morais, afastando no mais das vezes os pedidos milionários de indenizações a título de dano moral. Podemos atribuir tal comedimento tanto à tradição romanística do direito vigente entre nós, como ainda à cultura própria de nosso povo.

Em notável obra, Maria Francisca Carneiro (1998, p. 61) traz à colação o que se pode atribuir como esboço inicial de criação de critérios a serem considerados na fixação do *quantum* indenizatório a titulo de danos morais, a saber:

> a) Que a satisfação pecuniária não produza um enriquecimento à custa do empobrecimento alheio;
>
> b) Equilíbrio entre o caso em exame e as normas jurídicas em geral, tendo em vista:
>
> b.1) Curva de sensibilidade:
>
> b.1.1) em relação ao nível comum sobre o que se possa produzir numa pessoa normal, tal ou qual incidente;
>
> b.1.2) grau de instrução da vítima;
>
> b.1.3) seus princípios éticos;
>
> b.2) Influência do meio:
>
> b.2.1) repercussão pública;
>
> b.2.2) posição social da vítima do dano.

Com frequência, para fins de fixação dos valores das indenizações, para quanto à vítima, o tipo de lesão, extensão e consequências, tais como morte de um filho, dos pais, de um ente querido, de lesão física incapacitante, de deformidade no corpo, circunstâncias de fato, como a divulgação maior ou menor e consequências psicológicas duráveis para a vítima.

No que pertine ao ofensor, tem sido objeto de consideração a gravidade de sua conduta, o descaso ou leviandade com os sentimentos humanos no agir, sua capacidade e forças econômicas e a necessidade de maior ou menor valor, para que o valor seja, de forma pedagógica, um desestímulo efetivo para a não reiteração da conduta lesiva e ofensiva.

Não obstante a enorme dose de subjetivismo que esta questão enseja, com decisões de natureza e fundamentação de grande diversidade, fixando valores de indenização ora extravagantes em sua grandiosidade, ora aviltantes à dor e perda das vítimas, já se faz sentir a busca pelo estabelecimento de critérios a adequar o valor destas condenações.

O Superior Tribunal de Justiça, Corte superior à qual é conferida a competência para apreciar em última instância questões de direito privado, tem-se inclinado à criação de parâmetros para fixação do valor da indenização por danos morais, sendo tal movimento tido por alguns como uma forma ou espécie de criação de "tabela do dano moral". Não se pode assim concluir ou alardear sob de desnaturar a essência do instituto. Não há mesmo como existirem critérios fixos e rígidos, notadamente porque o valor da indenização deve cumprir e atender à dupla função, qual seja reparar o dano para minimizar a dor da vitima e punir o ofensor para que não mais repetir a conduta lesiva. Lado outro, a indenização não pode ser ínfima, servindo de humilhação à própria vítima, nem, como já dissemos, representar enriquecimento sem causa.

Não obstante a enorme dose de subjetivismo que esta questão enseja, com decisões de natureza e fundamentação de grande diversidade, fixando valores de indenização ora extravagantes em sua grandiosidade, ora aviltantes à dor e perda das vítimas, já se faz sentir a busca pelo estabelecimento de critérios a adequar o valor destas condenações.

Em acórdão da lavra da Ministra Eliana Calmon, seguido à unanimidade pelos demais componentes da Segunda Turma do Superior Tribunal de Justiça, restou patente a concepção adotada naquela Corte Superior de Justiça, no tocante à busca de uma parametrização para valoração da indenização por danos morais, bem como da definição e reconhecimento da competência daquela Corte para, embora não apreciando matéria probatória, face à vedação contida na Súmula 07 do mesmo sodalício, rever o valor da condenação.

Em tal caso, em que os autores, servidores públicos do Estado do Rio Grande do Sul, lotados no Hospital Penitenciário no Presídio Central de Porto Alegre, foram feitos reféns por um grupo de foragidos e amotinados do estabelecimento prisional, sendo atingidos por projéteis de arma de fogo, disparados durante a perseguição policial, tendo resultado ao primeiro autor traumatismo raquimedular e consequente paraplegia, além de perder a sensibilidade do nível da lesão para baixo; e ao outro, segundo autor, por sua vez, perda de um rim, de parte do intestino delgado e de parte da função do membro superior esquerdo e da mão esquerda, sobreveio a sentença, julgando parcialmente procedente a ação, para condenar o

Réu, o Estado do Rio Grande do Sul, ao pagamento ao primeiro autor da quantia de R$ 700.000,00 (setecentos mil reais) e ao segundo a quantia de R$ 300.000,00 (trezentos mil reais).

O Tribunal estadual, por força do apelo da parte Ré, se pronunciou no sentido e entendimento de que se estimava suficientes para alcançar suas finalidades punitiva e reparatória indenizações equivalentes a 1.300 (um mil e trezentos) salários mínimos em favor do primeiro autor e a 600 (seiscentos) salários mínimos em favor do segundo autor, pelo valor vigente na data do fato, corrigido, a partir dali, segundo a variação do Índice Geral de Preços, incidindo juros moratórios também do evento danoso, de acordo com a orientação do Egrégio Superior Tribunal de Justiça, consolidada na Súmula nº 54 daquela Corte Superior.

A Eminente Ministra Eliana Calmon assim pontificou:

> Prequestionados os dispositivos indicados no especial, ainda que implicitamente, e caracterizado o dissídio jurisprudencial, passo ao exame do recurso, afastando, preliminarmente, a incidência da Súmula 7/STJ, porque, na verdade, não se busca neste especial o reexame dos fatos e provas soberanamente delineados pela instância ordinária, mas sim a valoração jurídica destes aspectos, a fim de propiciar ao Superior Tribunal de Justiça o controle sobre o valor fixado a título de indenização por dano moral, que não pode ser ínfimo ou abusivo, mas proporcional à dúplice função deste instituto indenizatório: reparação do dano, buscando minimizar a dor da vítima, e punição do ofensor, para que não volte a reincidir.

Confiram-se, a propósito, os seguintes precedentes:

> Processo civil. Agravo contra inadmissão de recurso especial. Provimento parcial. Preclusão dos temas desacolhidos no agravo. Civil. Indenização. Vingança. Disparos de arma de fogo. Paraplegia. Motivo fútil. Dano moral. Valor da indenização. Controle pelo superior Tribunal de Justiça. Majoração. Pensão mensal. Majoração. Despesas com advogados para acompanhar ação penal contra o autor dos disparos. Indeferimento. Tratamento no exterior. Recurso parcialmente provido.
>
> I – O valor da indenização por dano moral sujeita-se ao controle do Superior Tribunal de Justiça, desde que o quantum contrarie a lei ou o bom senso, mostrando-se manifestamente exagerado, ou irrisório, distanciando-se das finalidades da lei. Na espécie, levando em consideração a situação econômico-social das partes, a atividade ilícita exercida pelo réu 2º recorrente, de ganho fácil, o abalo físico, psíquico e social sofrido pelo autor, o elevado grau da agressão, a ausência de motivo e a natureza punitiva e inibidora que a indenização, no caso, deve ter, mostrou-se insuficiente o valor fixado pelo Tribunal de origem a título de danos morais, a reclamar majoração.
>
> II – *Omissis*. III – *Omissis*. IV – *Omissis*.
>
> V – O provimento em parte do agravo interposto contra a inadmissão do recurso especial restringe o conhecimento da Turma à matéria ainda não decidida, uma vez havida a preclusão quanto aos demais temas. (REsp 183.508/RJ, rel. Min. Sálvio de Figueiredo Teixeira, 4ª Turma, unânime, DJ 10/06/2002)

Na esteira desta fundamentação, a Ministra-Relatora, trazendo à colação outros julgados daquela Corte Superior, concluiu:

> Limitado o especial, portanto, ao valor da indenização, temos que esta Turma, em precedente relatado pelo Ministro Franciulli Netto, seguindo o entendimento da Segunda Seção, vem fixando, após discutir com base na prova dos autos, o valor da indenização, estabelecendo como limite 300 (trezentos) salários mínimos. Esse patamar, entretanto, bem se coloca em favor daquele que sofreu seqüelas menos profundas, como EDINEI SANTOS, mas é demasiadamente irrisória para quem perdeu a capacidade locomotora de forma irreversível, como CLAUDINEI CARLOS DOS SANTOS, o que enseja um quantitativo em dobro, ou seja, 600 (seiscentos) salários mínimos.

Na quantificação do dano, moral não há uniformidade nesta Corte, tendo decidido a Quarta Turma, em caso de paraplegia, por indenização equivalente a 500 (quinhentos) salários mínimos ou até 1.500 (mil e quinhentos) salários."

(...)

"Dentro da falta de um padrão uniforme e ponderando sobre a jurisprudência que se desenvolveu nesta Turma, fixo indenização de 300 (trezentos) salários mínimos para EDINEI SANTOS e de 600 (seiscentos) para CLAUDINEI CARLOS DOS SANTOS, dando parcial provimento ao recurso especial." (RECURSO ESPECIAL Nº 604.801 – RS – RELATORA : MINISTRA ELIANA CALMON – pub. 07/03/2005, DJU)

Como visto, mesmo à míngua de uniformidade na quantificação do dano moral, podemos constatar, naquela Corte, uma tendência a se chegar em valores padrão e de acordo com a natureza das lesões e a gravidade do ato do ofensor.

Importante, a título exemplificativo da dissonância, e pela sua propriedade e adequação ao tema do presente trabalho, trazer o posicionamento da Quarta Turma do Superior Tribunal de Justiça, em acórdão da lavra do saudoso Ministro Sálvio de Figueiredo Teixeira, cuja ementa e trechos relevantes do voto são os seguintes:

Processo civil. Agravo contra inadmissão de recurso especial. Provimento parcial. Preclusão dos temas desacolhidos no agravo. Civil. Indenização. Vingança. Disparos de arma de fogo. Paraplegia. Motivo fútil. Dano moral. Valor da indenização. Controle pelo superior Tribunal de Justiça. Majoração. Pensão mensal. Majoração. Despesas com advogados para acompanhar ação penal contra o autor dos disparos. Indeferimento. Tratamento no exterior. Recurso parcialmente provido.

I – O valor da indenização por dano moral sujeita-se ao controle do Superior Tribunal de Justiça, desde que o quantum contrarie a lei ou o bom senso, mostrando-se manifestamente exagerado, ou irrisório, distanciando-se das finalidades da lei. Na espécie, levando em consideração a situação econômico-social das partes, a atividade ilícita exercida pelo réu 2º recorrente, de ganho fácil, o abalo físico, psíquico e social sofrido pelo autor, o elevado grau da agressão, a ausência de motivo e a natureza punitiva e inibidora que a indenização, no caso, deve ter, mostrou-se insuficiente o valor fixado pelo Tribunal de origem a título de danos morais, a reclamar majoração.

II – Ainda que se admita que o autor tenha desrespeitado a honra do réu, o certo é que a reação deste foi manifestamente desproporcional, passando longe, e muito, do tolerável. E não se pode deixar de considerar que, na espécie, as lesões decorreram de conduta criminosa, de acentuado dolo, como se vivêssemos em um País sem leis e em estado de barbárie.

III – A pensão mensal nos termos requeridos não agride o razoável e nem se mostra injusta, considerando as circunstâncias da causa, notadamente o padrão econômico-social das partes.

IV – O valor eventualmente pago aos advogados criminalistas, na espécie, não são incluídos, por não ser essa despesa obrigatória, mas opcional, sendo apenas facultativa a contratação de assistência da acusação.

V – O provimento em parte do agravo interposto contra a inadmissão do recurso especial restringe o conhecimento da Turma à matéria ainda não decidida, uma vez havida a preclusão quanto aos demais temas.

O Ministro-Relator assim expôs suas razões e fundamentação, no que foi seguido pelos demais Ministros componentes da Quarta Turma do STJ:

1 – (...)

4 – No que diz respeito à fixação dos danos morais, observo que vem proclamando este Tribunal que "o valor da indenização por dano moral não pode escapar ao controle do Superior Tribunal de Justiça"(dentre outros, os REsps n. 53.321-RJ, DJ 24.11.97, e 299.690-RJ, DJ 7.5.2001, relatados pelo Ministro Nilson Naves e por mim). Esse entendimento, aliás, foi firmado em face dos manifestos e freqüentes abusos na fixação do quantum indenizatório, no campo da responsabilidade civil, com

maior ênfase em se tratando de danos morais, pelo que se entendeu ser lícito a este Tribunal exercer o respectivo controle.

Por outro lado, essa indenização deve ser fixada em termos razoáveis, não se justificando que a reparação venha a constituir-se em enriquecimento indevido, com manifestos abusos e exageros, devendo o arbitramento operar-se com moderação, proporcionalmente ao grau de culpa e ao porte econômico das partes, orientando-se o juiz pelos critérios sugeridos pela doutrina e pela jurisprudência, com razoabilidade, valendo-se de sua experiência e do bom senso, atento à realidade da vida e às peculiaridades de cada caso. Ademais, deve procurar desestimular o ofensor a repetir o ato.

Nestes termos, levando em consideração a situação econômico-social das partes, a atividade ilícita exercida pelo réu 2º recorrente, de ganho fácil, o abalo físico, psíquico e social sofrido pelo autor, o elevado grau da agressão, a ausência de motivo e a natureza punitiva e inibidora que a indenização, no caso, deve ter, tenho como insuficiente, *data venia*, o valor fixado pelo Tribunal de origem a título de danos morais. Do próprio voto-condutor do aresto, a propósito, colho as seguintes considerações, que vêm a demonstrar o drama sofrido pelo autor:

"Com efeito, o sofrimento, a angústia, a dor e a aflição, para não se falar no desespero do mesmo, o qual, no limiar de sua mocidade, se viu paraplégico, impossibilidade de constituir família e de ter filhos, bem como impedido de estudar e viver normalmente, em tudo dependente de terceiro, além do constrangimento de se ver compelido ao uso permanente de fraldas e de sondas, tudo isso constitui uma agressão inominável à sua personalidade, à sua honra, à sua dignidade, em suma, ao seu patrimônio moral".

Ademais, ainda que se admita que o autor tenha desrespeitado a honra do réu, o certo é que a reação deste foi manifestamente desproporcional, passando longe, e muito, do tolerável. E não se pode deixar de considerar que, na espécie, as lesões decorreram de conduta criminosa, de acentuado dolo, como se vivêssemos em um País sem leis e em estado de barbárie.

(...)

8. Por todo o exposto, não conheço do segundo recurso, interposto pelo réu, conhecendo em parte do primeiro, manifestado pelo autor, dando-lhe provimento nessa parte para elevar a pensão mensal a 18 (dezoito) salários mínimos e os danos morais a 1.500 (hum mil e quinhentos salários mínimos), além do ressarcimento das despesas, nos termos expostos. (RECURSO ESPECIAL Nº 183.508 – RJ – RELATOR MINISTRO SÁLVIO DE FIGUEIREDO TEIXEIRA – Pub. DJU 14/10/2002)

Portanto, não obstante a previsão legal contida nas orientações que emanam dos artigos 944 a 945, bem como do parágrafo único do artigo 928, todos do Código Civil brasileiro, o julgador deverá, na busca pela fixação do valor da indenização, ater-se ao binômio dano-prejuízo, agindo com bom senso e equilíbrio, não permitindo, como já dissemos, o aviltamento da vítima, nem seu enriquecimento sem causa, muito menos o esgotamento dos recursos do ofensor de modo a prejudicar a subsistência.

Em conclusão destes argumentos, vem em nosso socorro as sempre precisas palavras da Professora Maria Helena Diniz:

Na reparação do dano moral o juiz determina, por equidade, levando em conta as circunstâncias de cada caso, o quantum da indenização devida, que deverá corresponder à lesão e não ser equivalente, por ser impossível tal equivalência. (Diniz, p. 81)

6. Danos morais coletivos

Se quanto aos danos morais individuais já se consolidou o entendimento acerca de seu indiscutível cabimento, sua cumulatividade com danos de outra natureza, não obstante a dificuldade de sua valoração, como vimos, quanto aos danos morais transindividuais firma-se, em meio a algumas resistências doutrinárias, com força o reconhecimento pela sua constatação, atribuindo-lhes também a designação de danos morais coletivos.

Para análise da coerência de se afirmar a existência de danos morais coletivos, devemos, previamente, fazermos, mesmo que de forma breve, uma incursão aos conceitos de direitos transindividuais (difusos e coletivos) e dos direitos individuais homogêneos.

Embora o constituinte de 1988 os tenha previsto (inciso III do artigo 129), não cuidou de defini-los.

Neste ponto, de extrema felicidade são as palavras de Mariana de Cássia Araújo, em obra já citada, que nos esclarece:

> Os direitos transindividuais estão posicionados entre o público e o privado, na categoria dos interesses sociais, consoante fenômeno da descentralização social, em que a sociedade de massa passa a influenciar a gestão estatal – é a denominação da gestão participativa. A soberania estatal é limitada pela soberania social, sendo assim, a sociedade de massa passa a interagir nas decisões para a definição dos rumos sociais. Assim, os direitos transindividuais não pertencem nem à Administração Pública nem a indivíduos particularmente determinados; pertencem, no entanto, a um grupo de pessoas, a uma classe, a uma categoria ou à própria sociedade. (2009, p. 134)

Não se admite confundir os direitos transindividuais (direitos difusos e coletivos) com os direitos individuais homogêneos, posto serem estes os que embora possíveis de individualização e determinação de seus sujeitos, têm sua tutela coletivizada.

O conceito está atrelado à constatação de uma nova sociedade, uma sociedade de massa que surge no século XX e se firma no século XXI, no seio da qual se torna necessário tutelar as relações jurídicas não mais e apenas pelo prisma da proteção de indivíduos determinados, mas em fenômenos coletivos, cujos direitos são de uma nova espécie e sua violação importará em reparação não mais individualmente, mas sim na de forma coletiva.

Para Teori Albino Zavascki:

> (...) os direitos coletivos são direitos subjetivamente transindividuais (sem titular determinado) e materialmente indivisíveis. Os direitos coletivos comportam sua acepção no singular, inclusive para fins de tutela jurisdicional. Ou seja, embora indivisível, é possível conceber-se uma única unidade da espécie de direito coletivo. O que é múltipla (e indeterminada) é a sua titularidade, e daí a sua transindividualidade. Direito coletivo é a designação genérica para as duas modalidades de direitos transindividuais: o difuso e o coletivo *stricto sensu*. É denominação que se atribui a uma especial categoria de direito material, nascida da superação, hoje indiscutível, da tradicional dicotomia entre interesse público de privado. (2006, p. 42)

E, complementando, o mesmo autor referencia:

> Os direitos individuais homogêneos são, em verdade, aqueles mesmos comuns, ou afins de que trata o art. 46 do CPC (nomeadamente em seus incisos II e IV), cuja coletivização em um sentido meramente instrumental, como estratégica para permitir sua mais efetiva tutela em juízo.

Pelo prisma do Legislativo, a Lei de Ação Popular nº 4.717/65, é tida por ser a instaladora do tema, tratando-o de forma ampla. Em seguida, merece destaque a Lei da Política Nacional do Meio Ambiente nº 6.938/81, que criou e atribuiu legitimidade ao Ministério Público para a defesa do meio ambiente. Mas, efetivamente, o processo coletivo tomou corpo com o advento da Lei de Ação Civil Pública (LACP), nº 7.347/85, que teve por escopo ampliar de forma marcante o rol dos legitimados para a proteção dos interesses coletivos.

Por óbvio que a Constituição Federal de 1988 veio coroar este processo de tutela e normatização da tutela coletiva, tendo em seu mais alto destaque a Lei nº 8.078/90, o próprio Código de Defesa do Consumidor, que trouxe notáveis alterações na Lei de Ação Civil Pública e, de modo ainda mais enfático, concretizou a defesa dos interesses transindividuais.

O Código de Defesa do Consumidor traz estampados em seu artigo 81 os conceitos de que nos ocupamos neste momento, a saber:

> Art. 81. A defesa dos interesses e direitos dos consumidores e das vítimas poderá ser exercida em juízo individualmente, ou a título coletivo.
> Parágrafo único. A defesa coletiva será exercida quando se tratar de:
> I – interesses ou direitos difusos, assim entendidos, para efeitos deste código, os transindividuais, de natureza indivisível, de que sejam titulares pessoas indeterminadas e ligadas por circunstâncias de fato;
> II – interesses ou direitos coletivos, assim entendidos, para efeitos deste código, os transindividuais, de natureza indivisível de que seja titular grupo, categoria ou classe de pessoas ligadas entre si ou com a parte contrária por uma relação jurídica base;
> III – interesses ou direitos individuais homogêneos, assim entendidos os decorrentes de origem comum.

Sobre este tema, vale a esclarecedora lição de Antônio Herman V. Benjamin:

> Assim, uma vez que não existe acordo doutrinário sobre a definição dos chamados direitos difusos, coletivo e individuais homogêneos, o legislador do CDC optou por, ele próprio, fixar um conceito, de modo a permitir um razoável grau de previsibilidade quanto a sua utilização. Inspiram-se nas *class actions* do direito norte-americano e vão determinar um significativo diálogo entre as normas do Código e a Lei da Ação Civil Pública. Permitiu-se, deste modo, que se criasse um verdadeiro sistema processual coletivo a abarcar não apenas o direito consumerista, mas alcançando outros interesses e direitos de natureza coletiva. (2006. p. 975)

No que se refere ao dano moral coletivo, ainda existe resistência ao seu pleno reconhecimento, não obstante a evolução dos conceitos quanto aos direitos metaindividuais e o robustecimento da corrente doutrinária que apoia e atesta sua existência e reconhecimento.

O artigo 1º da Lei de 7.347/85, que dispõe sobre a Ação Civil Pública, com a novel redação que lhe deu a Lei nº 12.529/11, traz clara expressão de seu alcance, tanto que tem por objeto disciplinar, sem prejuízo da ação popular, as ações de responsabilidade por danos morais e patrimoniais causados ao meio ambiente, ao consumidor, a bens e direitos de valor artístico, estético, histórico, turístico e paisagístico, qualquer outro direito difuso ou coletivo. Estes dois últimos interesses presentes em seu inciso V, que foi incluído exatamente pela alteração resultante da Lei 8.078/90, que criou o Código de Defesa do Consumidor.

Assim, por interpretação literal, não se há de cogitar da impossibilidade de se atribuir a existência de danos morais coletivos, como por exemplo em decorrência de danos provocados ao meio ambiente, natural ou ecológico.

Argumentando que não se dever interpretar literalmente o citado artigo 1º da Lei 7.347/85, adverte que:

> (...) em se tratando de lei com objetivo eminentemente processual, ela por certo não tem como escopo criar nova modalidade de direito material, isto é, um exótico dano moral supra individual. Sendo assim, afastada a possibilidade de compatibilizar a natureza do dano moral (necessariamente individual, personalíssimo) com a ideia de transindividualidade, própria dos direitos difusos e coletivos *stricto sensu*, o que se de extrair é a autorização para cumular, no processo em que se busca a responsabilização do réu pelas lesões causadas a direitos transindividuais, a reparação dos danos morais oriundos de um mesmo fato. (ZAVASCKI, 2006).

Em sentido contrário, forte no reconhecimento e valoração da constante evolução do direito, Carlos Alberto Bittar Filho, citado por Mariana de Cássia Araújo, em obra já mencionada, define com precisão que:

> (...) o dano moral coletivo consiste na injusta lesão a esfera moral de uma determinada comunidade, ou seja, é a violação antijurídica de um determinado círculo de valores coletivos. Quando se fala em dano moral coletivo, está-se fazendo menção de fato de que o patrimônio valorativo de uma certa comunidade (maior ou menor) idealmente considerado, foi agredido de maneira absolutamente injustificável do ponto de vista jurídico; quer isso dizer, em última instância, que se feriu a própria cultura, em seu aspecto imaterial.

Outro não é o entendimento esposado por Yussef Said Cahali (2005, p. 387), que leciona:

> Esvaindo-se paulatinamente o dano moral, na sua versão mais atualizada, de seus contingentes exclusivamente subjetivos de 'dor', 'sofrimento', 'angústia', para projetar objetivamente os seus efeitos de modo a compreender também as lesões à honorabilidade, ao respeito, à consideração e ao apreço social, ao prestígio e à credibilidade nas relações jurídicas do cotidiano, de modo a afirmar-se a indenizabilidade dos danos morais infligidos às pessoas jurídicas ou coletivas, já se caminha, com fácil trânsito, para o reconhecimento da existência de danos morais reparáveis.

Vale certamente enunciar também o que Xisto Tiago de Medeiros Neto esclarece, *quantum satis*:

> O dano moral coletivo corresponde à lesão injusta e intolerável a interesses ou direitos titularizados pela coletividade (considerada em seu todo ou em qualquer de suas expressões – grupos, classes ou categorias de pessoas), os quais possuem natureza extrapatrimonial, refletindo valores e bens fundamentais para a sociedade. (2007, p. 137)

De ser ressaltado que o dano moral coletivo não tem em seu âmago a dor, no sentido de mágoa, ressentimento, constrangimento ou vergonha afligidos à pessoa natural. Aqui se tem outra concepção, a de que o efeito do dano moral é afetação negativa a toda coletividade como se dá, por hipótese, na ocorrência de lesão ao patrimônio paisagístico ou ambiental, ambos imateriais.

É ainda nas lições de Bittar Filho (1996. p. 388) que encontramos dois ótimos exemplos de dano moral coletivo, quais sejam a violação da honra de determinada comunidade (a negra, a judaica) por ofensas étnicas ou raciais, ou também o desrespeito à bandeira do país, que corporifica a dignidade humana nacional.

Também nas relações de consumo não será incomum lograrmos encontrar situações em que se dá a ofensa aos direitos coletivos e que, por consequência, resultam em danos morais à coletividade de pessoas. Esta, que teve sua identificação nas previsões contidas no parágrafo único do artigo 2º do Código de Defesa do Consumidor.

Por fim, já tendo por cabível a indenização por danos morais à coletividade de pessoas, sendo estas ainda que indetermináveis, é de se afirmar a destinação da quantia fixada a título indenizatório.

Desde sua edição, a Lei 7347/85 trazia no artigo 13 a previsão de criação de um fundo a ser gerido por um Conselho Federal ou por Conselhos Estaduais, tendo sido, posteriormente alterada para acréscimo e nova redação de seus parágrafos, tendo ficado do modo seguinte:

> Art. 13. Havendo condenação em dinheiro, a indenização pelo dano causado reverterá a um fundo gerido por um Conselho Federal ou por Conselhos Estaduais de que participarão necessariamente o Ministério Público e representantes da comunidade, sendo seus recursos destinados à reconstituição dos bens lesados.
> § 1º Enquanto o fundo não for regulamentado, o dinheiro ficará depositado em estabelecimento oficial de crédito, em conta com correção monetária. (Renumerado do parágrafo único pela Lei nº 12.288, de 2010)
> § 2º Havendo acordo ou condenação com fundamento em dano causado por ato de discriminação étnica nos termos do disposto no art. 1º desta Lei, a prestação em dinheiro reverterá diretamente ao fundo de que trata o caput e será utilizada para ações de promoção da igualdade étnica, conforme definição do Conselho Nacional de Promoção da Igualdade Racial, na hipótese de extensão nacional, ou dos Conselhos de Promoção de Igualdade Racial estaduais ou locais, nas hipóteses de danos com extensão regional ou local, respectivamente. (Incluído pela Lei nº 12.288, de 2010)

Neste sentido, para fazer a gestão dos recursos advindos de condenações judiciais por danos morais coletivos, no âmbito da Justiça Federal foi criado pela Lei nº 9088/95, denominado de Fundo de Defesa dos Direitos Difusos (FDD), que é administrado pelo Conselho Federal Gestor do Fundo de Defesa dos Direitos Difusos (CFDD)

O CDC, ao dispor sobre multas impostas em razão do descumprimento das normas de proteção ao consumidor, refere-se ao mesmo fundo para destinação dos recursos provenientes da penas pecuniárias na seara consumerista.

Tem sido no ambiente das relações de consumo que cada vez mais se faz plenamente concebível a indenização por danos morais à coletividade, aqui se percebendo uma dosagem inovadora, para além da função meramente reparatória, mas já com notas de função punitiva e dissuasória na decisão condenatória.

Em paradigmática decisão, a 3ª Turma Recursal Cível do Tribunal de Justiça, por acórdão da lavra do Juiz-Relator Eugênio Facchini Neto, colhemos exatos termos da aplicabilidade do instituto em apreço, tendo a decisão sendo assim ementada:

> Toto bola. Sistema de loterias de chances múltiplas. Fraude que retirava ao consumidor a chance de vencer. Ação de reparação de danos materiais e morais. Danos materiais limitados ao valor das cartelas comprovadamente adquiridas. Danos morais puros não caracterizados. Possibilidade, porém,

de excepcional aplicação da função punitiva da responsabilidade civil. Na presença de danos mais propriamente sociais do que individuais, recomenda-se o recolhimento dos valores da condenação ao fundo de defesa de interesses difusos. Recurso parcialmente provido.

Não há que se falar em perda de uma chance, diante da remota possibilidade de ganho em um sistema de loterias. Danos materiais consistentes apenas no valor das cartelas comprovadamente adquiridas, sem reais chances de êxito.

Ausência de danos morais puros, que se caracterizam pela presença da dor física ou sofrimento moral, situações de angústia, forte estresse, grave desconforto, exposição à situação de vexame, vulnerabilidade ou outra ofensa a direitos da personalidade.

Presença de fraude, porém, que não pode passar em branco. Além de possíveis respostas na esfera do direito penal e administrativo, o direito civil também pode contribuir para orientar os atores sociais no sentido de evitar determinadas condutas, mediante a punição econômica de quem age em desacordo com padrões mínimos exigidos pela ética das relações sociais e econômicas. Trata-se da função punitiva e dissuasória que a responsabilidade civil pode, excepcionalmente, assumir, ao lado de sua clássica função reparatória/compensatória. "O Direito deve ser mais esperto do que o torto", frustrando as indevidas expectativas de lucro ilícito, à custa dos consumidores de boa fé.

Considerando, porém, que os danos verificados são mais sociais do que propriamente individuais, não é razoável que haja uma apropriação particular de tais valores, evitando-se a disfunção alhures denominada de *overcompensantion*. Nesse caso, cabível a destinação do numerário para o Fundo de Defesa de Direitos Difusos, criado pela Lei 7.347/85, e aplicável também aos danos coletivos de consumo, nos termos do art. 100, parágrafo único, do CDC. Tratando-se de dano social ocorrido no âmbito do Estado do Rio Grande do Sul, a condenação deverá reverter para o fundo gaúcho de defesa do consumidor. (Disponível em <http://www.tjrs.jus.br/busca/?tb=proc>, consulta em 15/11/13.)

Não menos relevante e com profundas reflexões sobre os conceitos dos danos morais coletivos, além de avançar na fundamentação das indenizações punitivas, a recente decisão do Tribunal de Justiça de São Paulo, proferida em sede do julgamento da Apelação nº 0027158-41.2010.8.26.0564, por voto do Desembargador-Relator Teixeira Leite, da Quarta Câmara de Direito Privado, resultou em condenação de uma Operadora de Planos e Assistência a Saúde ao pagamento de indenização punitiva no valor de R$ 1.000.000,00 (um milhão de reais) a serem revertidos ao Hospital das Clínicas da Faculdade de Medicina da Universidade de São Paulo.

Em seus judiciosos fundamentos, o Desembargador-Relator, após citar o reiterado posicionamento do próprio Tribunal de Justiça de São Paulo, se valeu de substanciosa doutrina e também do posicionamento que se sedimenta no Superior Tribunal de Justiça, sendo de se destacar os seguintes trechos:

> Trata-se, enfim, de uma tentativa de fazer com que a responsabilidade civil cumpra a função que a sociedade exige, qual seja, a de encontrar fórmulas subsidiárias para acabar com os efeitos da crise provocada pelos chamados efeitos repetitivos da ilicitude. Quando o Estado não observa as transformações sociais e os demais ramos do direito não enxergam solução, cabe ao intérprete inventar a diretriz que constitua o antídoto contra a recidiva e que, também, puna o agente contraventor com a retirada de lucro desmedido que se obteve à custa das transgressões dos contratos massificados e que vitimizam consumidores impotentes.
>
> Então, se não há como remediar a desafiadora atitude da seguradora, que, a despeito de minguadas indenizações individuais, continua a praticar os mesmos e reconhecidos ilícitos, agravando a noção de insegurança e propagando danos que nem sempre são reclamados em Juízo, cabe impor método diverso de reparação para tentar por cobro ao desmando. A indenização punitiva é uma ideia que nasceu e cresceu pela obrigatoriedade de fazer com que a responsabilidade civil chegue ao objetivo da

pacificação e, no caso da seguradora, está provado que o método tradicional é falível e foi vulnerado pelas práticas seguintes e iguais.

Ainda que assim não fosse, a reparação punitiva é independente da ação do segurado, porque é emitida devido a uma somatória de atos que indicam ser a hora de agir para estabelecer respeitabilidade e equilíbrio nas relações.

É dizer, "A função punitiva da responsabilidade civil permite a restituição do lucro obtido pelo agente, constituindo uma forma de o punir". (cf. Dra. Paula Meiara Lourenço, in A função punitiva da responsabilidade civil – Coimbra Editora, agosto de 2006, pág. 428)

Nesse vértice, uma acentuada importância em dinheiro pode soar como alta a uma primeira vista, mas, isso logo se dissipa em se comparada ao lucro exagerado que a seguradora obtém negando coberturas e obrigando que seus contratados, enquanto pacientes, a buscar na Justiça o que o próprio contrato lhes garante.

Aliás, não só se ganha ao regatear e impor recusas absurdas, como ainda agrava o sistema de saúde pública, obrigando a busca de alternativas nos hospitais não conveniados e que cumprem missão humanitária, fazendo com que se desdobrem e gastem mais para curar doentes que possuem planos de assistência médica.

Portanto, toda essa comparação permite, e autoriza, nessa demanda de um segurado, impor uma indenização punitiva de cunho social que será revertida a uma das instituições de saúde mais atuantes, o que, quem sabe, irá servir para despertar a noção de cidadania da seguradora.

7. Conclusão

Como visto, a temática objeto do estudo, o instituto do dano moral, devidamente incorporado ao ordenamento jurídico brasileiro vem se espargindo e ganhando relevo no regramento e nas consequências das relações jurídicas, alcançando limites antes impostos pela cultura jurídica do *civil law*, para, aproximando dos conceitos e formação do *common law*, na medida em que verifica-se com firmeza a inserção dos conceitos de dano moral coletivo e indenizações punitivas em julgados recentes de nossas Cortes Judiciais, a valoração da proteção dos interesses transindividuais, não mais apenas como uma compensação ao lesado, mas de modo a fazer com que, com maior rigor e impactos financeiro e pedagógico, o causados do dano seja sancionado e desestimulado à prática lesiva, permitindo ainda ao cidadão e à coletividade maior reconhecimento na ordem jurídica vigente.

Referências bibliográficas

AGUIAR DIAS, José. *Da responsabilidade civil*. Rio de Janeiro: Forense, 1994.

AMARANTE, Aparecida. *Responsabilidade civil por dano à honra*. Belo Horizonte: Del Rey, 2001.

ARAÚJO, Mariana de Cássia. A Reparabilidade do Dano Moral Transindividual. *Revista IOB de Direito Civil e Processual Civil,* Ano IX – nº 59 – Síntese, 2009.

BENJAMIM, Antônio Herman V. *Comentários ao código de defesa do Consumidor*. São Paulo: Revista dos Tribunais, 2006.

BITTAR FILHO, Carlos Alberto. Do dano moral coletivo no atual contexto jurídico brasileiro. *Revista de Direito do Consumidor*, São Paulo: Revista dos Tribunais, v. 12. out./dez. 1994.

BITTAR FILHO, Carlos Alberto. *Os direitos da personalidade*. 4. ed. Rio de Janeiro: Forense Universitária, 2000.

BITTAR, Carlos Alberto. *Responsabilidade Civil – Teoria e prática*. Rio de Janeiro: Forense Universitária, 1989.

CAHALI, Yussef Said. *Dano moral. Conforme o Código Civil de 2002*. São Paulo: Revista dos Tribunais, 2005.

CARNEIRO, Maria Francisca. *Avaliação do dano moral e discurso jurídico*. Porto Alegre: Sergio Antonio Fabris Editor, 1998.

CAVALIERI FILHO, Sergio. *Programa de Responsabilidade Civil*. São Paulo: Malheiros, 1999.

DINIZ, Maria Helena. *Curso de direito civil brasileiro* – Responsabilidade civil. São Paulo: Saraiva, v. 7, 2002.

MEDEIROS NETO, Xisto Tiago de. *Dano moral coletivo*. São Paulo: LTr, 2007.

LARENZ, Karl. *Metodologia da Ciência do Direito*. Lisboa: Fundação Calouste Gulbenkin, 1997.

PEREIRA, Caio Mario da Silva. *Responsabilidade Civil*. Rio de Janeiro: Forense, 1989.

SILVA, Wilson Melo da. *O Dano moral e sua reparação*. Rio de Janeiro: Forense, 1999.

SOUZA, Adriano Stanley Rocha, BORGES, Andréa Moraes, CALDAS, Andréa Gouthier. *Dano Moral & Punitive Damages*. Belo Horizonte: Del Rey, 2013.

STOCO, Rui. T*ratado de Responsabilidade Civil*: doutrina e jurisprudência. São Paulo: Revista dos Tribunais, 2007.

ZULIANI. *Responsabilidade Civil e Reparação de Danos – Raízes históricas – Função e Objeto*. Revista IOB de Direito Civil e Processual Civil. Porto Alegre: Síntese, 2006.

ZAVASCKI, Teori Albino. *Processo coletivo:* tutela de direitos coletivos e tutela coletiva de direitos. São Paulo: Revista dos Tribunais, 2006.

YARSHELL, Flávio Luiz. Disponível em <www.cartaforense.com.br/conteudo/colunas>, consultado em 28/11/2012.

— VIII —

Contrato de previdência privada: relações duradouras e a teoria da imprevisão

Ana Flávia Ribeiro Ferraz

Advogada, Especialista em Direito Empresarial pela Universidade Mackenzie e MBA em Seguros e Previdência Privada pela FIA/USP. Membro da Comissão de Produtos da FENAPREVI. Certificação Profissional em Investimentos pela ANBIMA CPA-20

Cristiane Ianagui Matsumoto Gago

Advogada, graduada pela Pontifícia Universidade Católica de São Paulo, com Especialização em Direito Tributário pela Escola de Direito da Fundação Getúlio Vargas e Mestrado em Direito Previdenciário pela Pontifícia Universidade Católica de São Paulo.

Daniela Benes Senhora Hirschfeld

Advogada pós-graduada pela Pontifícia Universidade Católica (PUC-SP) em Processo Civil.

Diego Filipe Casseb

Advogado, graduado pela Universidade Presbiteriana Mackenzie, com Especialização em Direito Tributário pela Escola de Direito da Fundação Getúlio Vargas.

Isabel Valeska Pinheiro de Lima

Advogada, graduada pela Associação de Ensino Unificado do Distrito Federal e Pós-Graduada em Licitações e Contratos pela Universidade Gama Filho.

Ivy Cassa

Advogada, graduada e mestranda em Direito pela Faculdade de Direito da Universidade de São Paulo (USP), MBA em Seguros pela FGV/SP e Especialista em Seguros de Vida, Saúde e Previdência pela Universidade de Salamanca

Jaqueline Suryan

Advogada, graduada e mestranda em Direito Constitucional pela Pontifícia Universidade Católica de São Paulo (PUC-SP).

Luciana Dias Prado

Advogada, graduada, especialista em Processo Civil e em Contratos pela Faculdade de Direito da Pontifícia Universidade Católica de São Paulo (PUC-SP). Cursou "Corporate Law and Governance" e "Liderança nas Organizações" pela London School of London – LSE.

Vanessa Dantas Amaral de Magalhães

Advogada, Pós-graduada em Gestão de Seguros e Previdência Complementar pela Universidade Presbiteriana Mackenzie, com especialização (MBA) em Gestão de Fraudes Empresariais pela Faculdade FIA de Administração e Negócios.

Sumário: 1. Introdução; 2. Panorama da previdência privada aberta no Brasil; 3. Mudanças econômicas; 4. Mudanças demográficas; 5. Previdência privada como contrato de longa duração; 6. Boa-fé, teoria da imprevisão e onerosidade excessiva; 7. Conclusão; Referências bibliográficas.

1. Introdução

O contrato de previdência privada é um instrumento bastante complexo, pois envolve diversos agentes (participantes, beneficiários, instituidores, averbadores, patrocinadores, entidades), tem seu conteúdo dirigido pelo Poder Público[1] e seu objeto (a concessão de benefícios semelhantes aos da previdência social) possui relevante caráter social.[2]

Envolve relações de longa duração, pois suas obrigações prolongam-se no tempo. A execução de um contrato previdenciário privado pode durar décadas, desde a sua contratação até a concessão do benefício e, por essa razão, muitas vezes o contrato precisa adequar-se a determinadas situações, tais como mudanças no cenário econômico do país, evolução da sua estrutura demográfica e atualização das bases atuariais e financeiras.

Todo contrato oneroso envolve uma troca entre as partes que estão, em regra geral, no momento inicial, em relação de equivalência. Entretanto, quando essa troca de prestações não ocorre no instante exato do acordo e as relações são feitas para perdurarem no tempo, como é o caso da previdência privada, pode ocorrer de o equilíbrio original do contrato ser perturbado ou rompido com o passar dos anos.

---

[1] Conselho Nacional de Seguros Privados – CNSP e Superintendência Nacional de Seguros Privados – SUSEP, no caso das entidades de previdência privada abertas; e Conselho Nacional de Previdência Complementar – CNPC e Superintendência Nacional de Previdência Complementar – PREVIC, para as entidades fechadas (fundos de pensão).

[2] As entidades de previdência privada desempenham importante função social porque, com base no artigo 202 da Constituição Federal de 1988, complementam os benefícios oferecidos pela previdência social, o que permite a ampliação da proteção a uma parcela significativa da população, além de atuarem como fomentadores da poupança interna e investidores institucionais.

O tema escolhido para este trabalho é a avaliação dos fatores que podem interferir no equilíbrio contratual da previdência privada ao longo da sua execução diante dos princípios que norteiam o Código Civil de 2002, em especial a busca pelo equilíbrio contratual, à luz da teoria da imprevisão e do instituto da onerosidade excessiva.

2. Panorama da previdência privada aberta no Brasil

O mercado de previdência privada brasileiro ganhou expressividade nas últimas décadas, quando o país iniciou sua efetiva trajetória rumo a uma relativa estabilidade econômica, com o Plano Real e o controle da inflação, o que permitiu à população o planejamento financeiro com visão de longo prazo.

Embora a previdência privada já existisse há quase cento e oitenta anos,[3] e muitos desenhos de planos tenham sido criados ao longo desse período, destacaremos neste trabalho apenas os mais recentes[4] e de maior expressividade econômica nos últimos anos.

São eles:
i) FGB (Fundo Garantidor de Benefícios);
ii) PGBL (Plano Gerador de Benefício Livre; e
iii) VGBL (Vida Gerador de Benefício Livre).

O FGB (também conhecido como "plano tradicional") foi um plano de larga comercialização na década de 90, e tinha como principal característica a garantia ao participante de uma rentabilidade atrelada a um índice de atualização e taxa de juros (comumente, IGPM – Índice Geral de Preços do Mercado, acrescido de juros de 6% ao ano).

Esse plano apoiou-se na condição econômica daquela época, quando os rendimentos das aplicações financeiras eram, bastante expressivos, sendo possível atingir os patamares de rentabilidade estabelecidos.[5]

Entretanto, as mudanças econômicas que seguiram a década de 90 mudaram esse cenário, e as seguradoras e entidades de previdência privada passaram a ter mais dificuldade para atingir tais resultados e garantir a rentabilidade prometida aos seus participantes.

A partir de 2009, a taxa básica de juros passou a apresentar tendências de queda, o que impactou diretamente na entrega da rentabilidade prometida por

---

[3] A primeira entidade de previdência privada de que se tem notícia no Brasil, o Montepio Geral de Economia dos Servidores do Estado – MONGERAL, foi criado em 1835.

[4] Restringir-nos-emos neste trabalho a abordar os planos das entidades abertas de previdência privada, muito embora o raciocínio lógico adotado na pesquisa a respeito da teoria da imprevisão também possa ser aplicado aos planos administrados pelas entidades fechadas.

[5] Conforme dados extraídos do site do Banco Central do Brasil <http://www.bcb.gov.br/?COPOMJUROS>, acesso em 30/10/2013, em 1999, a taxa de juros variou de 19,01 a 44,95% ao ano. Já em 2013, essa mesma taxa variou entre 7,12 e 8,90% ao ano.

meio do contrato previdenciário. As entidades de previdência privada e seguradoras passaram a ter mais dificuldade para encontrar investimentos cuja rentabilidade assegurasse o repasse dos resultados prometidos aos participantes.

Assim, como alternativa que objetivou minimizar esse risco financeiro para as entidades e seguradoras, foi criado, em 1998, o PGBL e, posteriormente, em 2002, o VGBL, planos que se caracterizam fundamentalmente por não conter qualquer promessa de rentabilidade aos participantes, apenas e unicamente repassando a eles a rentabilidade obtida por meio do investimento dos recursos em um FIE (Fundo de Investimento Especialmente Constituído).[6] Assim, se a rentabilidade do FIE for positiva, o participante do plano terá um ganho financeiro. Se, por outro lado, a rentabilidade for negativa, o participante terá uma perda financeira, tal como ocorre em um fundo de investimento comum, por exemplo, cujas variações podem ser positivas ou negativas.

Embora os FGBs tenham praticamente desaparecido do mercado de previdência privada brasileiro, uma vez que quase nenhuma entidade mais o comercializa, eles ainda mantêm mais de 17 milhões de participantes ativos e mais de 402 mil beneficiários recebendo alguma modalidade de benefício. Apenas a título de comparação, no mesmo período, os planos PGBL registraram 8,7 milhões de participantes ativos e apenas 27.474 participantes aposentados.[7]

Posteriormente, outros planos ainda foram criados pelas entidades abertas e seguradoras, procurando resgatar a ideia de garantir uma rentabilidade por taxa de juros e índice de atualização, tais como as versões adaptadas dos planos PGBL e VGBL com garantia – denominados PRGP (Plano com Remuneração Garantida e "Performance") e VRGP (Vida Com Remuneração Garantida e "Performance"). Contudo, dada a mesma incerteza inerente ao cenário econômico brasileiro que já indicava sinais da dificuldade em alcançar a rentabilidade prometida, tais planos saíram das "prateleiras" das entidades tão rápido quanto chegaram.

Nos contratos vigentes de FGB, as entidades e seguradoras têm enfrentado diversos problemas, notadamente no que se refere à entrega ao participante da rentabilidade prometida, já que no cenário econômico atual, praticamente não há produto financeiro que ofereça rentabilidade como esta (IGPM + 6% aa).[8] Portan-

---

[6] Nos termos da Resolução CNSP nº 139/05, art. 7º, I: Plano Gerador de Benefício Livre (PGBL), quando, durante o período de diferimento, a remuneração da provisão matemática de benefícios a conceder for baseada na rentabilidade da(s) carteira(s) de investimentos de FIE(s), no(s) qual(is) esteja(m) aplicada(s) a totalidade dos respectivos recursos, **sem** *garantia de remuneração mínima e de atualização de valores* e sempre estruturados na modalidade de contribuição variável. (n.g) No mesmo sentido é o art. 7º, I da Resolução CNSP nº 140/05: Vida Gerador de Benefício Livre (VGBL), quando, durante o período de diferimento, a remuneração da provisão matemática de benefícios a conceder for baseada na rentabilidade da(s) carteira(s) de investimentos de FIE(s), no(s) qual(is) esteja(m) aplicada(s) a totalidade dos respectivos recursos, *sem garantia de remuneração mínima e de atualização de valores* e sempre estruturados na modalidade de contribuição variável. (n.g)

[7] Segundo o SES – Sistema de Estatísticas da SUSEP –, dados de 2012, disponível em <http://www.susep.gov.br>. Acesso em 30/10/13.

[8] A título de comparação, a remuneração dos depósitos em poupança no mês de outubro de 2013 variou de 0,52 a 0,61% ao mês.

to, em cenário de taxas de juros de mercado inferiores à taxa contratada no plano, qualquer recurso investido nestes planos sem o correspondente ativo (investimento) que o suporte acarretará vantagem para o participante em desfavor da própria entidade (que terá de assumir por si só a promessa de rentabilidade) e, em última instância, do próprio grupo de participantes dos demais planos, gerando até mesmo um risco sistêmico para as entidades e seguradoras.

Portanto, nota-se que existe um impasse com relação aos planos do tipo FGB – as entidades que prometeram uma rentabilidade viável à época da contratação e compatível com os investimentos e retornos obtidos há cerca de duas décadas, deve cumprir sua obrigação, mesmo hoje praticamente inexistindo investimentos capazes de garantir aquela promessa? Ou será que, pelo fato de ter ocorrido uma importante mudança no cenário econômico, base desse contrato, as entidades poderiam alterar a disposição contratual? Como interpretar essa situação à luz do direito civil e do direito do consumidor? A imposição de um encargo manifestamente excessivo às entidades que ainda mantêm participantes em planos do tipo FGB não poderia ameaçar a solvência das entidades e a saúde financeira dos regimes de previdência privada?

Outra questão pertinente aos planos diz respeito à expectativa de sobrevivência, que tem sofrido grandes mudanças nos últimos anos. Mesmo não havendo nos PGBLs e nos VGBLs uma promessa de rentabilidade, existe a promessa da prestação de uma garantia durante a fase de concessão de renda, ou seja, a entidade assume um risco puro ou atuarial. Seria possível prever, no momento presente, a sobrevivência daqui a duas ou três décadas? Por mais que as tábuas de mortalidade e de sobrevivência sejam periodicamente revistas e atualizadas, é fato que o futuro é incerto, e especialmente quando se trata de um contrato de tão longa duração, é preciso ter alguma cautela e sustentar esse contrato em bases sólidas, porém ajustáveis às variações que possam existir ao longo de sua duração.

Diante desse panorama a respeito dos planos, passaremos a discorrer sobre os fatores que podem acarretar mudanças nas bases de um contrato de previdência privada.

3. Mudanças econômicas

A análise econômica é de extrema importância para compreender as mudanças pelas quais a previdência privada passou ao longo das últimas décadas, e também para projetar eventuais impactos nos planos para o futuro. A evolução esperada para os principais indicadores econômicos contribuirá para determinar o futuro de tão importante produto que vem sendo adquirido em crescente escala pela população brasileira, sedenta por segurança no esperado momento da aposentadoria.

Com relação ao cenário internacional, é importante salientar que a economia mundial encontra-se em um contexto de baixo crescimento, marcado fundamentalmente por incertezas causadas pelas crises europeia e norte-americana, cujos processos de recuperação podem ser longos e graduais. Tais turbulências no cenário econômico global respingam na economia brasileira. Por exemplo, os Estados Unidos, que vinham investindo agressivamente em outras economias, em função de mudanças na política econômica, recentemente valorizaram os títulos norte-americanos, o que tornou a economia estadunidense mais atrativa. Por outro lado, esse fato promoveu uma "fuga" de recursos de outros países, como do próprio Brasil.[9]

Uma mudança importante que ocorreu na política econômica brasileira nos últimos anos foi a redução da taxa de juros, como se pode observar no gráfico abaixo:

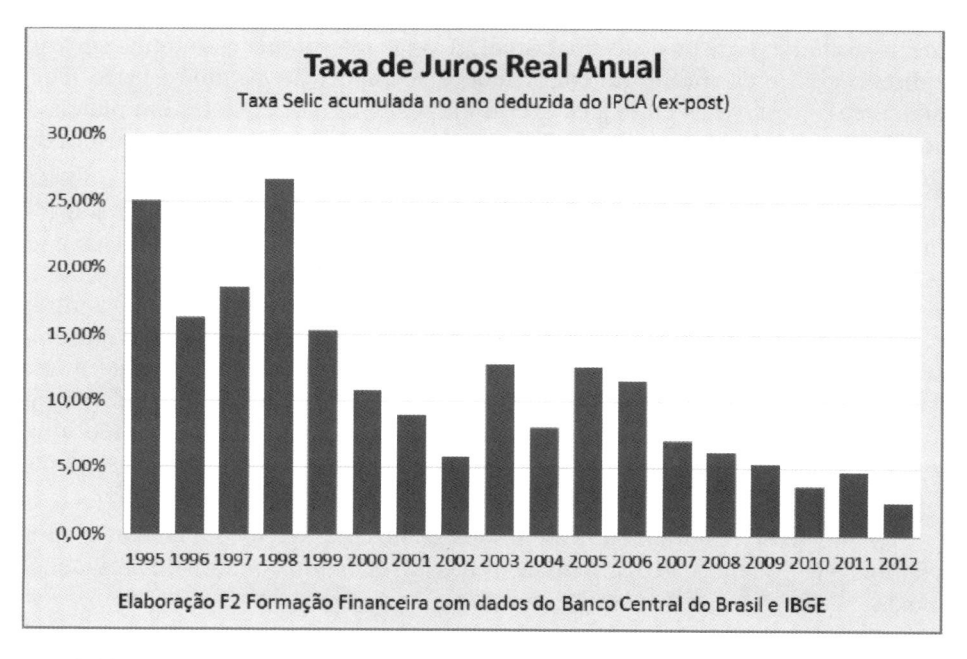

Taxa de Juros Real Anual
Taxa Selic acumulada no ano deduzida do IPCA (ex-post)

Elaboração F2 Formação Financeira com dados do Banco Central do Brasil e IBGE

O Banco Central, regulador das operações interbancárias que estabelece a taxa SELIC, tem se posicionado ativamente no controle da citada taxa, já que a mesma baliza todas as demais taxas do mercado financeiro, juntamente com o "depósito interfinanceiro = DI", que é o principal indexador do mercado.

Historicamente, a taxa de juros real do Brasil sempre foi uma das mais altas do mundo. O gráfico abaixo, divulgado pelo FMI,[10] *mostra que em 1998, por exemplo, o Brasil apresentava uma taxa de juros de mais de 25% ao ano, enquan-*

---

[9] Sobre este tema: Brasil tem estratégia para enfrentar crise internacional, disponível em <http://www.jb.com.br/economia/noticias/2013/06/26/brasil-tem-estrategia-para-enfrentar-crise-internacional/>, acesso em 30/10/2013.

[10] Fonte: IFS/FMI – International Financial Statistics – disponível em <http://www.imf.org/external/data.htm>, acesso em 30/10/2013.

to que a América Latina em geral, alcançou uma média de 17% no mesmo período. Diversos planos econômicos implementados na década de 1990 para tentar controlar a inflação pagaram "prêmios" (altas taxas de rentabilidade) elevados aos investidores na tentativa de reduzir o consumo e incentivar a poupança.

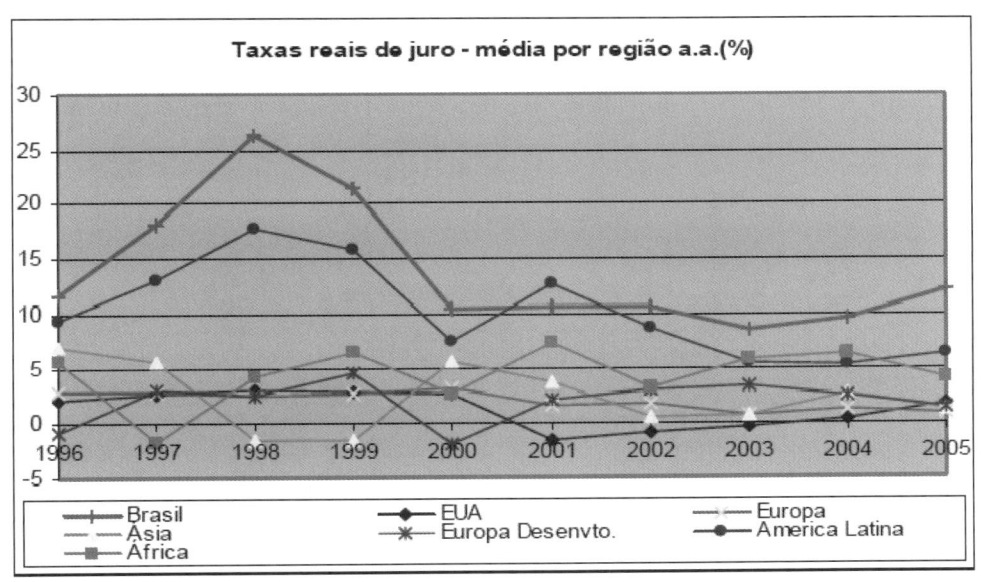

Taxas reais de juro - média por região a.a.(%)

Legenda: Brasil — EUA — Europa — Ásia — Europa Desenvto. — America Latina — África

fonte: IFS-FMI

Se considerarmos os juros médios na década de 1990, de cerca de 15% ao ano, cinco anos eram suficientes para um investidor dobrar o valor do capital investido.

Um investidor que fazia um só aporte de 100 unidades monetárias, resgatava 200, depois de descontar a inflação, em cerca de cinco anos. Na primeira metade da década de 90, quando os juros reais eram maiores, era possível dobrar o capital em termos reais ainda mais rapidamente.

Se considerarmos a taxa média de juro real dos últimos cinco anos no Brasil, de 5,40% ao ano, *seriam necessários 14 anos para duplicar o capital*. Ou então, para ter as mesmas 200 unidades monetárias em cinco anos, seria necessário depositar 153. Esse simples exemplo ilustra a dimensão das mudanças ocorridas nas últimas décadas e a forma como tais mudanças afetam todos os produtos financeiros, inclusive a previdência privada.

É de se lembrar que a previdência privada nada mais é do que a acumulação, ao longo dos anos, de recursos financeiros que, no futuro, financiarão a aposentadoria. A rentabilidade da reserva acumulada será fundamental para atingir esse objetivo.

Logo, a gestão dos recursos é uma ferramenta fundamental, pois quanto maiores os aportes e melhor a rentabilidade auferida, maior será o valor do benefício futuro.

O que se pretende demonstrar é que as mudanças econômicas que afetam o país refletem diretamente na previdência privada. Se, no passado, um plano como o FGB era viável diante das altas taxas de juros praticadas no mercado financeiro, hoje em dia o cenário é bastante diferente. Por essa razão, e considerando que o contrato de previdência privada é de longa duração e provavelmente enfrentará inúmeras crises econômicas, mudanças de planos, de taxas de juros, de inflação, é de se questionar de que maneira seria possível atender aos interesses dos participantes, mesmo diante de uma relativa inconstância na economia de um país.

4. Mudanças demográficas

Outro assunto fundamental em matéria de previdência privada é a análise da longevidade, seus impactos e reflexos na saúde financeira dos contratos, Elas alteram a modelagem dos produtos, as expectativas e os direitos que deles decorrem.

De acordo com o dicionário comum da língua portuguesa,[11] longevidade é "1. qualidade de longevo; 2. Vida longa, dilatada". Portanto, a longevidade está diretamente relacionada com a expectativa de vida e o aumento no período de atividade de uma determinada população.

Segundo a Organização das Nações Unidas (ONU), em seu último relatório técnico, constata-se:

> Previsões sobre a população mundial, elaborado pelo Departamento de Assuntos Econômicos e Sociais, nos próximos 43 anos o número de pessoas com mais de 60 anos de idade será três vezes maior do que o atual. Os idosos[12] representarão um quarto da população mundial projetada, ou seja, cerca de dois bilhões de indivíduos (no total de 9,2 bilhões). Em 2050, a expectativa de vida projetada nos países desenvolvidos é de 87,5 anos para os homens e 92,5 para as mulheres (contra 70,6 e 78,4 anos, respectivamente, em 1998). Já nos países em desenvolvimento, é de 82 anos para os homens e 86 anos para as mulheres, ou seja, 21 anos a mais do que os 62,1 e 65,2 atuais.[13]

Observa-se que a longevidade e o aumento da expectativa de vida estão dentre os maiores trunfos dos últimos séculos, com um salto de grande magnitude desde os registros mais antigos.

É possível afirmar que, "considerado uma das grandes conquistas sociais do último século, o aumento da expectativa de vida, de fato, reflete um resultado

---

[11] FERREIRA, Aurélio Buarque de Holanda. *Novo dicionário básico da língua portuguesa*. São Paulo: Folha de São Paulo/Nova Fronteira, 1995.

[12] No critério da Organização Mundial da Saúde (OMS), é considerado idoso o habitante de país em desenvolvimento com 60 anos ou mais e o habitante de país desenvolvido com ou acima de 65 anos.

[13] FELIX, Jorgemar Soares. *Economia da Longevidade. O envelhecimento da população brasileira e as políticas públicas para os idosos*. Dissertação de mestrado em Economia Política da Pontifícia Universidade Católica de São Paulo, São Paulo, 2010. Pp. 2 -3.

positivo, pois é decorrência de melhores qualidades de vida",[14] conforme observamos no Gráfico abaixo:

Gráfico – Expectativa de Vida, em anos:

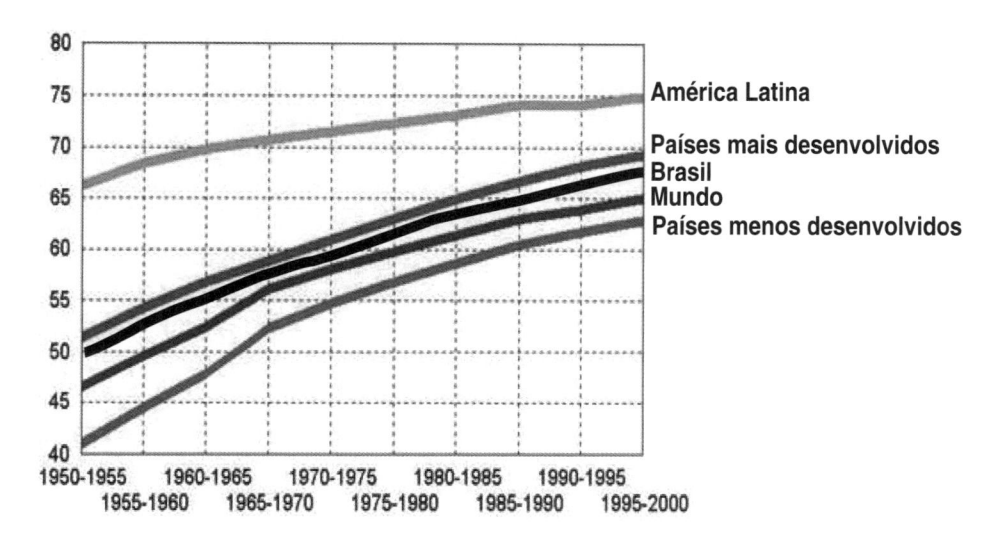

Fonte: Comciência.[15]

Assim, é de se verificar que o aumento na expectativa de vida foi, e está sendo, um grande avanço no desenvolvimento das civilizações do mundo todo, e que, conforme será visto a seguir, influi diretamente nos planos de previdência privada.

De acordo com José Eustáquio Diniz Alves:

(...) a redução das taxas de mortalidade é uma conquista ímpar da perfectibilidade humana que começou ainda no século XIX e deixou uma herança positiva, sem igual, no século XX. A esperança de vida média da população mundial, que estava em torno de 30 anos em 1900, ultrapassou os 60 anos no ano 2000. Isso quer dizer que o tempo médio de vida dos habitantes do planeta dobrou em um período de um século, fato que não tem equivalente no passado e, provavelmente, não terá equivalente no futuro.[16]

---

[14] CARVALHO, João Marcelo Barros Leal Montenegro, e NUNES, Felipe da Costa. *Tábuas geracionais. Uma aplicação em planos de benefícios de Entidades Fechadas de Previdência Complementar*. In: Livro do 29º Congresso Brasileiro dos Fundos de Pensão com o tema Discutindo conceitos: realidades de um novo tempo! Associação Brasileira das Entidades Fechadas de Previdência Complementar (ABRAPP), Instituto Cultural de Seguridade Social (ICSS) e Sindicato Nacional das Entidades Fechadas de Previdência Complementar (SINDA-PP), Rio de Janeiro, novembro de 2008, p. 241.

[15] Disponível em <www.comciencia.br/reportagens/envelhecimento/texto/env16.htm>. Acesso em 19/10/2013.

[16] ALVES, José Eustáquio Diniz. *A transição demográfica e a janela de oportunidade*. Instituto Ferdnand Braunel de Economia Mundial, São Paulo, 2008, disponível em <www.braudel.org.br/pesquisas/pdf/transicao_demografica.pdf.> Acesso em 19/10/2013, p. 4.

A longevidade apresenta-nos, de plano, duas situações paradoxais que modificam o *status* atual da sociedade, quais sejam, mais pessoas ativas no mercado do trabalho em idade superior a 60 anos e mais gastos para manutenção do estilo de vida médio dos inativos, que tendem a viver mais tempo fora do mercado de trabalho.

O aumento dos gastos para fazer frente ao período de inatividade prolongada em razão da longevidade impacta tanto a previdência pública quanto a privada. Há estudos que demonstram que, no setor privado, o aumento de um ano na expectativa de vida significa a necessidade de aumento de 3% nos valores das reservas do plano de previdência.[17]

Ao tratarmos desse assunto, podemos afirmar que o aumento da longevidade, ao mesmo tempo em que é benéfico para a sociedade como um todo, é, também, uma preocupação para as entidades de previdência privada e seguradoras, no que diz respeito à contínua necessidade de avaliação das tábuas atuariais, e dos próprios participantes, por exigir maior esforço de poupança para acumulação de recursos.

De acordo com Fabiana Lopes da Silva,[18] "no século XX, a expectativa de vida aumentou drasticamente, como consequência das melhorias nas condições de higiene e sanitária, nutrição, urbanização, desenvolvimento de vacinas, avanço da medicina e do ambiente socioeconômico".

Como bem salientam Carvalho e Nunes, "a administração dos planos de benefício, devido à sua natureza longínqua de suas obrigações, necessita de especial atenção na modelagem de seus fluxos de caixa futuros. Para tal, é necessário assumir premissas de ordem econômica e demográfica, tais como taxas de mortalidade e de entrada em invalidez, (…)".[19]

Considerando esta preocupação, podemos verificar que, conforme Gráfico a seguir, até as décadas de 70 e 80, a estrutura da população brasileira havia o predomínio da população jovem, com um estreitamento considerável e intermitente na pirâmide quando atingidos os 50 anos.

No entanto, as projeções para 2020 e, mais ainda, para 2050, demonstram um crescimento intenso na população com mais de 60 anos, gerando um impacto direto nos planos de previdência privada, diante da natureza longínqua de seus benefícios e, portanto, de suas obrigações, conforme visto acima.

---

[17] LOPES, Geraldo Magela Xavier. Impactos da longevidade na gestão dos fundos de pensão. *Revista Investidor Institucional*, Set./2006.
[18] SILVA, Fabiana Lopes da. *Impacto do risco de longevidade em planos de previdência complementar.* Tese de doutorado da Universidade de São Paulo, 2010, p. 9.
[19] Op. cit., p. 241.

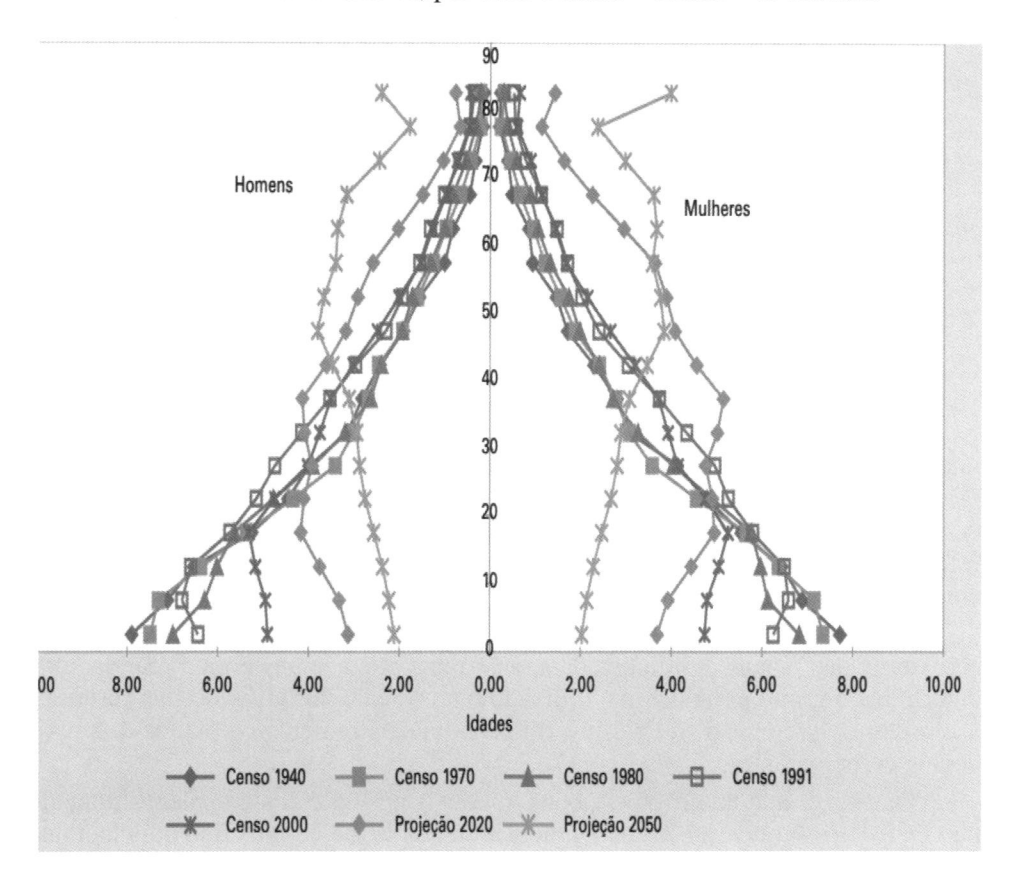

Gráfico – Estrutura relativa, por sexo e idade – Brasil – 1940/2050

Fontes: IBGE, Censo Demográfico 1940/2000 e Projeção da População do Brasil por Sexo e Idade para o Período 1980-2050 – Revisão 2008, apud IBGE: A dinâmica demográfica brasileira e os impactos nas políticas públicas.[20]

Esse aumento da expectativa de vida não é assunto novo, mas continua gerando diversas discussões no âmbito da previdência privada, tendo em vista a tendência de que o desenvolvimento nesta questão continue a atingir níveis nunca antes vistos e, portanto, até então não considerados nos cálculos atuariais dos planos previdenciários.

Essa questão, portanto, impacta diretamente nos cálculos atuariais dos planos de previdência privada, principalmente por refletir no aumento da população idosa no Brasil e, deste modo, na quantidade de possíveis beneficiários em longo prazo considerando os benefícios de renda vitalícia, conforme Gráfico a seguir:

---

[20] Disponível em <www.ibge.gov.br/home/estatistica/populacao/indic_sociosaude/2009/com_din.pdf>. Acesso em 20/10/2013.

Gráfico – Porcentagem de idosos na população brasileira de 1940 a 2000 e previsão para 2025.

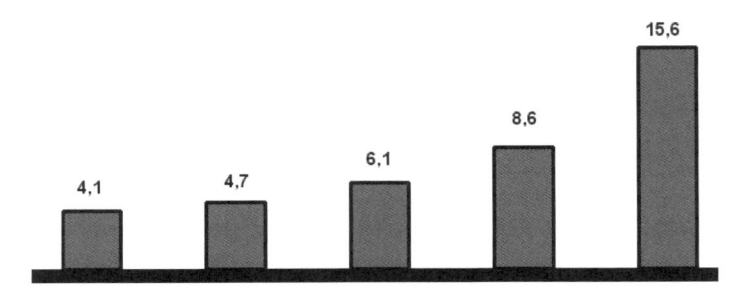

Fonte: IBGE, 2002, *apud* COSTA *et al.*[21]

Portanto, considerando que a longevidade e a expectativa de vida influem diretamente nos cálculos das tábuas de mortalidade dos planos de previdência privada e, consequentemente, na própria saúde financeira dos planos e das entidades, importante que sejam verificadas as questões relativas ao aumento da idade média da população e da quantidade de longevos, principalmente quando se fala em benefícios programados vitalícios.

Ademais, diante dos cenários vistos, entendemos por impossível a manutenção eterna das tábuas desatualizadas e não mais condizentes com a realidade de determinado grupo populacional utilizado para os cálculos atuariais das carteiras, a fim de não prejudicar, ou até inviabilizar, financeiramente os planos de previdência complementar.

Ou seja, a manutenção de tábuas inviáveis nos cálculos dos planos, quando não mais corresponderem com a veracidade e realidade do universo populacional dos planos privados de previdência, gera uma onerosidade excessiva aos planos/ entidades, conforme adiante se detalhará, muitas vezes chegando até a inviabilizá--los.

Além disso, faz-se necessária a busca por mecanismos e opções de investimento que garantam, de forma mais perene, a rentabilidade das carteiras e reservas constituídas para fazer frente ao risco de longevidade, o que se torna cada vez mais desafiador em razão das oscilações na economia global.

Deste modo, entendemos que a melhor solução para o crescimento constante e acelerado da longevidade é a flexibilização das tábuas a serem utilizadas durante todo o período de acumulação dos participantes do plano, podendo ser revistas, quando necessário o for, desde que não gere, por óbvio, prejuízos latentes aos participantes diretamente atingidos.

---

[21] COSTA, Elisa Franco de Assis *et al.* Envelhecimento populacional brasileiro e o aprendizado de geriatria e gerontologia. *Revista da Universidade Federal de Goiás on line*, Ano V, n. 2, dezembro de 2003. Disponível em <www.proec.ufg.br/revista_ufg/idoso/envelhecimento.html>. Acesso em 19/10/2013.

5. Previdência privada como contrato de longa duração

Uma das características mais marcantes do contrato de previdência privada é o fato de ser uma relação destinada a produzir efeitos por muitos anos após sua celebração.

Mesmo que esse contrato possa ser elaborado levando-se em consideração todos os seus aspectos, tais como jurídicos, sociais e econômicos, por ser um contrato de longa duração, não é possível prever todas as situações que poderão ocorrer no futuro, devendo, assim, haver certa flexibilidade na interpretação das suas cláusulas, especialmente para assegurar que possa ser satisfatoriamente adimplido no momento de sua execução (notadamente quando do pagamento do benefício ao participante ou seus beneficiários).

Ronaldo Porto Macedo Júnior[22] tratou do contrato previdenciário como contrato relacional e, para isso, partiu da distinção entre contratos descontínuos e contratos relacionais proposta por Ian Macneil.[23]

De acordo com essa classificação, os contratos descontínuos teriam como características principais a impessoalidade (a qualidade das partes contratantes é ignorada), a presentificação (pretende-se planejar no presente imediato todos os comportamentos que seriam realizados no futuro), o envolvimento de uma "barganha instrumental" (as partes forçam os termos da troca para atingir seus próprios interesses econômicos) e o mútuo consentimento (presume-se que os termos da troca são livremente estabelecidos pelas partes antes do início do cumprimento do contrato).

Nos contratos descontínuos, portanto, os indivíduos forçariam a aceitação de termos que os favorecessem individualmente para atingir a maior vantagem econômica possível. Segundo Ronaldo Porto Macedo Júnior,[24] isso decorreria de um pensamento liberal, segundo o qual cada indivíduo busca a maior vantagem econômica possível para si. E como o contrato decorreria dessa negociação e consenso realizados livremente, seus termos deveriam ser cumpridos à risca, já que resultariam de mútuo consentimento entre as partes.

Dá-se mais importância, portanto, ao caráter formalista de tais contratos, em busca da segurança jurídica. Na hipótese de alguma questão permanecer em aberto ou não expressamente regulamentada, haveria a nulidade de todo o contrato,

---

[22] MACEDO JUNIOR, Roberto Porto. Contrato Previdenciário como Contrato Relacional. *Revista de Direito do Consumidor*, RDC 22/105, abril-junho de 1997.

[23] Ronaldo Porto Macedo Júnior cita as seguintes obras de Ian Macneil: *The Many Futures of Contracts*, California Law Review, v. 47 (1974), e *The New Social Contract. An Inquiry into Modern Contractual Relations*, New Haven and London, Yale University Press, 1980. Citados em MACEDO JUNIOR, Roberto Porto. *Contrato Previdenciário como Contrato Relacional*. Revista de Direito do Consumidor, RDC 22/105, abril-junho de 1997, p. 106.

[24] MACEDO JUNIOR, Roberto Porto. Contrato Previdenciário como Contrato Relacional. *Revista de Direito do Consumidor*, RDC 22/105, abril-junho de 1997, p. 107.

em razão da falta de previsibilidade.²⁵ Um exemplo de contrato descontínuo é a compra e venda convencional, que se exaure no momento da entrega da mercadoria com o correspondente pagamento do preço.

Em contraposição aos contratos descontínuos, estão os contratos *relacionais*, que se referem a relações contínuas e de longa duração. Segundo Ronaldo Porto Macedo Júnior, nessas relações "os termos da troca são cada vez mais abertos, e as cláusulas substantivas [do contrato] são substituídas por cláusulas constitucionais ou de regulamentação do processo de renegociação contínua".²⁶

Ou seja, ao invés de se firmar um contrato com cláusulas que prevejam exatamente aspectos relativos a preços, quantidade, qualidade e entrega, em razão da mutabilidade constante que envolve a previdência privada, o contrato deve ser adaptável às alterações ocorridas com as partes no cenário econômico às quais estarão inseridas no futuro.

Isso se torna possível, de forma a não prejudicar as partes envolvidas, adotando-se cláusulas que se pautam no princípio da boa-fé e em outros princípios a ele relacionados (tais como o da cooperação e solidariedade), os quais permitem o equilíbrio das relações de poder no âmbito de uma relação de confiança entre as partes, para garantir o bem estar dos indivíduos em uma relação contínua e duradoura.

A aplicação desses princípios, vale ressaltar, decorre do desenvolvimento de um pensamento não mais decorrente do liberalismo econômico pautado na ampla liberdade dos indivíduos (como era no Código Civil de 1916), mas sim de um pensamento que busque o desenvolvimento de um Estado Social.

Os ideais relativos à ampla liberdade e igualdade dos indivíduos, que pautou as Revoluções Francesa e Industrial, foram uma reação ao mercantilismo, em que se verificava uma abusiva regulamentação por parte do Poder Público, muitas vezes revelando até mesmo um poder arbitrário do Estado.

Com o liberalismo, passou-se a entender que o progresso econômico das nações estava ligado à outorga de liberdade plena aos indivíduos (a ideia de poder que vinha do Estado era combatida pela burguesia ascendente, que repudiava tudo aquilo que pudesse se relacionar ao poder político que até então emanava da nobreza). Logicamente, para que a burguesia pudesse garantir seu poder, teve de implementar seus ideais de liberdade e propriedade, e levantar a bandeira de que quanto menor fosse a intervenção do Estado, melhor seria a situação dos cidadãos.

A burguesia procurou defender a interpretação literal dos contratos e das leis, afastando a interpretação pelos juízes, que em regra geral eram da nobreza.

Assim, foram ideais que marcaram o liberalismo: (i) a autonomia da vontade, entendida como liberdade de contratar com quem e sobre o que quiser; (ii)

---

²⁵ Op. cit., p. 106-107
²⁶ Op. cit., p. 108.

a força obrigatória dos contratos e seu poder vinculante (*pacta sunt servanda*, o que significava que os contratos deveriam ser observados porque tinham "força de lei") e (iii) a relatividade dos efeitos contratais (os contratos não deveriam beneficiar nem prejudicar terceiros).

Observa-se, portanto, que o individualismo marcava as codificações oitocentistas, inclusive o Código Civil de 1916, inspirado no modelo francês.

Contudo, com o passar dos anos e a evolução da sociedade e também do pensamento jurídico, verificou-se que o liberalismo vinha se mostrando contrário ao bem estar social, na medida em que se abusou do direito de liberdade. Como bem delineou Paulo Magalhães Nasser,[27] em razão desse abuso de direito, houve a necessidade de se "observar alguns preceitos bastantes a refrear os excessos da liberdade e o uso indevido da propriedade (incluindo-se, portanto, os contratos), bem como regular o equilíbrio material, e não meramente formal, das relações entre os indivíduos".

Segundo o autor, a liberdade de contratar dos indivíduos está hoje inserida em um contexto que protege a boa-fé, a função social dos contratos e o equilíbrio das prestações, evitando-se excessos ou enriquecimento sem causa. Nesse sentido, o Código Civil de 2002 possui diversas cláusulas gerais que tratam da boa-fé nos negócios jurídicos, da função social dos contratos e da vedação ao enriquecimento sem causa.[28]

Especificamente com relação ao princípio da boa-fé, vale ressaltar que sua aplicação está expressamente prevista nos artigos 113[29] e 422[30] do Código Civil, os quais se aplicam tanto no momento pré-contratual quanto após sua celebração e durante sua execução.

No âmbito dos contratos relacionais (como é o previdenciário), esse princípio é muito importante, como destaca Ronaldo Porto Macedo Junior,[31] basicamente por três razões: primeiro, pois lembra que os contratos não podem ser sempre completos, em razão dos limites da capacidade da previsão humana; segundo, porque valoriza e protege juridicamente o elemento de confiança que norteia os contratos; e terceiro porque evidencia a natureza participatória do contrato, que envolve normas sociais e elementos de vinculação não promissórios. Pontua-se ainda a concepção moral de se fazer algo corretamente, no âmbito de uma concepção que leva em consideração a Justiça Social.

---

[27] NASSER, Paulo Magalhães. *Onerosidade excessiva no Contrato Civil*. São Paulo: Saraiva, 2011, p. 49.
[28] Op. cit, p. 49.
[29] "Art. 113. Os negócios jurídicos devem ser interpretados conforme a boa-fé e os usos do lugar de sua celebração".
[30] "Art. 422. Os contratantes são obrigados a guardar, assim na conclusão do contrato, como em sua execução, os princípios de probidade e boa-fé".
[31] MACEDO JUNIOR, Roberto Porto. Contrato Previdenciário como Contrato Relacional. *Revista de Direito do Consumidor*, RDC 22/105, abril-junho de 1997, p. 111.

Diante desse caráter protecionista do direito dos participantes e assistidos, e no âmbito da era da massificação dos contratos previdenciários atuais, não se pode deixar de mencionar outra vertente relativa à forma de interpretação dos contratos previdenciários: a de que se tratam de contratos firmados com consumidores, protegidos pelo Código de Defesa do Consumidor ("CDC"), em que os participantes e assistidos figuram como partes vulneráveis em relação à entidade de previdência privada.

A esse respeito, Cláudia Lima Marques[32] ressalta que, na sociedade de consumo atual, com sistema de produção e distribuição em grande quantidade, o comércio jurídico despersonalizou-se e desmaterializou-se. As empresas que produzem ou distribuem bens ou serviços estabelecem contratos homogêneos em seu conteúdo, por razões como praticidade e segurança, e os oferecem aos consumidores para simples adesão.

Nos contratos previdenciários atuais, a situação não é diferente. Grandes seguradoras ou entidades de previdência privada abertas ou fechadas elaboram planos e os oferecem aos participantes para simples adesão, sem que haja oportunidade para se discutir os termos ou cláusulas desse contrato. O participante pode, assim, ser considerado como parte vulnerável na relação, já que, por pretender obter um plano que assegure seu bem-estar no futuro, submete-se ao contrato estipulado, muitas vezes sabendo que há cláusulas abusivas, mas sem que haja possibilidade de alterá-las.

Cláudia Lima Marques considera os contratos previdenciários como contratos cativos de longa duração. Ou seja, contratos que utilizam métodos de contratação em massa para fornecimento de serviços especiais ao mercado, criando relações jurídicas complexas de longa duração, envolvendo fornecedores organizados entre si e com a posição de cativade ou dependência dos clientes.[33]

Nesses contratos, a posição de cativade se insere no contexto das relações em que há grande insegurança com relação ao futuro. Considerando que esse serviço e a relação contratual entre o consumidor e as entidades de previdência privada abertas amoldam-se às definições de fornecedor do serviço indicadas no artigo 3º do CDC,[34] os contratos de previdência privada (notadamente contratos de consumo) devem obedecer à equidade e boa-fé determinadas por esse Código.[35]

---

[32] MARQUES, Claudia Lima. *Contratos no Código de Defesa do Consumidor: o novo regime das relações contratuais*. 5. ed. São Paulo: Revista dos Tribunais, 2005, p. 65.

[33] Idem, p. 92.

[34] Art. 3º Fornecedor é toda pessoa física ou jurídica, pública ou privada, nacional ou estrangeira, bem como os entes despersonalizados, que desenvolvem atividade de produção, montagem, criação, construção, transformação, importação, exportação, distribuição ou comercialização de produtos ou prestação de serviços. § 1º Produto é qualquer bem, móvel ou imóvel, material ou imaterial. § 2º Serviço é qualquer atividade fornecida no mercado de consumo, mediante remuneração, inclusive as de natureza bancária, financeira, de crédito e securitária, salvo as decorrentes das relações de caráter trabalhista.

[35] MARQUES, Claudia Lima. Op. cit., p. 501/502. A esse respeito, vale ressaltar também o disposto no artigo 51, inciso IV, do CDC: "Art. 51. São nulas de pleno direito, entre outras, as cláusulas contratuais relativas ao

Em conclusão, nota-se que, seja sob a tutela do Código Civil, seja sob a égide do CDC, e levando-se em consideração os dispositivos da Constituição Federal e normas complementares específicas, o contrato de previdência privada é, em regra, de longa duração, pois visa a assegurar a constituição de reservas que garantam benefício previdenciário complementar no futuro.

Para que suas cláusulas possam ser regularmente implementadas na época própria, o contrato deve-se pautar especialmente em princípios de boa-fé e cooperação entre as partes contratantes, já que possivelmente será necessário efetuar ajustes nos planos em razão da imprevisibilidade de todas as situações que podem ocorrer durante grande lapso de tempo. A aplicação desses princípios evita que alterações no plano prejudiquem as partes, especialmente os participantes (e seus assistidos), geralmente tidos como vulneráveis na relação contratual previdenciária.

6. Boa-fé, teoria da imprevisão e onerosidade excessiva

O Código Civil de 2002, como já delineado no tópico anterior, trouxe novos princípios, restabelecendo ao Estado alguns daqueles poderes que lhe haviam sido subtraídos na época em que predominava o liberalismo.

Permitiu, assim, ao Estado, que interferisse nas relações entre os particulares com o objetivo de (i) frear o excesso de liberdade; (ii) coibir o uso indevido da propriedade e (iii) regular o equilíbrio material das relações entre indivíduos, evitando o enriquecimento sem causa.

O novo Código trouxe a adoção de um sistema de cláusulas gerais, sem tanto rigor conceitual, que possam adaptar-se às diversas realidades e peculiaridades dos casos concretos, de modo a tornar os contratos mais adequados ao dinamismo da sociedade contemporânea. Com as cláusulas gerais, os contratos ficam mais atemporais, menos arcaicos, menos "engessados" e podem adaptar-se ao tempo de sua aplicação.

E grande parte dessa mudança introduzida pelo Código Civil de 2002 tem por fundamento o princípio da boa-fé.

Pelo princípio da boa-fé objetiva, as partes de uma relação contratual devem manifestar sua vontade de forma autêntica e clara. A segurança das relações contratuais depende da boa-fé, ou seja, da lealdade, da confiança recíproca das partes. Pelo princípio da justiça contratual, traduzido pelo princípio do equilíbrio das prestações, são vedadas as prestações contratuais que expressem um desequilíbrio real e injustificável entre as vantagens obtidas por um e por outro dos contratantes.

E é no princípio da boa-fé que repousa o fundamento da teoria da imprevisão e da resolução dos contratos por onerosidade excessiva.

---

fornecimento de produtos e serviços que: (...) IV – estabeleçam obrigações consideradas iníquas, abusivas, que coloquem o consumidor em desvantagem exagerada, ou sejam incompatíveis com a boa-fé ou a eqüidade; (...)"

Busca o princípio da boa-fé a justiça na execução dos contratos, a equivalência das prestações, a coerência entre os direitos e deveres das partes, interesses legítimos da sociedade como um todo e não das partes em particular.

Portanto, o contrato baseia-se no equilíbrio das prestações devidas e em previsão das margens de ganho e perda para cada contratante. Circunstâncias acontecem que afetam este equilíbrio, causando ganho de uma parte e perda da outra que ultrapassam esta margem prevista de lucro e prejuízo.

A teoria da imprevisão baseia-se no fundamento de que nos contratos de trato sucessivo ou a termo, o vínculo obrigatório entende-se subordinado à continuação daquele estado de fato vigente ao tempo da estipulação. Havendo mudanças que atinjam o equilíbrio contratual e a função social do contrato é aplicável a teoria da imprevisão para o reparo da situação.

Verificando-se que o cumprimento de uma obrigação contratual tornou-se extremamente gravoso para uma das partes em um cenário diverso daquele em que se deu o pacto, deparamo-nos com a onerosidade excessiva e, consequentemente, com um motivo para a resolução do contrato. O desequilíbrio econômico causado por situação imprevisível à época da celebração do contrato é responsável por impor, a uma das partes, obrigação excessiva (e não necessariamente impossível de ser cumprida), em favor da outra parte, que obtém um benefício exagerado.

Disciplinado pelo artigo 478[36] do Código Civil, o instituto da resolução por onerosidade excessiva pode ser invocado quando presentes os seguintes requisitos: a) vigência de um contrato de execução diferida ou continuada; b) alteração substancial das condições econômicas no momento da execução, se comparadas ao momento da contratação; c) onerosidade excessiva para um dos contratantes e vantagem exagerada para o outro; d) imprevisibilidade da alteração.

O instituto da resolução por onerosidade excessiva tem como fundamento a teoria da imprevisão, ou seja, que a onerosidade excessiva se caracteriza perante a ocorrência de fato superveniente à formação do contrato, extraordinário e imprevisível para os contratantes e que torne a prestação extremamente sacrificante para um deles e desproporcionalmente vantajosa para o outro.

Em razão da falta de definição objetiva a respeito do que vem a ser excesso de onerosidade, espera-se que o Poder Judiciário seja invocado para decidir sobre sua ocorrência nos casos concretos analisados. A consequência do reconhecimento do instituto é a resolução do contrato a partir da propositura da ação.

Estando o contrato de previdência complementar aberta no âmbito das relações de consumo, é de se invocar, ainda, a garantia da revisão de cláusulas contratuais, que assegure o restabelecimento do equilíbrio contratual prejudicado por fatos supervenientes que tornem as obrigações excessivamente onerosas.

---

[36] "Art. 478. Nos contratos de execução continuada ou diferida, se a prestação de uma das partes se tornar excessivamente onerosa, com extrema vantagem para a outra, em virtude de acontecimentos extraordinários e imprevisíveis, poderá o devedor pedir a resolução do contrato. Os efeitos da sentença que a decretar retroagirão à data da citação".

Na relação previdenciária, verificada a excessiva onerosidade de uma parte em favor de outra, demonstrada por meio de cálculos atuariais e financeiros, é facultado à parte prejudicada invocar a rescisão do contrato e a consequente restituição dos valores acumulados pelo participante.

Contudo, e como medida de preservação de outros interesses, dentre aqueles o inerente à manutenção da credibilidade ante o mercado e a própria função social do contrato previdenciário, pode a parte que se entender preterida contratualmente, ofertar à outra parte a modificação dos termos contratuais, adotando-se a situação que torne a manter o equilíbrio existente quando da celebração do pacto.

O entendimento jurisprudencial majoritário é no sentido da plausibilidade da rescisão unilateral, contudo jamais da alteração das cláusulas contratadas sem o aval da outra parte, sob pena de afronta direta ao pacto ajustado.

Como se vê, a imprevisibilidade é uma questão que deve ser verificada objetivamente. Em caso de pedido judicial para reavaliação do contrato de previdência, seja no que se refere à questão da rentabilidade garantida, seja no que se refere a outras questões de igual relevância para o contrato, deve o mercado segurador providenciar o levantamento dos números das carteiras que englobam o produto aqui tratado, bem como angariar material de prova que possa sustentar as teses em que se funda a teoria da imprevisibilidade, com especial foco nas normas internacionais de solvência. O mesmo se aplica ao eventual pedido para nova normatização junto à SUSEP, que tem atribuição de normatizar o mercado e possui autonomia para decidir a questão no que se refere ao apanhado normativo relativo ao tema.

7. Conclusão

Os produtos oferecidos no mercado de previdência privada brasileiro (PGBL e VGBL) procuraram afastar o risco financeiro (promessa de rentabilidade) que existia no FGB, embora na fase de concessão de renda ainda persista o risco atuarial (os participantes sobreviverem por mais tempo que o previsto nas tábuas atuariais que instruíram os planos).

Os contratos previdenciários envolvem diversos aspectos, e existe um desafio entre a flexibilidade das cláusulas, para que possam se adequar com o tempo, em contraposição à busca pela segurança jurídica.

Quando se oferece um plano, é sinal de que ele é viável dentro de determinado cenário econômico. Entretanto, o plano reflete uma situação que pode ou não se verificar no futuro. A realidade é dinâmica e as entidades e seguradoras procuraram estruturar seus planos de acordo com as condições atuais. O país passou por mudanças muito acentuadas nas últimas décadas, o que impactou nas obrigações pactuadas.

É necessário manter o equilíbrio econômico das relações previdenciárias privadas. Houve grande mudança com relação aos parâmetros atuariais, com o aumento da expectativa de vida, provocado pelas novas tecnologias, avanços da ciência e da medicina, e não é possível mensurar como será nossa realidade para os próximos anos. As pessoas estão vivendo mais e permanecendo inativas por mais tempo, já que continuam se aposentando hoje com a mesma idade com a qual se aposentavam no passado.

Se os requisitos para a teoria da imprevisão forem verificados, poderá ocorrer a revisão do contrato, exceto em casos de má fé, má gestão ou mera conveniência das partes.

Nota-se, portanto, uma preocupação em manter a estabilidade da relação previdenciária, que é duradoura e tem relevante função social. É importante que o contrato previdenciário privado não perca sua utilidade e procure atingir sua finalidade social. Contudo, o contrato não pode permanecer "engessado". E é justamente nessa dicotomia entre a segurança jurídica e a necessidade de flexibilidade das normas que entendemos que reside um dos principais desafios do contrato de previdência privada.

Referências bibliográficas

ALVES, José Eustáquio Diniz. *A transição demográfica e a janela de oportunidade*. Instituto Ferdnand Braunel de Economia Mundial, São Paulo, 2008, disponível em <www.braudel.org.br/pesquisas/pdf/transicao_demografica.pdf.> Acesso em 19/10/2013. P. 4.

BANCO CENTRAL DO BRASIL. *Histórico das taxas de juros*. Disponível em: http://www.bcb.gov.br/?COPOMJUROS. Acesso em 30/10/2013.

BRASIL. Constituição da República Federativa do Brasil. 5 de outubro de 1988. Brasília, DF: Senado Federal.

——. Lei nº 3.071, de 1º de janeiro de 1916 – Código Civil.

——. Lei nº 8.078, de 11 de setembro de 1990 – Código de Defesa do Consumidor.

——. Lei nº 10.406, de 10 de janeiro de 2002 – Código Civil.

——. Resolução nº 139, de 27 de dezembro de 2005, do Conselho Nacional de Seguros Privados – CNSP. Altera e consolida as regras de funcionamento e os critérios para operação da cobertura por sobrevivência oferecida em plano de previdência complementar aberta e dá outras providências.

——. Resolução nº 140, de 27 de dezembro de 2005, do Conselho Nacional de Seguros Privados – CNSP. Altera e consolida as regras de funcionamento e os critérios para operação da cobertura por sobrevivência oferecida em plano de seguro de pessoas e dá outras providências.

——, Jornal do (*on line*). Brasil tem estratégia para enfrentar crise internacional. 26 de junho de 2013. Economia. Disponível em: <http://www.jb.com.br/economia/noticias/2013/06/26/brasil-tem-estrategia-para-enfrentar-crise-internacional/>. Acesso em 30/10/2013.

CARVALHO, João Marcelo Barros Leal Montenegro, e NUNES, Felipe da Costa. *Tábuas geracionais. Uma aplicação em planos de benefícios de Entidades Fechadas de Previdência Complementar*. In Livro do 29º Congresso Brasileiro dos Fundos de Pensão com o tema Discutindo conceitos: realidades de um novo tempo! Associação Brasileira das Entidades Fechadas de Previdência Complementar (ABRAPP), Instituto Cultural de Seguridade Social (ICSS) e Sindicato Nacional das Entidades Fechadas de Previdência Complementar (SINDAPP), Rio de Janeiro, novembro de 2008, p. 241.

COSTA, Elisa Franco de Assis et al. *Envelhecimento populacional brasileiro e o aprendizado de geriatria e gerontologia*. Revista da Universidade Federal de Goiás on line, Ano V, No. 2, dezembro de 2003. Disponível em www.proec.ufg.br/revista_ufg/idoso/envelhecimento.html. Acesso em 19/10/2013.

FELIX, Jorgemar Soares. *Economia da Longevidade. O envelhecimento da população brasileira e as políticas públicas para os idosos*. Dissertação de mestrado em Economia Política da Pontifícia Universidade Católica de São Paulo, São Paulo, 2010. Pp. 2 -3.

FERREIRA, Aurélio Buarque de Holanda. Novo dicionário básico da língua portuguesa. São Paulo: Folha de São Paulo/Nova Fronteira, 1995.

IBGE. A dinâmica demográfica brasileira e os impactos nas políticas públicas. Disponível em <www.ibge.gov.br/home/estatistica/populacao/indic_sociosaude/2009/com_din.pdf>. Acesso em 20/10/2013.

INTERNATIONAL FINANCIAL STATISTICS. International Monetary Fund. Disponível em <http://www.imf.org/external/data.htm>. Acesso em 30/10/2013.

LOPES, Geraldo Magela Xavier. Impactos da longevidade na gestão dos fundos de pensão. *Revista Investidor Institucional*, Set./2006.

MACEDO JUNIOR, Roberto Porto. Contrato Previdenciário como Contrato Relacional. *Revista de Direito do Consumidor*, RDC 22/105, abril-junho de 1997.

MARQUES, Claudia Lima. *Contratos no Código de Defesa do Consumidor*: o novo regime das relações contratuais. São Paulo: Revista dos Tribunais, 2005, p. 65.

MUNDO ENVELHECIDO, país envelhecido. Com Ciência (online). 10 de setembro de 2002. Velhice. Disponível em: <www.comciencia.br/reportagens/envelhecimento/texto/env16.htm>. Acesso em 19/10/2013.

NASSER, Paulo Magalhães. *Onerosidade excessiva no Contrato Civil*. São Paulo: Editora Saraiva, 2011, p. 49.

SILVA, Fabiana Lopes da. *Impacto do risco de longevidade em planos de previdência complementar*. Tese de doutorado da Universidade de São Paulo, São Paulo, 2010, p. 9.

SUSEP. Sistema de Estatísticas da SUSEP – SES. Dados de 2012, disponíveis em <http://www.susep.gov.br>. Acesso em 30/10/13.

— IX —

A representação no contrato de previdência complementar

Ana Flávia Ribeiro Ferraz

Advogada, Especialista em Direito Empresarial pela Universidade Mackenzie e MBA em Seguros e Previdência Privada pela FIA/USP. Membro da Comissão de Produtos da FENAPREVI. Certificação Profissional em Investimentos pela ANBIMA CPA-20.

Sumário: 1. Introdução; 2 Princípios da previdência complementar; 2.1. Princípio da autonomia; 2.2. Princípio da facultatividade; 2.3. Princípio da contratualidade ou liberdade contratual; 2.4. O contrato de previdência complementar; 2.4.1. Natureza do contrato coletivo; 2.4.2. Representação exercida pela pessoa jurídica contratante; 3. Conclusão; Referências bibliográficas.

1. Introdução

Analisar o contrato de previdência complementar sob o ponto de vista dos contratos em geral é de suma importância, uma vez que a especialização técnica envolvida na sua elaboração não é suficiente para revesti-lo da segurança jurídica almejada pelos contratantes.

Em que pese o caráter especial desta modalidade de contrato, previsto na Lei Complementar n. 109, de 29 de maio de 2001, não se deve prescindir de sua sujeição aos princípios gerais dos contratos, mesmo que lidos e interpretados à luz das especificidades do negócio jurídico previdenciário.

A análise jurídica conjugada com a análise técnica do negócio previdenciário constitui trabalho de suma importância e valor no âmbito do regime previdenciário complementar, razão pela qual este artigo, sem pretender esgotar o tema, dedica-se a prestar-lhe ponderações e indagações cujas respostas virão forjadas pela evolução do próprio regime complementar.

2 Princípios da previdência complementar

Verdadeiros enunciados da consciência jurídica do direito, construídos pelo tempo e aplicação, os princípios são orientadores da interpretação e aplicação das normas e, para tanto, precisam ser genéricos e, ao mesmo tempo, passíveis de aplicação (MARTINEZ, 2011, p. 35 a 41).

Além dos princípios constitucionais que regem a seguridade social, elencados no artigo 194 da Constituição Federal, o artigo 202 estabelece três princípios próprios ao regime previdenciário complementar, atribuindo-lhe caráter complementar e facultativo, autônomo, desvinculado do regime geral de previdência social e baseado na constituição de reservas que garantam o benefício contratado.

2.1. Princípio da autonomia

Em sentido restrito, o termo "complementar" significa integralizar, adicionar a quantidade necessária até que se atinja a completude. Pressupõe um limite máximo que, uma vez alcançado, dispensa o complemento. Não se complementa o que está completo.

A despeito do regime previdenciário privado, Wladimir Novaes Martinez assegura que a prestação será complementar quando corresponder ao valor da exata diferença entre a remuneração média do participante e o valor recebido do regime geral de previdência social (MARTINEZ, 2013, p. 1244).

Tal assertiva empregaria sólido vínculo entre os regimes complementar e social, à medida que somente os dois, juntos, asseguram ao participante a percepção de prestação previdenciária equivalente ao valor de sua remuneração média à época da concessão.

Em sentido contrário, reforçando o comando ditado pelo artigo 202 da Constituição Federal, a LC n. 109/01, em seu artigo 68, consagrou a autonomia e independência do regime privado em relação ao regime geral de previdência social, assegurando que a concessão de benefício pela previdência complementar não depende da concessão de benefício pela previdência social.

Dessa forma, o termo "complementar" não deve ser tomado para designar vínculo entre os regimes privado e social, seja pelo aspecto financeiro (valor que completa, complementa), seja pelo aspecto da elegibilidade, segundo o qual a prestação complementar só passaria a ser exigida após ou, no mínimo, concomitantemente à concessão da prestação pelo regime geral.

Segundo o princípio da autonomia, o regime de previdência privada, não obstante objetive complementar o regime geral, a ele não se subordina nem se vincula. Encontra-se organizado de forma autônoma.

Esta autonomia deve ser entendida de forma e ampla e considerada em relação a todos os aspectos políticos e administrativos do regime de previdência social.

Enquanto a previdência social é administrada por autarquia federal – Instituto Nacional de Seguro Social – INSS –, o regime de previdência privada é operado pelas entidades de previdência privada, pessoas jurídicas de direito público, organizadas sob a forma de fundação ou sociedades autônomas, sejas elas entidades fechadas ou abertas, respectivamente.

No mesmo sentido, o rol de coberturas da previdência social previsto no artigo 201 da Constituição (doença, invalidez, idade avançada, maternidade, desemprego involuntário) não encontra, obrigatoriamente, correspondente no regime de previdência privada. Compete à entidade estabelecer os benefícios a serem oferecidos em cada um dos planos que administra e ao órgão regulador e fiscalizador aprová-los e autorizar sua comercialização.

Não há, no regime privado, garantia obrigatória de renda mínima, como determina o §2º do artigo 201[1] da Constituição, que assegura ao beneficiário um provento nunca inferior ao salário mínimo.

Da mesma forma, os requisitos para gozo do benefício previdenciário privado são determinados pelas entidades, na elaboração de seus planos, não havendo determinação prévia de requisitos mínimos de idade ou tempo de serviço tal qual estabelecido para a previdência social.

Ainda que a supervisão do regime de previdência privada esteja a cargo do Estado, sua presença na regulação da matéria e mesmo a semelhança de objetivos não chegam a submeter a relação previdenciária às normas de direito público.

2.2. *Princípio da facultatividade*

Tal princípio está associado ao princípio da autonomia da vontade, que reside na possibilidade de o indivíduo querer ou não querer alguma coisa. O exercício dessa vontade pressupõe inexistência absoluta de coação.

Enquanto o regime de previdência social impõe filiação obrigatória, a participação no regime privado é voluntária, cabendo aos segurados, por vontade própria, buscar alternativas para incrementar os benefícios a serem usufruídos por ocasião da aposentadoria ou às empresas ou associações que pretendam promover tais benefícios em favor de seus empregados e/ou associados. Por esta razão, o ingresso no regime de previdência privado se dá por meio de inscrição, feita por livre determinação das pessoas físicas ou jurídicas, de acordo com a natureza de seus planos.

Os próprios institutos obrigatórios dos planos de benefícios complementares (resgate, portabilidade, benefício diferido e autopatrocínio) constituem direitos subjetivos relativos dos participantes, podendo deles dispor, segundo sua conveniência.

As obrigações decorrentes da vinculação ao regime de previdência privada têm por fonte única a vontade das partes, cabendo ao legislador assegurar instrumentos de garantia ao cumprimento do que foi livremente ajustado.

---

[1] Art. 201. Nenhum benefício que substitua o salário de contribuição ou rendimento do trabalho do segurado terá valor mensal inferior ao salário mínimo.

2.3. Princípio da contratualidade ou liberdade contratual

Ao estabelecer como o regime de previdência complementar será baseado na constituição de reservas que garantam o benefício contratado, o artigo 202 da Constituição consagrou o princípio da liberdade contratual.

Este princípio, não se confunde com a liberdade de contratar, conteúdo do princípio da autonomia da vontade, mas é derivado dele, atuando no âmbito da liberdade de pactuar cláusulas, termos e condições que melhor conduzam as partes ao objetivo almejado.

A liberdade contratual na previdência complementar se manifesta em quatro momentos: 1) liberdade de contratar ou não contratar; regime facultativo; 2) liberdade de escolher o contratante e o modelo de ajuste a firmar; 3) liberdade de estipular o conteúdo do contrato, especialmente nos planos coletivos; e 4) liberdade de acionar o órgão estatal para obrigar ao cumprimento do ajuste.

Em que pese a relevância e a prevalência da liberdade contratual no regime previdenciário complementar, a mesma não é absoluta, sendo condicionada ora por contingências particulares, ora por limitações legais.

Como resultado da convergência de vontades das partes, de um lado, a pessoa física ou jurídica que deseja vincular-se ao regime privado e, de outro, a entidade de previdência complementar, tem-se o contrato de previdência complementar.

2.4. O contrato de previdência complementar

Não apenas o contrato coletivo, mas os contratos de previdência privada em geral são contratos de longa duração, normalmente firmados por prazo indeterminado.

Durante sua vigência, estarão sempre sujeitos a uma condição ou termo, qual seja, a verificação do evento gerador do benefício, podendo ser o alcance de determinada idade ou a ocorrência da morte ou a invalidez, a partir do qual se dará o início do pagamento do benefício contratado.

A termo estarão sujeitos quando neles se determinar que o pagamento do benefício, satisfeitas as condições de elegibilidade, se dará por período de tempo determinado ou enquanto o beneficiário mantiver certa condição como, por exemplo, a menoridade (POVOAS, 1991)

2.4.1. Natureza do contrato coletivo

Entre as características especiais observadas no contrato coletivo de previdência privada está o fato de ser ele um contrato estipulado pelo empregador em favor de seus empregados, dirigentes ou associados. Tais planos são denominados "patrocinados" ou "instituídos", quando nos referimos a uma entidade fechada e "instituídos" ou "averbados", quanto nos referimos a uma entidade aberta.

Tal característica assemelha-se à estipulação em favor de terceiro, mas com ela não se confunde, consoante ensinamento de Silvio Rodrigues:

> (...) dá-se estipulação em favor de terceiro quando, num contrato entre duas pessoas, pactua-se que a vantagem resultante do ajuste reverterá em benefício de terceiro, estranho à convenção e nela não representado. (RODRIGUES, 2002).

Exemplificando o conceito acima, o autor cita o seguro de vida:

> O caso mais nítido de estipulação em favor de terceiro se encontra no seguro de vida. Uma pessoa (estipulante), mediante o pagamento de prêmios anuais consegue da seguradora (promitente) a promessa de pagar a terceiros por aquela indicados (beneficiários), e por ocasião de sua morte, uma importância em dinheiro. O terceiro beneficiado não é parte no negócio jurídico concluído entre o segurador e segurado; apenas se beneficia com a promessa dai resultante. Vê-se, portanto, que embora no contrato surjam três interessados, a convenção se ultima e se aperfeiçoa pela conjugação de duas vontades: a do estipulante e a do devedor. O beneficiário não participa do acordo, circunstancia que deixa à avença o seu caráter estritamente bilateral. (RODRIGUES, 2002, p. 92 e 93)

O fato de o vínculo contratual nascer da vontade manifesta por uma parte (patrocinadora ou instituidora) e aceita por outra (entidade de previdência) em favor de terceiro não envolvido mas por ela beneficiado (beneficiário indicado pelo participante), caracteriza a estipulação em favor de terceiro.

Situação diversa se dá na adesão a plano coletivo cujo único benefício é o de renda de aposentadoria, sem reversão aos beneficiários por ocasião da morte do participante. Em tal ajuste, o beneficiado é somente o participante que aderiu ao plano, em favor dele próprio, sem beneficiar terceiro não envolvido na contratação.

2.4.2. Representação exercida pela pessoa jurídica contratante

A instituidora do plano coletivo assume o papel de estipulante na relação contratual, especialmente nos planos contributários, em que se responsabiliza por parte ou todo o custeio dos benefícios.

Como nos demais ajustes contratuais, o contrato coletivo, na lição de POVOAS,

> tem que ser perfeitamente definido no respeita às partes, no que respeita aos favorecidos, no que respeita ao objeto do contrato, devendo especificar os direitos de cada um dos favorecidos e as consequências técnicas e jurídicas da inadimplência da empresa, nos direitos e obrigações deles. (POVOAS, 1991, p. 165).

A representação exercida pela pessoa jurídica contratante somente será legítima se presente o vínculo direto ou indireto exigido pela Lei Complementar n. 109/2001 para que estabeleça um plano coletivo. A pessoa jurídica somente poderá contratar plano coletivo em favor das pessoas físicas vinculadas a ela, direta ou indiretamente. Este vínculo constitui requisito para a instituição de plano coletivo, sendo nulo o contrato firmado por pessoa jurídico em proveito de pessoas que a ela não estejam vinculadas.

Verificado o requisito legal do vínculo, a pessoa jurídica estará apta a contratar plano coletivo e, nesta condição, exercer a representação de seus colaboradores perante a entidade, incluindo nesse contrato elementos do contrato de mandato.

Todavia, a representação exercida pela empresa contratante de plano coletivo não se reveste do formalismo aplicado aos mandatos em geral assim como definido no artigo 653 do Código Civil, ao mencionar a procuração: "*quando alguém recebe de outrem poderes para, em seu nome, praticar atos ou administrar interesses*".

Ao prescindir da formalização do instrumento do mandato – a procuração – a representação exercida no contrato de previdência privada se materializa a partir do vínculo entre a pessoa jurídica contratante e o favorecido (participante).

Em relação aos contratos em geral, dessa representação decorrem as seguintes consequências: a) os atos do mandatário vinculam o mandante quando tais atos estiverem contidos nos poderes conferidos pelo mandante; b) os atos praticados em nome próprio pelo mandatário não vincula os mandantes; c) quaisquer atos praticados pelo mandatário além dos poderes conferidos pelo mandante não vinculam os últimos.

A aplicação dessas premissas à representação exercida pela empresa no contrato coletivo requer a análise dos limites da representação por ela exercida.

O legislador derivado tampouco o regulador e fiscalizador, ao disciplinar o regime privado de previdência, não se ocuparam de estabelecer os limites da representação no contrato coletivo. Apenas atribuíram à empresa ou associação ou entidade de classe ou associativa a possibilidade de contratarem em favor dos seus empregados e/ou filiados.

Tampouco entendeu por exigir o instrumento de mandato que confere e delimita os poderes da pessoa jurídica para contratar plano coletivo em favor das pessoas a elas vinculadas.

Dada a ausência de exigências formais para a caracterização desse mandato, o elemento capaz de delimitar os poderes conferidos ao representante pode ser extraído do objeto do plano, qual seja, a concessão de benefícios de natureza previdenciária, em caráter complementar à previdência social. Se o contrato coletivo tem por objeto conceder benefícios previdenciários a pessoas físicas vinculadas a uma pessoa jurídica, o exercício da representação se dará nos fins e limites desse objeto, sendo garantida ampla liberdade ao mandatário, desde que atue de acordo com os interesses dos seus mandatários.

Nestes termos, todo e qualquer ato da pessoa jurídica contratante que verse sobre o plano previdenciário vinculará os participantes.

Por outro lado, os atos que versarem sobre interesses próprios da pessoa jurídica contratante não afetarão os participantes, produzindo efeitos somente entre esta e a entidade, assim como os atos não relacionados ao objeto do contrato previdenciário.

Como exemplo, podemos citar a rescisão do contrato previdenciário por iniciativa da instituidora, com transferência do plano para outra entidade. Sendo a rescisão interesse único da empresa contratante, a mesma não afetará automaticamente os participantes do plano, os quais têm assegurado o direito de permanecerem vinculados ao plano e à entidade de origem, nos termos e condições vigentes na data da rescisão. Somente mediante manifestação expressa e inequívoca dos participantes, inclusive com a prova de inscrição na nova entidade e no novo plano, é que a entidade de origem poderá movimentar seus recursos e cancelar sua inscrição no seu quadro de participantes.

Não há dúvida quanto à sujeição do contrato previdenciário à atual velocidade com que as premissas econômicas e financeiras assumem novas feições, à evolução das relações de trabalho e das políticas de recursos humanos das empresas. E em cenário em constante mutação, não há como conceber um contrato estático, alheio à realidade que o circunda.

Em tal realidade, os limites e o verdadeiro objetivo do mandato atribuído à empresa são os comandos a serem observados por ela tanto na contratação, como no desenho das regras dos planos, quanto na execução do contrato, especialmente nos momentos de revisão de suas regras. Se, por um lado, o contrato previdência carrega consigo a expectativa de longa duração, por outro são muito comuns as revisões de características técnicas, financeiras e o próprio rol de benefícios dos planos.

3. Conclusão

Além dos princípios constitucionais previstos no artigo 194 da Constituição Federal, o artigo 202 estabelece três princípios específicos do regime complementar: autonomia, facultatividade e liberdade contratual.

Enquanto o princípio da autonomia garante à previdência privada a desvinculação do regime geral de previdência social, os demais princípios lhe impõe o tratamento dos negócios jurídicos bilaterais, denominados contratos. É por meio do contrato que as partes se vinculam para o fim de instituir planos previdenciários privados.

A elaboração desses contratos deve atender os requisitos mínimos estabelecidos pelos órgãos reguladores e fiscalizadores das entidades. Todavia, o atendimento a tais requisitos não assegura a segurança jurídica necessária à estabilidade de tal longeva relação.

A contratação coletiva, em especial, se dá entre a pessoa jurídica contratante e a entidade, que discutem entre si os termos e condições do contrato previdenciário, exercendo amplamente a liberdade contratual. Em relação aos participantes do plano coletivo, a inscrição no plano se dá por adesão ao contrato.

Neste passo, a contratação coletiva contempla aspectos do instituto da representação e da estipulação em favor de terceiros, interpretados à luz das especificidades do negócio jurídico previdenciário.

Tal representação independe do instrumento de mandato, que se presume quando verificado o vínculo legal exigido para fins de contratação de planos coletivos. Tem-se como legítima a representação para efeito de contratação de plano coletivo quando efetivo o vínculo existente entre o participante e a pessoa jurídica contratante.

O que se verifica por todo o exposto é que não é apenas o vínculo perfeitamente caracterizado e traduzido entre o participante e a empresa contratante suficiente para legitimar a instituição do plano coletivo. A análise dos institutos da estipulação em favor de terceiro e da representação adicionam novos ingredientes à discussão a respeito da atuação da empresa enquanto representante dos participantes.

Referências Bibliográficas

MARTINEZ, Wladimir Novaes. *Curso de Direito Previdenciário*. São Paulo: LTr, 2013.

——. Princípios de Direito Previdenciário. São Paulo: LTr, 2011.

POVOAS, Manuel Soares. *Previdência Privada – planos empresariais*, vol II. Fundação Escola Nacional de Seguros, 1991.

RODRIGUES, Silvio. *Direito Civil,* vol. 3. São Paulo: Saraiva, 2002.

— X —

Agências reguladoras: o papel do Estado na economia ao longo da história

Aluízio Barbosa

Advogado graduado pela Universidade Federal do Rio de Janeiro – UFRJ, MBA em Direito de Empresas pela PUC-RJ, Especialização em Desenvolvimento Gerencial pelo IBMEC-RJ. Membro da Associação Brasileira de Direito de Seguro (AIDA). Professor da FGV – Fundação Getúlio Vargas e da FUNENSEG – Fundação Escola Nacional de Seguros.

Angélica Carlini

Advogada, Doutora em Direito Político e Econômico, Doutora em Educação, Mestre em Direito Civil e Mestre em História Contemporânea. Professora do curso de Direito da Universidade Paulista – UNIP.

Camila Leal Calais

Inscrita na OAB de São Paulo, 2000. Cursou Faculdade de Direito da Instituição Toledo de Ensino, Bauru, 1999. Cursando Mestrado em Direito Comercial na Pontifícia Universidade Católica de São Paulo. Autora de diversas publicações em seguros. Professora de Direito em cursos de pós-graduação da Fundação Getúlio Vargas, da Escola Paulista de Direito e da Escola Nacional de Seguros. Membro da Associação Brasileira de Direito de Seguros (AIDA) e da *Association of Fellows and Legal Scholars of the Center for International Legal Studies*.

Daniel Flores Carneiro Santos

Advogado formado pela Universidade Salvador e pós-graduado em Direito Constitucional pela Universidade de Lisboa, na qual cursa Mestrado em Direito Constitucional.

Diego Nunes

Advogado, Pós-Graduando em Especialização em Direito Contratual pela PUC/SP.

Raphael de Oliveira Pister

Advogado graduado pela Universidade Candido Mendes-RJ e especialista em Direito Civil e Processual Civil pela FGV-RJ.

Shana Araujo de Almeida

Advogada formada pela Faculdade Nacional de Direito (UFRJ), com Extensão em Direito do Seguro e Resseguro pela Fundação Getúlio Vargas (FGV-Rio), Pós-Graduada em Direito Público e Tributário pela Universidade Cândido Mendes (UCAM) e MBA em Direito Securitário na Escola Superior Nacional de Seguros – FUNENSEG.

Vivien Lys Porto Ferreira da Silva

Advogada especialista em contratos e mestre em direito civil, ambos pela Pontifícia Universidade Católica de São Paulo. Professora do Curso de Especialização de Contratos *lato sensu* da Pontifícia Universidade Católica de São Paulo.

Sumário: 1. Introdução; 2. Crise de 29 – A grande depressão; 3. *Welfare State* (O Estado do Bem-Estar Social); 4. Modelo norte-americano de agências reguladoras; 5. Características das agências reguladoras; 6. Modelo regulatório atual do mercado segurador; 6.1. Sistema nacional de seguros privados; 6.2. Conselho nacional de seguros privados; 6.3. Superintendência de Seguros Privados, de Previdência Privada Aberta e de Capitalização – SUSEP; 6.4. Conselho de Recursos do Sistema Nacional de Seguros Privados, de Previdência Privada Aberta e de Capitalização – CRSNSP; 7. Agências reguladoras e proteção do consumidor individual; 8. O novo modelo regulatório do mercado segurador.

1. Introdução

Diante do tema proposto, mister que iniciemos nossa análise verificando, mesmo que em breves palavras, o contexto histórico e social ao qual o tema se propõe. Tal necessidade se dá para que não levemos o leitor a uma série de definições conceituais e normativas, bem como uma análise crítica destas sem que o contexto histórico as quais estas se relacionam sejam apresentadas, pois, poderíamos incorrer em resultados diversos aos quais desejamos com o presente capítulo. Objetivamos convidar nosso interlocutor a uma reflexão profunda quanto ao modelo adotado pelo Brasil na formação de seu arcabouço jurídico-regulatório e organizacional na criação e desenvolvimento de seus órgãos responsáveis pela regulação da atividade econômica, em especial no mercado securitário.

Retornando aos elementos históricos, devemos nos lembrar das primeiras lições referentes à formação dos Estados, isto ainda na transição entre o período absolutista (porém já no denominado período moderno, com a figura do estado moderno), contudo ainda fundamentado em princípios feudais e o período contemporâneo, quando houve a mudança de paradigma na organização social e econômica da sociedade ocidental, em especial a sociedade europeia, na qual a organização social deixou de se pautar em uma produção de subsistência e transferência do excedente da produção para o enriquecimento de um "senhor feudal" (de uma monarquia absolutista), cuja produção se dava essencialmente pelo regime de servidão e produção artesanal nos moldes das antigas corporações de ofícios para um modelo em que há o surgimento de conceitos econômicos, de mercado, principalmente após a Revolução Francesa (1789-1799), quando houve o fortalecimento de uma estrutura social pautada em um novo modelo de Estado, em que não há mais um soberano, um rei, e sim, a figura de um administrador, ao qual deve necessariamente vincular-se aos conceitos de *Liberté, Égalité, Fraternité* (em português: liberdade, igualdade e fraternidade). Estes são os pilares fundamentais da construção do conceito de democracia, na qual o indivíduo deixa de ser um servo e passa a ser um cidadão.

Tal fato permitiu o desenvolvimento econômico do Estado com novas bases, nas quais a produção passou a formar uma "poupança interna" com o nascimento de uma classe "burguesa" e sua participação nas decisões do Estado, este já consolidado durante o período absolutista (formação dos Estados Modernos), porém, primitivo quanto a sua estrutura econômica. Desta forma, permite-se o desenvolvimento do modelo econômico fundamentado na existência do Mercado (no modelo capitalista onde há produção e consumo/demanda). Aprofundando-se no fortalecimento (necessidade) de estruturas regulatórias, desde disciplinar as relações mercadológicas, como moeda, câmbio, etc., ao regramento sobre competição, intervenção econômica, meios de substituição das antigas corporações de ofício por meios produtivos industrializados (primeira revolução industrial em meados do século XVIII).

Considerando o advento do desenvolvimento econômico e social, surgem demandas sociais completamente diferentes do período feudal, pois, no lugar de servos, há uma força motriz, trabalhadora, baseada tipicamente na produção "em escala" após a primeira revolução industrial ocorrida em meados do século XVIII, quando a sociedade se dividiu basicamente em duas camadas: a chamada classe operária, força motriz da produção em escala, detentora do capital humano, ou seja, do "trabalho", e de outro lado, o capital, possuidor das riquezas necessárias para o desenvolvimento econômico, investimentos, sendo este detentor do poder econômico, capaz de investir os recursos necessários para a produção. Temos com isto a consolidação da luta entre classes, porém, agora, de uma forma sistematizada, e não mais modelos de luta de grupos contra um soberano ou uma oligarquia, mas, sim, uma luta dentro de um Estado organizado, de forma sistematizada, e em defesa dos diferentes interesses que emergem destas classes inicialmente "contrapostas".

Como meio de pacificação social, a Administração Pública, ou seja, aqueles cuja competência se dá em equacionar os diferentes interesses de uma sociedade cada vez mais complexa em suas relações, passa a intervir nesta relação de forma a permitir que haja desenvolvimento econômico, social e ao mesmo tempo haja a manutenção do Estado. O sustento da Administração Pública, no lugar do Soberano, nos moldes do "O Contrato Social" de Jean-Jacques Rousseau (1712-1778), pois, diante da chamada "luta entre classes" e do aprofundamento dos conflitos sociais, passou, cada vez mais, a haver necessidade de uma moderação entre a classe operária, que buscava melhores condições de trabalho e sobrevivência, composta pela maioria das pessoas e de outro lado os detentores do capital, cada vez mais, defensores de interesses pautados no aumento da lucratividade, bem como a manutenção da máquina pública para a gestão do bem público já com o advento das Repúblicas no ocidente.

Podemos dizer que, após a queda do Absolutismo Francês, o mundo ocidental passou a repensar sua forma de organização, quando conceitos do Liberalismo Econômico, aprofundados por Adam Smith no século XVIII (século das luzes), fortaleceram-se chegando em sua máxima extensão neste período (século XVIII), em que os defensores do capitalismo defendiam a tese da intervenção mínima do Estado ou se possível a ausência do Estado nas relações econômicas, nas quais, o mercado por si só seria capaz de regular-se, de forma tal, que a "mão invisível do mercado" ("A Riqueza das Nações", de Adam Smith – 1776) seria capaz de criar todas as condições para o desenvolvimento econômico, ou seja, surgem os pilares do conceito capitalista liberal, a iniciativa privada, capital, economia de mercado, propriedade privada, não intervenção, etc.

Tal fato foi contraposto com o surgimento de outras ideologias no pensamento da organização política e contrárias ao modelo liberal-democrático, como o modelo operário, com os conceitos de Karl Marx ("Comunismo Proletariado"), com os quais se defendia a intervenção do Estado, gerido por uma classe tipicamente fundamentada na classe operária ("ditadura operária"), com conceitos fundamentados no Comunismo e no Socialismo os quais o Estado deve atender todas as necessidades sociais e humanas, administrado pela classe produtora da riqueza de um país, contrapondo-se por completo ao conceito do capitalismo e do liberalismo econômico de forma tal que conceitos como *mercado aberto*, *capital*, *iniciativa privada* e *propriedade privada* deveriam ser transferidos ao Estado ("terras aos camponeses", "nacionalização das indústrias" e "paz sem indenizações e sem anexações"), sob o monopólio de um partido único, cujo acesso aos "bens" deveria se dar por meio de permissão estatal, vez que estes mercados eram fechados. Não mais "haveria propriedade privada" ou detentores do capital, pois, a todos pertenceriam as riquezas da nação, cabendo ao Estado sua divisão na sociedade.

Tais conceitos obtiveram maior desenvolvimento com o advento da Revolução Russa em meados de 1917 (Revolução de Outubro de 1917, em que bolcheviques comunistas liderados por Vladimir Lênin tomaram o poder na Rússia), cuja expansão se deu por diversos países (expansão soviética) até o fim da segunda Grande Guerra (1945) com a divisão do mundo em dois grandes blocos, no que se denominou mundo "bipolar", acarretando o desenvolvimento da Guerra Fria, de um lado liderada por uma força (Bloco comunista/socialista) pela antiga "União Soviética" e de outro uma força (Bloco Capitalista) fundamentalmente orientada pelos Estados Unidos da América.

Outra corrente fundamentou-se nos modelos de Estados com bases no Fascismo, especialmente de Benito Mussolini (Itália, 1922-1943), e os conceitos Nazistas do Segundo Reich (Países do "eixo" durante a Segunda Grande Guerra 1939 a 1945). Nestes, em especial no modelo de Mussolini, tivemos o desenvolvimento de um modelo de organização de Estado totalitário (todo o poder ao Estado), nacionalista, no qual este, como gestor da coisa pública, passou a intervir em todos os campos da sociedade, não somente econômico, "tudo ao Estado, nada contra o Estado, nada fora do Estado". Embora ainda houvesse a propriedade privada e alguns conceitos econômicos, o Estado, no exercício de suas atribuições e com base na lei, agora com poderes "plenos", fundamentado no positivismo jurídico em sua máxima extensão, passou a praticar todos os atos que entendeu como estratégico para organização da sociedade e de sua sobrevivência (manutenção do Estado), sempre contrários ao Comunismo, Socialismo e principalmente a Democracia liberal, diante especialmente da necessidade de manutenção de um Ditador Soberano (chefe do Estado).

Tivemos neste modelo de organização o fortalecimento da intervenção pública na economia, em que a luta entre classes deixaria de existir, na medida em que ao Estado delegou-se a prerrogativa de organizar e equacionar os interesses entre o Capital e a classe trabalhadora. Em tese, ambos a este pertencem, e seu objetivo é o de mitigar a luta entre classes para o desenvolvimento de uma única e exclusiva classe nacional, acabando com isto com as chamadas classes sociais.

Em linhas gerais, podemos dizer que a evolução histórica se deu desta forma quanto às principais formas de pensamento e estrutura dos Estados na sociedade ocidental, contudo, importante agora expormos com um pouco mais de detalhes alguns elementos histórico, de forma mais detalhada, pois, neste momento passamos a expor os principais conceitos econômicos que surgiram durante o transcurso histórico e sua influência no modelo econômico nacional.

2. Crise de 29 – a grande depressão

Diante da crescente expansão do liberalismo econômico com conceitos de Adam Smith, especialmente na Inglaterra e países europeus após o advento da Revolução Industrial (segunda metade do século XVIII), também ocorreu sua consolidação nos Estados Unidos após a Guerra da Secessão (1861-1865), inclusive tivemos um grande fortalecimento do modelo Capitalista, democrata-liberal e especulativo, nos países que não aderiram ao Socialismo Soviético de 1917.

Nos Estados Unidos, este modelo econômico tornou-se profundamente arraigado à organização de sua sociedade e com o surgimento de um grande mercado consumidor na Europa houve grande desenvolvimento econômico e riqueza neste país.

Com o advento da primeira Grande Guerra (1914-1917), houve interrupção deste crescimento, pois o fortalecimento da produção industrial naquele país se deu basicamente para abastecer o mercado europeu. Contudo, diante do fim da guerra e praticamente a "quebra" do diversos países europeus, agora enfraquecidos e necessitando recompor sua economia, o principal mercado consumidor da produção americana tornou-se extremamente carente, deixando os Estados Unidos sem ter como escoar sua produção.

Diante da produção superior, a demanda desde o término da guerra a consequência se deu no advento da crise econômica de 1929, com sua declaração oficial com a quebra da Bolsa de Valores de Nova Iorque em 14 de outubro de 1929.

Os efeitos desta depressão econômica, a chamada "Grande Depressão", se estenderam por toda a década de 30, cujo ápice foi em meados de 1933, e seus efeitos repercutiram por todos os países de base capitalista, em especial os mais industrializados.

Como forma de resposta à crise, foi implementada em 1933 pelo então presidente dos Estados Unidos Franklin Delano Roosevelt uma série de medidas econômicas e sociais reconhecidas como *New Deal* ("Novo Acordo"). Em síntese, tais medidas se davam como diferentes intervenções na economia e no mercado em geral, com a mudança nas regras referentes à jornada de trabalho, maciço investimento em obras públicas para criação de novos empregos, criação de agências reguladoras federais e independentes de forma a permitir a regulação de setores antes desregulados com base na não intervenção estatal, etc.

No *New Deal* tivemos o surgimento de um novo modelo de regulação econômica tipicamente por meio de agências reguladoras (*Independent Regulatory Commissions*) nos Estados Unidos com a *Securities and Exchange Act,* cujas feições básicas se davam: "é uma comissão do governo federal, independente, bipartidária, "quase-judicial", na medida em que julga, em instância administrativa única, os processos sancionadores que instaura, e "quase-legislativa", posto que dotada de poderes expressos para regulamentar a legislação federal sobre "securities" (EIZIRIK, Nelson[1]). O Estado rompe com o modelo de Adam Smith e passa a disciplinar matérias estratégicas para o desenvolvimento social, pois, a "mão invisível do mercado" em sua autorregulação mostrou-se ineficaz diante da capacidade humana especulativa e gananciosa no desejo de obter lucros a qualquer custo.

Este programa de estímulo econômico e de ajuda social permitiu aos Estados Unidos e aos países afetados pela grande depressão criar mecanismos para enfrentar a crise, permitindo o retorno ao crescimento econômico.

Contudo, tais medidas não foram suficientes para suprir a demanda social por melhores condições de trabalho e sobrevivência, pois, com o fortalecimento do liberalismo, as classes menos favorecidas, classes de trabalhadores, eram submetidas a extenuantes cargas de trabalho, com elevada jornada de trabalho e baixíssima remuneração.

Constantemente expostos a condições degradantes, os trabalhadores possuíam poucos direitos e quase nenhuma representatividade nas decisões econômico-governamentais.

---

[1] EIZIRIK, Nelson. *O COLEGIADO DA CVM E O CRSFN COMO JUÍZES ADMINISTRATIVOS: REFLEXÕES E REVISÃO*. Transcrição de parte da Conferência proferida em 4 de setembro de 2.006, no Seminário Internacional "Analisando o presente e pensando o futuro", em comemoração dos 30 anos de criação da CVM. disponível em: <http://www.bmfbovespa.com.br/pdf/ArtigoEizirikCompleto.pdf>. Visto em 11 de novembro de 2013.

Com a Grande Depressão de 29 ensejando no aumento significativo de pessoas em estado miserabilidade e o surgimento de novos pobres, o governo americano se viu diante da necessidade de atuação junto a estas classes. O *New Deal* não se fez suficiente no atendimento destas demandas sociais. Mesmo em outros países havia problemas correlatos, apenas com algumas particularidades locais de acordo com cada caso.

No Brasil, há quem diga que pouca influência houve com a crise de 29, pois, ainda naquele período, o modelo nacional se dava com pouco desenvolvimento industrial, ainda sob o início da migração de um modelo agrário para um modelo econômico industrial de uma economia de mercado.

O *New Deal* influenciou a política econômica brasileira, em especial a política adotada pelo então presidente, Getúlio Vargas, dizem, admirador de Roosevelt. Contudo, no modelo americano tivemos o modelo democrático e capitalista como base de sua ordem social; no Brasil, com Getúlio Vargas, tivemos a implantação de um modelo de estrutura política misto, influenciado pelo *New Deal* quanto a medidas para salvaguardar a economia e principalmente regular o mercado, porém, este foi também influenciado pelo modelo de Mussolini na implantação de um modelo de governo nacionalista e ditatorial ensejando no chamado Estado Novo.

3. *Welfare State* (o Estado do Bem-Eestar Social)

Diante da necessidade de atendimento às demandas sociais em meio ao modelo capitalista, surge, em diferentes países, um modelo de assistencialismo social, em que o Estado passa a garantir direitos básicos a sua população, independente de estas pessoas estarem ou não inseridas nos meios produtivos.

Inicialmente, ainda no *New Deal*, tais medidas de assistência social se deram junto aos sindicatos de classes de trabalhadores, que se organizaram como forma de fortalecer o poder de negociação e representação da classe operária junto aos "patrões" detentores do capital.

No entanto, estes sindicatos apenas representavam uma parcela da sociedade, sendo necessária a adoção de medidas que assegurassem que todas as pessoas de alguma forma fossem inseridas no mercado, consumindo a produção industrial e, ao mesmo tempo, sendo-lhes assegurado, por todo vida, condições mínimas de sobrevivência com dignidade.

Tal movimento se deu no que se denominou *Welfare State* ou em português "Estado do Bem-estar Social", podendo ser compreendido como:

> (...) um conjunto de serviços e benefícios sociais de alcance universal promovidos pelo Estado com a finalidade de garantir uma certa "harmonia" entre o avanço das forças de mercado e uma relativa estabilidade social, suprindo a sociedade de benefícios sociais que significam segurança aos indivídu-

os para manterem um mínimo de base material e níveis de padrão de vida, que possam enfrentar os efeitos deletérios de uma estrutura de produção capitalista desenvolvida e excludente.[2]

O Estado passa a garantir padrões mínimos de educação, saúde, habitação, renda e seguridade social, por meio de aplicação de políticas públicas, denominando-se como direitos sociais, cujo objetivo primordial não é a intervenção estatal na economia de modo a fomentar o desenvolvimento social, mas, sim, a de que os serviços prestados serão considerados direitos inerentes aos cidadãos, relacionados a estes especificamente, ou seja, esta é a principal diferença entre o *Welfare State* e outros modelos de Estado assistencial.

> Em diferentes épocas e períodos históricos, é possível identificar vários tipos de políticas assistenciais promovidas por inúmeros Estados. No transcurso do século 18, por exemplo, países como Áustria, Rússia, Prússia e Espanha colocaram em prática uma série de importantes políticas assistenciais. Porém, esses países desenvolveram ações desse tipo nos marcos da estrutura de poder não-democrático.[3]

Diferentemente do que temos no Estado do Bem-estar Social, no qual a base deste modelo de assistencialismo se dá necessariamente como medida de correção ao modelo liberal e capitalista.

Podemos dizer que a profunda desigualdade social gerada pelo modelo liberal e democrático enseja na necessidade desta correção pela intervenção estatal. Uma forma encontrada pelo Estado para efetuar tais correções sem que haja a intervenção direta na economia é assegurar direitos e garantias mínimas para seus cidadãos por meio de um conjunto de assistências. Seja na esfera trabalhista, previdenciária ou na esfera social propriamente dita, assegurando o acesso, por exemplo, à educação e a saúde.

Talvez possamos expor o modelo "Getulista" em máxima extensão como um paralelo ao modelo do *Welfare State* com suas políticas assistenciais criadas no âmbito do modelo de governo ditatorial (1930-1945), nacionalmente reconhecido como o "pai dos pobres" mediante propagando política criada pelo então Departamento de Imprensa e Propaganda (DIP), este desenvolveu uma série de medidas, tais como a Consolidação das Leis Trabalhistas por meio de CLT.

Este modelo de "Estado do Bem-estar" se deu especialmente após a Segunda Grande Guerra, sendo que na Grã-Bretanha foi o país com maior destaque neste modelo de intervenção social. Porém, tais medidas se estenderam para outras regiões, países, chegando ao seu auge em meados da década de 60.

Um fato que devemos verificar é que há direta relação entre o crescimento econômico e a possibilidade de se ofertar maior quantidade de serviços, não sendo necessariamente importante a verificação do modelo de organização do Estado em

---

[2] MARSHALL, Thomas, 1967, p. 12-97 *apud* CONSELHO REGIONAL DE ADMINISTRAÇÃO – RJ. *DESIGUALDADE SOCIAL E O WELFARE STATE BRASILEIRO*. disponível em: <http://cra-rj.org.br/site/cra_rj/espaco_opiniao_artigos/index.php/2011/07/15/desigualdade-social-e-o-welfare-state-brasileiro/>.

3 CANCIAN, Renato. *ESTADO DO BEM-ESTAR SOCIAL: HISTÓRIA E CRISE DO WELFARE STATE*. Especial para a Página 3 Pedagogia & Comunicação. disponível em: <http://educacao.uol.com.br/disciplinas/sociologia/estado-do-bem-estar-social-historia-e-crise-do-welfare-state.htm>.

um primeiro momento, ou seja, se este é ditatorial ou democrático, por exemplo, mas, sim, para que se sustente este modelo é imprescindível que haja crescimento econômico, pois, sem que haja capital para sustento deste modelo, este por si só decairá por insuficiência de fundos para sua manutenção.

Tal fato, ou seja, a falta de fundos foi o que ensejou no declínio deste modelo, pois, com o crescente aumento da demanda e respectivo crescimento da oneração da máquina pública com a necessidade de sustento destes modelos assistenciais, acabou-se em acarretar em uma crise fiscal do Estado, compatibilizar gastos públicos com crescimento econômico torna-se matéria de difícil conclusão, principalmente diante das variações econômicas naturais no curso histórico, de tal sorte que tais variações e consequências ensejam naturalmente na separação entre o "capital" e o "trabalho".

Podemos expor o modelo de privatização das empresas públicas adotada na Inglaterra após a eleição da primeira-ministra Margareth Thatcher (do Partido Conservador; que governou de 1979 a 1990) que representou o marco histórico do desmonte gradual do Estado de Bem-estar inglês, modelo este seguido por outros países.

Por fim, se formos traçar uma breve comparação entre o *New Deal* e o *Welfare State*, podemos dizer que o primeiro foi um modelo de intervenção econômica cujo objetivo essencial era salvar o modelo capitalista de seu declínio completo, mediante uma série de medidas de intervenções principalmente no modelo regulatório econômico (em especial nos Estados Unidos) e o segundo, sim, um medida de intervenção social para correção das distorções geradas com o capitalismo, favorecendo e necessitando ao mesmo tempo do desenvolvimento econômico, evitando com isto a proliferação ou fortalecimento da "luta entre classes".

No Brasil, podemos dizer que nenhum dos dois modelos chegou a ser propriamente implantado, pois, em um primeiro momento estávamos diante de um país cuja economia era agrária, em um começo atrasado de desenvolvimento capitalista e de economia de mercado, e em outro momento, as medidas de garantia assistenciais somente foram realmente positivadas no direito brasileiro com o advento da Carta Constitucional de 1988, ou seja, completamente fora do contexto histórico.

Enquanto o mundo globalizado busca meios de sobrevivência do capitalismo e da economia de mercado em compatibilidade com as necessidades sociais atuais, mas, acima de tudo, com a escassez de mão de obra, esgotamento dos meios naturais, garantia e desenvolvimento de um meio ambiente sustentável, ressurgimento de países fundamentalistas contrários aos princípios democráticos, etc., ainda estamos em solo pátrio discutindo prevalência de direitos trabalhistas ou medidas de estimulo econômico em detrimento destes direitos, "desburocratização" de procedimentos administrativos, "clientelismo" na máquina estatal, falta transparência e autonomia de órgãos públicos, etc., ou seja, com quase um século de atraso se for considerar que tais discussões já foram plenamente superadas nas democracias mais desenvolvidas de nosso globo terrestre.

4. Modelo norte-americano de agências reguladoras

As agências norte americanas começaram a ser introduzidas no final do século XIX, e ganharam força no movimento histórico do *New Deal*, apresentando uma nova forma de descentralização do Estado a fim de propiciar um controle mais efetivo e especializado em cada área regulada com estrutura legislativa e institucional próprias.

Essa nova proposta de regulamentar a economia americana foi necessária a fim de contribuir com a expansão do Capitalismo, na medida em que se acreditava que esta nova estrutura daria a independência necessária para cada setor da economia crescer de acordo com suas características e necessidades, impulsionando assim de forma mais rápida o crescimento econômico estruturado.

O funcionamento das agências foi regulado em 1946 por meio de norma infraconstitucional, a *Administrative Procedure Act* (APA), para nomeá-las como órgão autônomo em relação ao Poder Legislativo, Executivo e do Judiciário, constituindo-se como órgão do governo regulador com foco nos aspectos sociais e econômicos.

Esta margem de independência permitida para as agências foi em razão do sentimento de ineficácia da estrutura organizacional estatuída no sistema da *commow law*, levando à necessidade da criação das agências com a missão de atuarem com especificidade e técnica especializadas nos assuntos específicos a regulamentar o setor a elas conferidas, sem qualquer influência política e ainda sem estarem subordinadas ao controle jurisdicional.[4]

Como no sistema da *commow law* as decisões judiciais ganham "força de lei", por criarem precedentes através de seus julgados que influenciam e até normatizam outras relações do direito, a criação das agências teve como prisma regular o Estado de Direito em setores da economia, sem a interferência dos juízes que não detinham a especificidade técnica que se propunham as agências.

Outra característica importante das agências norte americanas, que contribuiu para sua Autonomia, era o fato de que seus dirigentes nomeados gozavam de estabilidade, não podendo ser destituídos sem motivo comprovado do exercício abusivo de suas próprias razões ou ainda contrário às normas editadas pela agência.

O objetivo das agências era formar uma estrutura organizacional e normativa que respondiam à demanda do mercado socioeconômico, seja de forma preventiva através de orientação setorizada, seja de forma fiscalizadora, em um contexto para

---

[4] DI PIETRO, Maria Sylvia Zanella. *Direito Administrativo*, 19. ed. São Paulo: Atlas, 2006, p. 134.

promover a harmonização entre as empresas, bem como instituir normas infralegais com eficácia e eficiência.

Assim, as agências, que detinham o comando e fiscalização de cada mercado regulado por elas, promulgavam as *rulemaking* que normatizavam as novas diretrizes e diante destas exigia-se o comportamento ideal ou dentro de um contexto normativo específico, decidindo na via administrativa um determinado conflito daquele setor (*adjudication*).

Por possuírem este poder de normatização de cada setor, as agências foram instituídas com uma grande e forte independência em relação aos outros Poderes, pois elas podiam publicar normas infra-legais (função semelhante ao do Poder Legislativo), com base nestas, elas fiscalizam o setor e decidiam eventuais conflitos entre as empresas reguladas (função semelhante ao do Poder Judiciário) e, por fim, ainda possuíam a função de administrar interesses de todos os regulados (função semelhante ao do Poder Executivo), harmonizando-os com os anseios e necessidades do mercado regulado.[5]

A criação desse modelo foi eficaz e trouxe resultados positivos à economia norte americana, marcando uma forte regulação independente de cada setor com resultados práticos efetivos e positivos, tais como os exemplos mencionados a seguir:

> **I.** *Interstate Commerce Comission* **(ICC):** esta foi a primeira agência reguladora norte-americana, nomeada como Comissão de Comércio Interestadual, criada em 1887. Sua criação teve como fundamento a necessidade da regulação do setor ferroviário norte-americano. Seu papel de destaque na criação do modelo de sucesso de agência norte-americana marcou sua presença na história porque com a sua instituição verificou-se o poder positivo da regulamentação setorizada com a resolução rápida e eficaz dos conflitos existentes entre as ferrovias e os transportes diante dos dirigentes especialistas na matéria, era possível conceder independência à esta agência pois sua regulamentação era fundamentada por especialistas que visavam o bem comum e crescimento organizado do setor.
>
> **II.** *United States Geological Survey* **(USGS):** agência criada para regulamentar o conhecimento científico sobre os recursos naturais dos Estados Unidos da América. Sua contribuição para seu desempenho de sucesso foi em razão da sua inter-relação com o setor privado de forma a propiciar o monitoramento eficaz das condições geológicas americanas.
>
> **III.** *Energy Information Administration* **(EIA):** agência instituída para promover o estudo do mercado de energia, de como a contribuir com o governo americano com estudos e dados estatísticos sobre o setor em conjugação com a preservação do meio ambiente. Esta agência exerce papel importante em nosso estudo por demonstrar a forte independência, pois suas decisões são soberanas inclusive perante o Poder Executivo que não pode questioná-las.

Não podemos deixar de mencionar também a existência de outras agências que marcam o sucesso na criação do modelo de independência da regulação de cada setor: CAB – *Civil Aeronautics Board* (Conselho Civil de Aeronáutica); FCC – *Federal Communications Comission* (Comissão Federal de Comunicações); FMC – *Federal Maritime Commission* (Comissão Federal Marítima); FRB – *Federal Reserve Board* (Conselho do Banco Central) e órgãos do sistema do FED (Federal Re-

---

[5] RODRIGUEZ, Andres. *Las administraciones independientes: un reto para el estado social y democrático de derecho*. Madrid: Tecnos, 1994. p. 32-55.

serve); FTC – *Federal Trade Comission* (Comissão Federal de Comércio); NLRB – *National Labor Relations Board* (Conselho Nacional de Relações Trabalhistas); NRC – *Nuclear Regulatory Comission* (Comissão de Regulação Nuclear); FERC – *Federal Energy Regulatory Commission* (Comissão Federal de Regulação da Energia); e SEC (*Securities and Exchange Commission*).[6]

Toda esta característica de independência que apresentava semelhanças com as funções dos Três Poderes, mas agiam desvinculadas a estes, foi importante para impulsionar a economia americana, na medida em que elas eram essenciais à nova estrutura sociopolítica que o país buscava implementar: a regulamentação descentralizada e especializada de cada setor econômico.

Era inegável, em seu primeiro momento, que existir uma agência pronta e especializada para dar respostas aos seus regulados era a forma mais eficaz de regulamentar todo um setor econômico, pois os seus dirigentes identificavam problemas e apresentavam soluções especializadas e mais ainda, na hipótese da inexistência de regra no setor, eles automaticamente editavam normas específicas e técnicas que, pela teoria, respondiam às falhas e vulnerabilidade dos regulados, colocando-os em um mesmo patamar de competição e crescimento organizado.

Ressalte-se que não foi conferida total independência às agências, mas sim, autonomia regulada nos exatos limites do setor normatizado por elas.

E com esta descentralização o sistema norte americano possibilitou a agilidade em sua economia por criar um modelo com as agências de liberdade funcional e autonomia normativa, garantindo uma estrutura mais sensível e especializada aos conflitos de cada setor.

Assim, a estrutura descentralizada de cada agência garantiu um feixe de agências operando em conjunto e de forma independente para garantir o crescimento setorizado e especializado de cada setor da economia.

Mas, por outro lado, toda esta vivência começou a demonstrar que o alto poder que as agências detinham em seus regulados trazia também, em sua atuação, forte interferência nos regulados e o risco premente do infinito de poder decisório sem possibilidade de questionamento por parte dos regulados ou limitação em caso de abuso.

E, assim, surgem as *Independent Regulatory Commissions*, cuja principal missão foi realizar um controle judicial sobre as agências apenas no que se relaciona a matérias fáticas, a fim de inibir um pouco a independência e autonomia das agências.

A proposta era mitigar o poder das agências para encontrar um equilíbrio e a exata medida salutar da intervenção e normatização dos regulados.

---

[6] BREYER, Stephen G. *et al. Administrative Law and Regulatory Policy: Problems, Text, and Cases.* Nova York: Aspen, 2006, p. 100.

A Suprema Corte Americana (USSC) também foi convidada a partir deste controle, que visava à mitigação do poder das agências, na medida em que o congresso passou a exercer controle sobre as normativas editadas pelas agências.

Este controle exigia atuação dúplice da Suprema Corte Americana, posto que, de início, ela tinha o dever de analisar se as normas editadas pelas agências respeitavam as regras impostas pelas leis vigentes nos Estados Unidos. E posteriormente que as resoluções dos conflitos fossem decididas pelos Tribunais, retirando assim o poder decisório das agências.

Com este novo contexto, inicia-se um processo de desregulação da economia (*deregulation*), com a transferência da independência das agências para o controle do Poder Público nos casos em que havendo a constatação de excesso de poder ou limitações impostas pelas agências, sem fundamento legal, a intervenção das agências não era mais legítima dos os regulados.

A mitigação do poder de independência das agências na regulamentação dos setores econômicos encontrou seu maior óbice na criação do *Office of Budget and Management* (OMB), que era subordinado ao presidente, devendo assim toda a sua normatização e orçamento serem submetidos à aprovação do Congresso Nacional.[7]

Também se institui o Escritório de Informação e Regulação (*Office of Information and Regulation Affairs* – OIRA), que era responsável por adequar a atividade das agências com a política determinada pelo presidente.

Nos tempos mais contemporâneos, houve a promulgação da Ordem Executiva nº 12.886/93 (*Regulatory Planing and Review*). Segundo esta ordem, as agências ao pretenderem criar normativos ou nova política aos seus regulados, deveriam apresentar o projeto destas para aprovação governamental (*Regulatory Working Group*). Em caso de inconsistência do projeto apresentado com a política atual do Governo, as agências não poderiam editar as normas pretendidas.[8]

O Poder Judiciário também é convidado a voltar a participar do modelo de agências, como medida protetiva de mitigar o poder destas através do instrumento denominado *hard-look doctrine* que permitia a análise da legalidade e razoabilidade das normas emanadas pelas agências.

Por fim, em 1993, o Governo reforça sua atuação preventiva às agências, pois as agências perderam sua autonomia de normatizar e administrar seus regulados, sem antes obter prévia e expressa autorização de um órgão governamental (*rules review*). Por sua vez, na constatação de uma norma editada pela agência contrária à política governamental, o Governo detinha o poder de sustar a eficácia de uma determinada norma por meio do veto da mesma (*legislative veto*).

---

[7] BRODBEKIER, Bruno. Poder regulamentar da administração pública. *Revista de Direito Administrativo*, n 233, p. 141-177, jul/set, 2003.

[8] ARAGÃO, Alexandre. *Agências reguladoras e a evolução do direito administrativo econômico*. Rio de Janeiro: Forense, 2004.p. 236.

Diante de todo este cenário, vale apresentar, em uma breve síntese, as principais características do modelo de agência norte-americano, já com um paralelo comparativo com o modelo brasileiro, a fim de contribuir com uma visualização maior do leitor da diferença dos dois modelos:

Modelo norte-americano	Modelo brasileiro
Desconcentrar a regulação	Concentrar a regulação
Criadas por lei federais ou estaduais	Criadas por lei federais
Crescimento da regulação estatal e da produção legislativa	Regulação das atividades desestatizadas
Exercício das funções executivas, legislativas e jurisdicionais	Apenas o exercício legislativo no âmbito infra-constitucional
Estrutura para o equilíbrio da defesa à concorrência	Regulação setorial
Estabilidade de seus dirigentes	Nomeação dos dirigentes com mandatos por prazo determinado

Mesmo com todas estas diferenças, o modelo de agência do Brasil sofreu influência ao modelo de agência norte americano, o qual estava em crise pelo questionamento da forte independência conferida às Agências mas aqui no Brasil em 1990 ela vem confirmada pela sua características de independência como tentativa de dar uma resposta à sociedade insatisfeita com a atuação intervencionista do Estado que não encontrou a fórmula de sucesso para combater a desigualdade social ou mesmo criar mecanismos eficazes para proteger, normatizar e dar suporte aos setores da Economia.

Assim, o Estado brasileiro transferiu às agências toda a sua responsabilidade por encontrar uma fórmula de sucesso que equilibrasse o setor econômico propiciando um crescimento justo e igualitário de seus regulados, reforçando assim a independência das agências brasileiras.

5. Características das agências reguladoras

As agências reguladoras são ainda uma figura recente no direito brasileiro e muito se debate a respeito do seu papel, da sua atuação e da sua independência. Por isso, repensar a estrutura da SUSEP a partir deste modelo exige revisitar a origem do seu conceito, suas características fundamentais, bem como as experiências que vem sendo construídas nas áreas atualmente reguladas, como a telecomunicação e o mercado imobiliário.

No Brasil, as agências reguladoras surgem na década de 1990 diante de uma percepção de que o projeto de estado social desenhado na Constituição de 1988 nascera falido e de que era necessário aderir ao consenso de Washington. A implementação dessa nova proposta de Estado se inicia no governo do presidente Fernando Collor e se aprofunda durante a presidência de Fernando Henrique Cardoso, por meio de massivas privatizações de empresas públicas e pela cessão de inúmeras atribuições do Estado para a iniciativa privada. O papel amplamente interventor do Estado brasileiro na economia é então substituído por uma posição reguladora, exercida também através das agências reguladoras.

Para desempenhar este papel, as agências reguladoras brasileiras se inspiraram especificamente no modelo de *independent regulatory agencies*[9] e receberam a estrutura jurídica bastante peculiar de autarquia sob regime especial. Tal regime tem como característica principal a independência com relação à Administração direta, que, segundo Carvalho Filho, se manifesta através de algumas prerrogativas essenciais, quais sejam o poder normativo técnico, a autonomia decisória, a independência administrativa e a autonomia econômico-financeira.[10]

No mesmo sentido, Arnoldo Wald leciona que a independência das agências reguladoras possui quatro dimensões: a independência decisória, a independência de objetivos, a independência de instrumentos e a independência financeira.[11] A decisória lhe permitiria atuar ao largo de injunções políticas e econômicas, em virtude do mandato fixo, relativamente longo e não coincidente com os períodos eleitorais. Afastada de tais pressões, as agências reguladoras atuariam em prol de objetivos independentes, autônomos, ligados à defesa do consumidor e à eficiência econômica. Já a independência de instrumentos e a independência financeira lhe dariam os meios, jurídicos e econômicos, de perseguir suas finalidades.

A independência de instrumentos é, sem dúvida, o tópico que levanta mais debates, na medida em que, dentre tais instrumentos está compreendido, o poder de expedir normas. Trata-se do controvertido fenômeno da deslegalização, no qual se autoriza um determinado órgão estatal a expedir normas de caráter geral, construídas especificamente para determinados setores da economia, balizadas por critérios técnicos.

Neste sentido, as leis que criam as agências costumam a prever regras gerais e limites de atuação para um mercado específico, outorgando às agências poderes para definir regras específicas para o setor.

---

[9] Assim leciona Tércio Sampaio Ferraz quem afirma que "A figura da 'agência' é uma importação direta do direito administrativo dos Estados Unidos da América. Prolifera não só no Brasil, mas se espalha, por força da globalização, por diversos países da Europa continental". FERRAZ JUNIOR, Tércio Sampaio. *Agências Reguladoras: legalidade e constitucionalidade*.Revista Tributária e de Finanças Públicas, v. 35, ano 8, nov/dez 2000.

[10] CARVALHO FILHO, José dos Santos. *Manual de Direito Administrativo*. 26. ed., p. 470. O autor, no entanto, este novo regime especial não representa, verdadeiramente, uma nova figura jurídica, na medida em que a Constituição não faz menção a autarquias especiais, bem como que toda autarquia tem seu regime especialmente definido em Lei (vide Manual..., p. 482).

[11] WALD, Arnoldo; MORAES, Luiza Rangel de. Agências reguladoras. *Revista de Informação Legislativa*, Brasília, a. 36, n. 141, p. 143-171, jan./mar. 1999.

Tércio Sampaio Ferraz vê nesta outorga uma clara inconstitucionalidade, por se tratar delegação da competência regulamentar diretamente às agências reguladoras, em detrimento da competência privativa do Presidente da República.[12]

Carvalho Filho, por sua vez, entende incorreta a posição de alguns autores que defendem haver transferência do poder de legislar, vez que cabe à agência "estabelecer regulamentação sobre matéria de ordem técnica, que, por ser extremamente particularizada, não poderia mesmo estar disciplinada na lei".[13]

Além da independência, espera-se que as agências reguladoras também sejam especializadas nas suas áreas de atuação, a fim de desempenhar suas funções de regulamentação e fiscalização de forma técnica e eficiente. Embora esta seja a realidade no âmbito federal, os estados vêm criando agências para regulação de todos os serviços públicos privatizados, dentro da competência deste ente federado. Este é o caso da Agência Reguladora de Serviços Públicos Concedidos de Transportes Aquaviários, Ferroviários e Metroviários e de Rodovias do Estado do Rio de Janeiro – AGETRANSP. Na Bahia, a Agência Estadual de Regulação de Serviços Públicos de Energia, Transportes e Comunicações da Bahia, AGERBA, tem um âmbito de atribuições mais restrito, mas, ainda assim, engloba serviços bastante distintos.

Um dos primeiros exemplos de agências reguladoras criadas no âmbito federal é a Agência Nacional de Telecomunicações, ANATEL, instituída pela Lei 9.472/1997, Lei Geral de Telecomunicações. Além de base legal, a ANATEL conta excepcionalmente com previsão na Constituição, que, após a Emenda Constitucional nº 8, determinou a criação de um "órgão regulador" para os serviços de telecomunicações, no art. 21, XI. Este órgão recebeu a estrutura jurídica de autarquia especial, que a própria Lei Geral de Telecomunicações caracteriza pela "independência administrativa, ausência de subordinação hierárquica, mandato fixo e estabilidade de seus dirigentes e autonomia financeira" (art. 8º, §2º).

Outro exemplo interessante é a Comissão de Valores Mobiliários, CVM, criada em 1976, também com esteio em um modelo americano, o da *Securities and Exchange Comission*. A CVM, inicialmente, recebeu denominação de Comissão e forma de autarquia: a Lei 6.385/76 dispunha que a CVM era entidade autárquica, vinculada ao Ministério da Fazenda (art. 5º), dirigida por um presidente e quatro diretores escolhidos pelo Presidente da República e demissíveis *ad nutum* (art. 6º, *caput* e § 1º).

Recentemente, após este movimento de criação de agências reguladoras, a CVM teve sua estrutura modificada e passou a contar com um quadro de dirigentes com mandato fixo, que só podem ser afastados de seus cargos nas hipóteses previstas em Lei. A redação atual da Lei 6.385/76 prevê ainda que a CVM deve-

---

[12] FERRAZ JUNIOR, Tércio Sampaio. op. cit.
[13] CARVALHO FILHO, José dos Santos. op. cit., p. 479.

rá contar com autoridade administrativa independente, ausência de subordinação hierárquica e autonomia financeira e orçamentária (art. 5º).

Estes dois exemplos demonstram que as agências reguladoras representam uma nova perspectiva sobre a atuação do Estado, que reviu a formatação brasileira das autarquias. Como afirma Tércio Sampaio Ferraz, as agências surgem como um novo instrumento estatal no domínio econômico, em um processo de privatização e da disciplina das concessões.[14] Isto se verifica tanto nas novas autarquias criadas a partir da década de 1990, como nas reformas mais recentes das autarquias já existentes, à exemplo da CVM. Este movimento tende a se consolidar no Direito Brasileiro, em vista dos recentes projetos de lei apresentados no Congresso Nacional, em especial o PL 3.337/04, que visa a criar uma Lei Geral das Agências Reguladoras, ratificando seus competências quase-legislativas e quase-judiciais, regulamentando o processo administrativo fiscalizatório e padronizando o mandato fixo de quatro anos para os membros da diretoria das agências reguladoras.

Entretanto, a Superintendência de Seguros Privados parece não estar contemplada nesse novo processo e ainda mantém sua estrutura de autarquia tal como desenhado na década de 1960 pelo Decreto-Lei 73/1966. Ademais, os projetos de Lei de Seguro em trâmite no Legislativo não contemplam reformas na estrutura da SUSEP, como se explorará a seguir.

6. Modelo regulatório atual do mercado segurador

6.1. Sistema nacional de seguros privados

Em 1966, com a edição do Decreto-Lei nº 73[15] foi instituído o Sistema Nacional de Seguros Privados, Capitalização, Previdência Complementar Aberta (SNSP), hoje constituído pelo Conselho Nacional de Seguros Privados (CNSP), pela Superintendência de Seguros Privados (SUSEP), pelos resseguradores, pelas sociedades autorizadas a operar em seguros privados, em previdência complementar aberta e em capitalização e pelos corretores habilitados.

6.2. Conselho nacional de seguros privados

O CNSP é o órgão normativo das atividades securitárias, de previdência complementar aberta e de capitalização do país, vinculado ao Ministério da Fazenda, sendo o órgão de cúpula do Sistema Nacional de Seguros Privados.

A principal atribuição do CNSP é a de fixar as diretrizes e normas da política governamental para os segmentos de seguros privados, resseguros, capitalização

---

[14] FERRAZ JUNIOR, Tércio Sampaio. op. cit.
[15] <http://www.planalto.gov.br/ccivil_03/decreto-lei/del0073.htm>.

e previdência complementar, no âmbito das entidades abertas, por meio de Resoluções.

Importante destacar que o CNSP tem sido submetido a várias mudanças em sua composição, sendo a última realizada pela Lei nº 10.190/2001,[16] que lhe determinou a atual estrutura.

Ministro de Estado da Fazenda ou seu representante, na qualidade de Presidente;
Superintendente da Superintendência de Seguros Privados – SUSEP –, na qualidade de Vice-Presidente;
Representante do Ministério da Justiça;
Representante do Banco Central do Brasil;
Representante do Ministério da Previdência e Assistência Social; e
Representante da Comissão de Valores Mobiliários – CVM.

O Colegiado, ordinariamente, reúne-se de três em três meses. Todavia, a reunião poderá ser convocada por seu presidente, extraordinariamente.

As proposições normativas, as quais poderão ser previamente analisadas e discutidas em comissão técnica, são apresentadas pelos conselheiros ao CNSP, devidamente embasadas com exposição de motivos e voto a ser submetido ao plenário, parecer jurídico do órgão ao qual pertence o conselheiro sobre a proposição, detalhando a base legal que possibilita o CNSP tratar ou dispor sobre o assunto, quadro comparativo da legislação atual e da minuta de Resolução. Se assim deliberado, será dado início a um processo administrativo, no qual constarão os atos relativos à respectiva tramitação.

Interessante ressaltar que os conselheiros podem designar assessores para prestar esclarecimentos ao plenário sobre a matéria em pauta ou apresentada previamente e os diretores da SUSEP podem participar das sessões do CNSP, entretanto, sem direito a voto.

O CNSP, sempre que houver necessidade, pode instituir comissões consultivas para o estudo e assessoramento em assuntos técnicos específicos, com audiência obrigatória nas deliberações relativas às suas finalidades.

As decisões do CNSP são tomadas por maioria simples de votos, por meio de resoluções, quando a matéria for de interesse geral do SNSP, e através de atos, quando for de interesse restrito, devendo ser publicadas no Diário Oficial da União e veiculadas no sítio eletrônico da SUSEP.

6.3. Superintendência de Seguros Privados, de Previdência Privada Aberta e de Capitalização – SUSEP

A SUSEP, também criada na década de 60 pelo Decreto-Lei 73/1966, tem função regulatória, sendo uma autarquia especial que intervém no setor de controle e fiscalização nos mercados de seguro, previdência privada aberta, capitalização

---

[16] <http://www.planalto.gov.br/ccivil_03/Leis/LEIS_2001/l10190.htm.>

e resseguros, estando também vinculada ao Ministério da Fazenda, sendo dotada de personalidade jurídica de Direito Público, com autonomia administrativa e financeira, e patrimônio próprio.

No exercício do seu poder de polícia, a SUSEP pode cobrar taxa de fiscalização dos entes supervisionados, sendo certo que essa arrecadação é fonte de receita originária para a Autarquia.

Por ser um órgão colegiado, é administrado por um Conselho Diretor, constituído por um Superintendente e quatro diretores (DIRAD – Diretoria de Administração, DIRAT – Diretoria de autorizações, DIFIS – Diretoria de Fiscalização, DITEC – Diretoria Técnica), nomeados pelo Presidente da República, mediante indicação do Ministério de Estado da Fazenda, dentre pessoas de reconhecida competência e ilibada reputação, todos estes exoneráveis *ad nutum*.

Além dos mencionados membros, participam do colegiado, mas sem direito a voto, o Chefe da Secretaria-Geral, o Procurador-Chefe e o Chefe de Gabinete.

Insta mencionar que o Conselho Diretor poderá convocar, para assessorá-lo em suas decisões, qualquer servidor, bem como consultar especialistas e representantes de outras instituições.

O Colegiado reúne-se, ordinariamente, uma vez por semana e, extraordinariamente, quando convocado pelo Superintendente ou por, no mínimo, dois Diretores, sendo certo que as deliberações são tomadas pela maioria de seus membros, cabendo ao Superintendente, o voto de qualidade.

A organização interna da SUSEP é determinada pelo CNSP, atualmente por meio da Resolução CNSP 272/2012[17] que dispõe sobre seu Regimento Interno.

De maneira geral, compete à SUSEP fixar as políticas relacionadas às atividades do mercado de seguros, resseguros, previdência complementar aberta e capitalização, de forma a cumprir e fazer cumprir as deliberações do CNSP, bem como exercer as atividades por este delegadas.

Na função de executora das políticas traçadas pelo CNSP, a SUSEP deve fiscalizar a constituição, organização, funcionamento e operações do mercador segurador em geral.

Insta mencionar que a Autarquia pode expedir Circulares relativas à regulamentação das operações de seguro, sempre com base nas diretrizes já fixadas pelo CNSP.

Uma questão bastante controvérsia é o fato de a SUSEP poder expedir normas *ad referendum* pelo CNSP, na medida em que ao editar uma norma, todo o mercado de seguros já começa a se estruturar e a executar as determinações dispostas na norma e posteriormente, o CNSP poderá referendá-la apenas parcialmente, podendo gerar uma certa insegurança jurídica.

---

[17] <http://www2.susep.gov.br/bibliotecaweb/docOriginal.aspx?tipo=1&codigo=30395>.

A Autarquia tem o dever de zelar pela defesa dos direitos dos segurados, dos participantes de planos de previdência complementar aberta e dos detentores de títulos de capitalização, entretanto, tal atribuição está relacionada com a necessidade de se proteger a captação da poupança popular que se efetua por meio das operações do mercado segurador em geral. Todavia, isso não significa dizer que a SUSEP deve agir como órgão protetor dos interesses do consumidor individual, na medida em que tal competência pertence aos órgãos específicos, quais sejam, a Secretaria Nacional de Direito do Consumidor – SENACON –, o Departamento de Proteção e Defesa do Consumidor – DPDC –, PROCON (estaduais e municipais) e as Entidades de Defesa do Consumidor (organizações não governamentais – IDEC entre outras).

Hoje em dia, é obrigatório que as sociedades seguradoras, as entidades abertas de previdência complementar e as sociedades de capitalização constituam Ouvidorias, com o objetivo de assegurar a estrita observância das normas legais e regulamentares relativas aos direitos do consumidor e de atuar como canal de comunicação entre essas entidades e os consumidores de seus produtos e serviços, na mediação de conflitos, esclarecendo, prevenindo e solucionando conflitos. (Resolução CNSP 279/2013)[18]

Quanto à função fiscalizatória, a SUSEP realiza uma fiscalização contínua por meio do preenchimento, pelas empresas supervisionadas, dos Formulários de Informações Periódicos – FIP/SUSEP –, e através de fiscalização *in loco*.

Dessas fiscalizações, caso sejam verificadas irregularidades por parte do órgão regulador, este tem competência para lavrar processos administrativos sancionadores e comprovado o cometimento de qualquer infração às normas editadas pelo CNSP e pela SUSEP, em 1ª instância, a Autarquia poderá penalizar o ente supervisionado.

O julgamento em 1ª instância é proferido pela Coordenação Geral de Julgamentos – CGJUL –, após análise do processo pelas áreas técnicas e pela Procuradoria Federal junto à SUSEP.

Hoje a norma processual e de penalidades que rege o mercado segurador é a Resolução CNSP 243/2011.[19]

6.4. *Conselho de Recursos do Sistema Nacional de Seguros Privados, de Previdência Privada Aberta e de Capitalização – CRSNSP*

O Conselho de Recursos do Sistema Nacional de Seguros Privados, de Previdência Privada Aberta e de Capitalização – CRSNSP – é um órgão integrante da estrutura básica do Ministério da Fazenda, conforme dispõe a Medida Provisória

---

[18] <http://www2.susep.gov.br/bibliotecaweb/docOriginal.aspx?tipo=1&codigo=30624>.
[19] <http://www2.susep.gov.br/bibliotecaweb/docOriginal.aspx?tipo=2&codigo=28856>.

nº 1.689-5,[20] de 26 de outubro de 1998, tendo por finalidade o julgamento, em última instância administrativa, dos recursos interpostos em face de decisões da SUSEP.

O CRSNSP é composto por seis conselheiros titulares e seus respectivos suplentes, todos com reconhecida competência e possuidores de conhecimentos especializados nos mercados securitário, de capitalização, de previdência privada, de resseguros e de crédito imobiliário e poupança, nomeados pelo Ministro da Fazenda, com mandato fixo de dois anos, podendo ser reconduzidos uma única vez.

Desses seis conselheiros, três são representantes indicados pelo setor público dos quais, dois do Ministério da Fazenda, e um da SUSEP; e três são representantes indicados, em lista tríplice, por solicitação do Ministro da Fazenda, pelas entidades de classe dos mercados de seguro, de previdência privada aberta, de capitalização, de resseguro e de corretagem de seguro, quais sejam, a Federação Nacional das Empresas de Seguros Privados e de Capitalização – FENASEG –, a Federação Nacional dos Corretores de Seguros Privados e de Resseguros, de Capitalização, de Previdência Privada, das Empresas Corretoras de Seguros e de Resseguros – FENACOR – e a Federação Nacional de Previdência Privada e Vida – FENAPREVI.

Com efeito, importante ressaltar que os membros do conselho não recebem qualquer remuneração por dele participarem.

Assim como no CNSP, o CRSNSP tem como presidente um dos representantes do Ministério da Fazenda e como vice-presidente o representante da SUSEP.

O CRSNSP reúne-se, hoje em dia, duas vezes por mês, de 15 em 15 dias, em que pese o seu regimento interno (Decreto nº 2.824/ 1998, recentemente alterado pelo Decreto 8.051/2013),[21] determinar que, ordinariamente, o conselho se reuniria uma vez por mês.

Diferentemente do CNSP, as reuniões do CRSNSP são públicas e realizadas com a presença de, no mínimo, dois terços de seus membros. As decisões do conselho são tomadas pela maioria simples de seus membros. No caso de empate, cabe ao presidente o voto de qualidade.

Ao Procurador da Fazenda Nacional junto ao conselho incumbe zelar pela observância das leis, dos decretos, dos regulamentos e dos demais atos normativos. Todavia o representante da PGFN não tem direito a voto, apenas opinando sobre os recursos apresentados.

Antes da recente alteração no regimento interno do CRSNSP, o processo era remetido ao conselheiro relator e posteriormente ao conselheiro revisor. Todavia, a figura do conselheiro revisor foi extinta. Assim, devolvidos os autos relatados, estes serão conclusos ao presidente, que determinará a sua inclusão em pauta.

---

[20] <http://www.planalto.gov.br/ccivil_03/mpv/Antigas/1685-5.htm>.
[21] <http://www.planalto.gov.br/ccivil_03/decreto/D2824.htm>.

Importante mencionar que se o recorrente ou o seu representante legal desejar, poderá realizar a sustentação oral do recurso interposto.

Outra alteração significativa no regimento interno do CRSNSP foi a possibilidade de se criar uma câmara extraordinária, em caráter temporário, para reduzir a quantidade de recursos pendentes de julgamento ou acelerar o seu julgamento.

Tal câmara, se criada, será composta pelos conselheiros suplentes e presidida por um representante do Ministério da Fazenda. Contudo, caso haja divergência de entendimento entre a câmara ordinária, composta pelos conselheiros titulares, e a câmara extraordinária, o conflito será solucionado por decisão a ser proferida pelos integrantes dos dois órgãos colegiados, em julgamento conjunto.

Destaca-se que a decisão do CRSNSP é considerada definitiva no âmbito administrativo. Entretanto, cabe revisão, em autos apartados, a qualquer tempo, a pedido ou de ofício, quando surgirem fatos novos ou circunstâncias relevantes suscetíveis de justificar a inadequação da sanção aplicada, sendo certo que a revisão da decisão não poderá resultar agravamento da sanção.

7. Agências reguladoras e proteção do consumidor individual

O estudo sobre o papel das agências reguladoras no Brasil integra a dimensão da urgência, porque entidades ainda novas na administração pública elas precisam ter seu papel e função melhor definidos e isso será construído com debate e pesquisa, inclusive sobre a atuação das agências já existentes e do que se objetiva para as próximas que vierem a ser criadas.

Um aspecto de especial importância é a definição do papel das agências reguladoras em relação à proteção do consumidor individual. Em que medida essa proteção é função das agências reguladoras se o Brasil tem nos PROCONs o *locus* por excelência dessa proteção?

A defesa do consumidor está explicitada no Sistema Nacional e, na atualidade esse sistema é composto da seguinte forma:

Secretaria Nacional do Consumidor – SENACON – criada em 2012;
Departamento Nacional de Proteção e Defesa do Consumidor – DPDC;
PROCONs – estaduais e municipais;
Organizações não-governamentais de proteção ao consumidor, como IDEC e PRO-TESTE.

As agências reguladoras não integram o Sistema Nacional de Defesa do Consumidor embora possam e devam manter relacionamento técnico contínuo com os órgãos do sistema, principalmente para identificar aspectos que possam ser aprimorados na proteção do consumidor nos diversos setores regulados do país.

No Brasil, a livre iniciativa é fundamento da República e princípio da ordem econômica, portanto, é correto afirmar que a defesa do mercado e da atuação das empresas nesse ambiente é papel que o Estado chamou para si, com o objetivo de fortalecer a concorrência como mecanismo para garantia da qualidade de produtos e serviços para o consumidor, assim como uma fonte permanente de geração de emprego, renda e recolhimento de tributos.

A opção constitucional brasileira foi pela economia de livre mercado, com viés de proteção da concorrência e incentivo a sua liberdade, para garantia de qualidade e diversidade de produtos e serviços para ao consumidor final, assim como para garantia de lucratividade para os investidores e empreendedores. O objetivo é um mercado livre e equilibrado, que atenda convenientemente fornecedores e consumidores.

Como já se sabe na atualidade que a "mão invisível" de Adam Smith não garante equilíbrio satisfatório ao mercado, razão pela qual a presença do Estado como regulador do mercado é fundamental. As agências cumprem parte desse papel e, no entanto, não podem exercê-lo de forma a asfixiar a livre iniciativa com sua fúria legiferante e punitiva, nem podem abandonar o consumidor a sua própria sorte.

A atuação das agências na defesa do consumidor, porém, deve ser construída de forma coletiva. Deve objetivar proteger o consumidor contra práticas que possam colocar em risco sua integridade ou que afetem sua vulnerabilidade. Para que isso possa ser realidade e eficiência é necessário diálogo contínuo e qualificado com fornecedores e consumidores, com objetivo de viabilizar a detecção de problemas e a construção de soluções.

A defesa das agências deve ser de âmbito macro, coletivo, até porque os casos concretos individualizados já merecem a atenção dos Procons, das Defensorias Públicas, por vezes do Ministério Público e não raro, das organizações não governamentais de defesa do consumidor.

O estudo sistematizado das reclamações individuais apresentadas pelos consumidores é um excelente mecanismo de regulação do mercado, porque certamente serão esses casos individuais os que melhor sinalizarão para o regulador quais os pontos de desequilíbrio da relação de fornecedores e consumidores.

Para atingir esse objetivo as agências poderão se valer dos resultados do SINDEC – Sistema Nacional de Informação de Defesa do Consumidor –, do Ministério da Justiça, que é um sistema informatizado que integra processos relativos aos atendimentos realizados nos PROCONs.

É um poderoso instrumento de gestão de mercado porque integra os dados encaminhados pelos PROCONs estaduais e municipais de todo o país que, mensalmente, atendem milhares de consumidores com diferentes problemas.

Todos os PROCON mantém seu Cadastro de Reclamações Fundamentadas cujos dados são enviados ao Ministério da Justiça para construção do cadastro nacional. Esses dados são obtidos a partir das reclamações que são tratadas por processo administrativo que, quase sempre, são as mais graves, visto que as mais simples são solucionadas de forma célere e sem necessidade de audiência ou de processo administrativo.

O banco de dados que eles constroem a cada 12 meses é de enorme importância para que as agências reguladoras analisem o mercado e identifiquem os pontos em que a vulnerabilidade do consumidor é mais fortemente atingida. A correção desses procedimentos que afetam a vulnerabilidade do consumidor deverá ser realizada pela normatização sempre que necessário, ou por maior rigor na fiscalização e punição.

Esse papel das agências reguladoras é estratégico e, nessa medida, é de planejamento. Não há fundamento para que seja exercido de forma individualizada para gerar processos administrativos e, eventualmente, punição para o fornecedor em casos individualizados. Se assim for o fornecedor estará sujeito a ser punido duas vezes pelo mesmo motivo, ou seja, pelo PROCON e pela agência reguladora o que, evidentemente, caracterizará abuso do poder do Estado regulador.

PROCONs e as agências possuem funções distintas que devem ser respeitadas e protegidas para que atuem com máxima responsabilidade e eficiência.

Se todos os organismos de Estado se dedicarem a proteção do consumidor individual sem maior preocupação com a proteção do mercado e com o equilíbrio das relações comerciais e de consumo, isso se constituirá em desestímulo a atividade empresarial privada e, poderá representar risco para o próprio consumidor.

Aspectos como livre iniciativa, livre concorrência e proteção do consumidor precisam caminhar juntos para viabilizar um mercado forte, com múltiplos competidores, qualidade e segurança de produtos e serviços para que se atinja a proteção efetiva ao consumidor.

Quando as agências utilizam recursos financeiros e de pessoal para a proteção do consumidor individual realizam atividade que está designada para outro órgão de governo e, essa repetição de funções gera ônus para o Estado, para o contribuinte e, em última análise, prejudica o próprio consumidor.

Para além de proteger o consumidor individual o papel das agências é proteger o consumidor coletivo por meio de medidas regulatórias e fiscalizatórias que incentivem novas práticas, adoção de pressupostos éticos de relacionamento, qualidade, segurança e eficiência no fornecimento de produtos e serviços e o fortalecimento da livre concorrência como medida de garantia de escolha para os diferentes consumidores.

A mídia brasileira pode até considerar mais relevante a defesa do consumidor individual e identificar a defesa do mercado com a defesa das empresas privadas, mas isso não é verdade. A preferência da mídia não pode ditar as regras de atuação dos órgãos reguladores.

Notícias de multas aplicadas por agências reguladoras, ou de suspensão de serviços ao mercado, são tratadas na mídia como conquistas da sociedade. Na verdade, são derrotas. Sempre que o Estado tem que punir ou suspender é sinal de que ele próprio não agiu com a necessária eficiência para proteção do consumidor coletivo, e nessa medida permitiu que a situação se agravasse a ponto de ser necessário suspender ou multar.

Se a função fiscalizatória das agências for exercida de forma mais eficiente não será necessário multar ou suspender atividades. Esse aspecto preventivo não é valorizado no Brasil, nem pelos órgãos estatais e nem pela mídia, razão pela qual as medidas punitivas são tão valorizadas.

Proteger o mercado é proteger o ambiente em que acontecem as trocas e, se esse mercado for protegido para que nele ocorram volumes satisfatórios de trocas com resultados positivos de lucro, de justa relação custo-benefício, multiplicidade de escolha com garantia de qualidade, segurança e eficiência, isso tudo resultará em proteção para o consumidor individual.

A herança de governos autoritários que criaram mecanismos de Estado para punir muito mais do que para planejar e organizar, precisa ser superada neste momento histórico, econômico e social, sob pena de repetirmos erros do passado que não viabilizaram uma sociedade justa e solidária como a que almejamos.

8. O novo modelo regulatório do mercado segurador

Por tudo o que foi exposto iremos concluir o trabalho propondo um novo modelo regulatório para o mercado segurador brasileiro.

O atual modelo existente, onde a competência normativa fica dividida entre dois órgãos, quais sejam, a SUSEP e o CNSP, inegavelmente gera, como primeira consequência, o atraso na emissão de normas, posto que estas não podem ser emitidas diretamente pela SUSEP em todos os casos devendo, na maioria das vezes, aguardar as reuniões do CNSP que, como já exposto, não ocorrem com tamanha periodicidade.

Além disso, a insegurança jurídico-regulatória gerada perante as entidades reguladas quando da emissão de qualquer norma, pela SUSEP, *ad referendum* do CNSP, posto que tal norma já gera efeitos, contudo, poderá ser revogada ou alterada quando da apreciação pelo CNSP.

É certo que o inciso XXXVI do art. 5º da Constituição Federal[22] estabelece que uma nova legislação não poderá prejudicar o ato jurídico perfeito, ou seja, na eventualidade de o CNSP não referendar uma Resolução emitida pela SUSEP nesses moldes, naturalmente os atos praticados durante a vigência da norma permanecerão válidos.

Contudo, por vezes, determinadas normas implicam em severas adaptações estruturais por parte das seguradoras.

---

[22] XXXVI – a lei não prejudicará o direito adquirido, o ato jurídico perfeito e a coisa julgada.

Assim, a se manter o modelo atual, eventual não aprovação pelo CNSP poderá representar novos investimentos por parte das entidades fiscalizadas pela SUSEP o que, certamente, não é o desejado em um mercado adequadamente regulado.

Por outro lado, a dinâmica atual da SUSEP em relação ao seu corpo diretivo não está alinhada com as modernas práticas regulatórias existentes, isto porque, sendo exoneráveis *ad nutum*, à seus Diretores não é assegurada a mesma autonomia e independência daqueles que possuem mandato fixo não coincidente com o Chefe do Poder Executivo.

Assim, a primeira medida que se propõe seria a criação de uma Agência Reguladora que congregasse as funções do CNSP e da SUSEP, fazendo com que a competência normativa passasse a ser de um único órgão.

Naturalmente os Diretores dessa Agência Reguladora deveriam ter mandato fixo, não sendo possível sua exoneração *ad nutum*.

Agora, mais importante que possuir mandato fixo, é o fato de tais dirigentes serem, reconhecidamente, conhecedores do mercado que será regulado.

Na medida em que as Agências Reguladoras foram criadas com o intuito de intensificar a especialização técnica, não podem seus Diretores serem meras indicações políticas como ocorre com a tradicional forma de nomeação de dirigentes de órgãos públicos, onde a indicação simplesmente leva em considerações questões de foro político sem considerar qualquer experiência técnica anterior do indicado.

Na medida em que buscamos um modelo regulatório independente, é fundamental que os Diretores das agências reguladoras, comprovadamente, demonstrem sua experiência anterior no mercado em que regularão, assim, a proposta seria que na sabatina no Senado Federal fosse, de forma vinculada, fosse necessária a comprovação curricular de experiência no mercado de atuação evitando, por consequência, o ingresso na função de Diretor de Agência Reguladora de profissionais sem qualquer experiência no mercado regulado.

Além disso, é necessário destacar os bons instrumentos atualmente existentes no modelo regulatório atual do mercado segurador e, naturalmente, buscar sua manutenção na nova dinâmica.

Nesse viés, certamente nossa proposta seria pela manutenção do CRSNSP.

A composição plural do CRSNSP, inclusive com a presença de representantes do mercado, faz com que o direito a ampla defesa das entidades reguladas seja exercido em sua forma mais ampla.

Na medida em que o Colegiado julgador tem a oportunidade de contar com diversos pontos de vista sobre uma mesma questão, inclusive contando com o olhar do próprio mercado em sua composição, certamente a decisão proferida contemplará o mais amplo espectro de análise existente.

É interessante destacar que a proposta de uma Agência Reguladora contendo organismos de formação multidisciplinar não se trata de inovação a ser proposta para o mercado segurador, mas sim, da adoção de prática já adotada, com sucesso, diga-se de passagem, em outras Agências Reguladoras.

Um primeiro exemplo a ser destacado é o da ANATEL – Agência Nacional de Telecomunicações – que, além do Conselho Diretor, possui também um Conselho Consultivo.

O Conselho Consultivo é integrado por 12 Conselheiros designados pelo Presidente da República obedecendo a seguinte ordem de indicação:

Senado Federal –> 2 Conselheiros;
Câmara dos Deputados –> 2 Conselheiros;
Poder Executivo -> 2 Conselheiros;
Entidades de Classe das Prestadoras de Serviços de Telecomunicações –> 2 Conselheiros;
Entidades Representativas da Sociedade –> 2 Conselheiros;
Entidades Representativas dos Usuários –> 2 Conselheiros.

Os integrantes do Conselho Consultivo terão mandato de 3 anos, sendo vedada a recondução, e não terão remuneração, sendo o Presidente do Conselho Consultivo eleito por seus membros tendo mandato de 1 ano.

O Conselho Consultivo tem, por atribuição, as seguintes funções:

a) opinar, antes do seu encaminhamento ao Ministério das Comunicações, sobre o plano geral de outorgas, o plano geral de metas para universalização dos serviços prestados no regime público e demais políticas governamentais de telecomunicações;
b) aconselhar quanto à instituição ou eliminação da prestação de serviço no regime público;
c) apreciar os relatórios anuais do Conselho Diretor;
d) requerer informação e fazer proposição a respeito das atividades do Conselho Diretor.

Logo, estamos diante de inegáveis funções da ANATEL cuja execução depende da apreciação por um Colegiado plural.

Outro exemplo que merece destaque ocorre no mercado de saúde suplementar.

A ANS – Agência Nacional de Saúde Suplementar – tem em sua estrutura organizacional a existência da Câmara de Saúde Suplementar.

A Câmara de Saúde Suplementar, de caráter permanente e consultivo, é composta:

pelo Diretor-Presidente da ANS, ou seu substituto, na qualidade de Presidente;
por um diretor da ANS, na qualidade de Secretário;
por um representante de cada Ministério a seguir indicado:
a) da Fazenda;
b) da Previdência e Assistência Social;
c) do Trabalho e Emprego;
d) da Justiça;
por um representante de cada órgão e entidade a seguir indicados:
a) Conselho Nacional de Saúde;
b) Conselho Nacional dos Secretários Estaduais de Saúde;

c) Conselho Nacional dos Secretários Municipais de Saúde;
d) Conselho Federal de Medicina;
e) Conselho Federal de Odontologia;
f) Federação Brasileira de Hospitais;
g) Confederação Nacional de Saúde, Hospitais, Estabelecimentos e Serviços;
h) Confederação das Misericórdias do Brasil;
i) Confederação Nacional da Indústria;
j) Confederação Nacional do Comércio;
l) Central Única dos Trabalhadores;
m) Força Sindical;
por um representante das entidades a seguir indicadas:
a) de defesa do consumidor;
b) de associações de consumidores de planos privados de assistência à saúde;
c) do segmento de autogestão de assistência à saúde;
d) das empresas de medicina de grupo;
e) das cooperativas de serviços médicos que atuem na saúde suplementar;
f) das empresas de odontologia de grupo;
g) das cooperativas de serviços odontológicos que atuem na área de saúde suplementar;
h) das entidades de portadores de deficiência e de patologias especiais.

Ou seja, outro exemplo de importantes funções regulatórias cujo exercício é compartilhado com representantes do próprio mercado regulado.

Desse modo, a manutenção do CRSNSP, nos moldes como funciona atualmente, seria importante garantia de uma regulação independente e participativa.

Naturalmente todo processo de mudança requer uma ampla discussão por parte de toda a sociedade e, principalmente, dos setores diretamente envolvidos com essa mudança.

O objetivo desse trabalho é, tão somente, contribuir com todas essas informações e reflexões passadas para que essa discussão se dê no mais alto nível de informação possível sempre visando, naturalmente, aprimorar os mecanismos regulatórios do mercado segurador brasileiro.

— XI —

Dos meios de impugnação das decisões judiciais no Projeto de novo CPC

Luís Antônio Giampaulo Sarro

Procurador do Município de São Paulo e Advogado especializado em Direito Público, Administrativo, Securitário e Bancário. Bacharel pela Faculdade Paulista de Direito da Pontifícia Universidade Católica de São Paulo. Pós-Graduado em Nível de Especialização em Direito Civil pela Faculdade de Direito São Paulo da Universidade de São Paulo. Membro do Conselho de Ensino, Pesquisa e Extensão da Escola Superior de Direito Municipal de São Paulo – ESDM-SP. Segundo Vice-Presidente da Seção Brasileira da Associação Internacional de Direito de Seguro e Presidente do Grupo Nacional de Trabalho – Processo Civil e Seguro da AIDA BRASIL.

Sumário: 1. Introdução; 2. Do II Congresso de Direito dos Seguros do Cone Sul; 3. Do VII Congresso Brasileiro de Direito de Seguro e Previdência; 4. Ordem cronológica de conclusão para julgamento; 5. Honorários advocatícios em recursos; 6. Dos prazos processuais; 7. Do precedente judicial; 8. Da prevenção recursal; 9. Dos recursos de vários litisconsortes; 10. Da valorização dos poderes monocráticos dos relatores; 11. Da publicação da pauta de julgamento; 12. Da ordem de julgamento; 13. Da sustentação oral. Abrangência das hipóteses; 14. Da nulidade sanável e conversão do julgamento em diligência; 15. Da alteração do voto e declaração obrigatória do voto vencido; 16. Da eliminação dos embargos infringentes e instituição de nova técnica para o julgamento de acórdãos não unânime; 17. Da substituição do acórdão por notas taquigráficas; 18. Do julgamento eletrônico; 19. Do incidente de assunção de competência; 20. Do incidente de arguição de inconstitucionalidade; 21. Do conflito de competência; 22. Da homologação de decisão estrangeira e da concessão do *exequatur* à carta rogatória; 23. Da ação rescisória; 24. Do incidente de resolução de demandas repetitivas; 25. Da reclamação; 26. Dos recursos; 27. Da eficácia imediata da sentença e efeitos dos recursos; 28. Do recurso adesivo; 29. Da desistência e renúncia ao recurso; 30. Do prazo recursal. Uniformização para 15 dias; 31. Do preparo recursal; 32. Da apelação; 33. Do agravo de instrumento; 33.1. Das hipóteses de cabimento do agravo de instrumento; 33.2. Das peças obrigatórias do agravo de instrumento; 33.3. Da obrigatoriedade da comprovação no juízo agravado da interposição do agravo de instrumento; 33.4. Do pedido de efeito suspensivo ao agravo de instrumento; 34. Da quebra da jurisprudência defensiva. Flexibilização do exagerado culto à formalidade; 35. Da multa por recurso procrastinatório. Exigência de prévio depósito, em caso de novo recurso; 36. Dos embargos de declaração; 36.1. Da presunção de prequestionamento em decisão de embargos de declaração; 36.2. Da ausência de efeito suspensivo aos embargos de declaração; 37. Dos recursos extraordinário e especial. Possibilidade de pedido de efeito suspensivo; 38. Do recurso extraordinário e recurso especial. Saneamento de defeitos formais; 39. Da fungibilidade dos recursos extremos; 40. Do requisito da repercussão geral no recurso extraordinário; 41. Dos recursos extraordinário e especial repetitivos; 42. Da eliminação do agravo de admissão ; 43. Do agravo extraordinário; 44. Dos embargos de divergência; 45. Conclusão.

1. Introdução

Ainda tramita pelo Poder Legislativo o Projeto de Lei de Novo Código de Processo Civil, cujo anteprojeto foi encomendado pelo Ato nº 379, de 30.09.2009, do Presidente do Senado Federal a uma Comissão de Juristas Presidida pelo Ministro Luiz Fux, então do Superior Tribunal de Justiça (posteriormente nomeado Ministro do Supremo Tribunal Federal), tendo como relatora a Professora Teresa Arruda Alvim Wambier e constituída, ainda, dos seguintes juristas: Adroaldo Furtado Fabrício, Benedito Cerezzo Pereira Filho, Bruno Dantas, Elpídio Donizetti Nunes, Humberto Theodoro Júnior, Jansen Fialho de Almeida, José Miguel Garcia Medina, José Roberto dos Santos Bedaque, Marcus Vinicius Furtado Coelho e Paulo César Pinheiro Carneiro.

O Anteprojeto foi submetido a Audiências Públicas nos principais Estados brasileiros e apresentado ao Senado Federal, onde passou a tramitar como Projeto de Lei do Senado nº 166/2010 e foi submetido a novas Audiências Públicas por todo o país.

Durante a tramitação do PLS nº 166/2010 pelo Senado Federal, foram apresentadas 220 emendas por vários Senadores, as quais foram examinadas pela Comissão Técnica de Apoio à Elaboração do Relatório Geral (composta pelos Juristas Athos Gusmão Carneiro, Cássio Scarpinella Bueno, Dorival Renato Pavan e Luiz Henrique Volpe Camargo), algumas das quais foram acolhidas parcial ou totalmente, resultando, então, na Emenda nº 1 – CTRCPC – SUBSTITUTIVO (ao Projeto de Lei do Senado nº 166, de 2010), do Senador Valter Pereira, com seus 1.008 artigos (212 a menos que o atual CPC), que foi finalmente aprovado em Sessão do Senado Federal de 15/12/2010 e encaminhado à Câmara dos Deputados, onde deu entrada no dia 22.12.2010 e tramitou, em regime especial, como PL-8046/2010 (posteriormente apensado ao PL 6025/2005).

No dia 15.06.2011, foi emitido Ato da Presidência da Câmara dos Deputados, retificado em 01.07.2011, que criou Comissão Especial destinada a proferir parecer ao Projeto de Lei de Novo CPC, composta de 26 (vinte e seis) membros titulares e de igual número de suplentes, mais um titular e um suplente, presidida pelo Deputado FÁBIO TRAD, tendo como Primeiro Vice-Presidente o Deputado MIRO TEIXEIRA, Segundo Vice-Presidente o Deputado VICENTE ARRUDA e Terceiro Vice-Presidente a Deputada SANDRA ROSADO.

Foi, ainda, designado o Relator-Geral, Deputado SÉRGIO BARRADAS CARNEIRO (posteriormente substituído pelo Deputado PAULO TEIXEIRA), bem como os seguintes Relatores-Parciais, sendo-lhes atribuídas relatoria das partes a seguir indicadas:

Deputado EFRAIM FILHO – arts. 1.º a 291 do PL 8.046/10, referente à Parte Geral;

Deputado JERÔNIMO GOERGEN – arts. 292 a 499 e 500 a 523 do PL 8.046/10, referentes ao Processo de Conhecimento e ao Cumprimento de Sentença, nessa ordem;

Deputado BONIFÁCIO DE ANDRADA – arts. 524 a 729 do PL 8.046/10, referente aos Procedimentos Especiais;

Deputado ARNALDO FARIAS DE SÁ – arts. 730 a 881 do PL 8.046/10, referente ao Processo de Execução;

Deputado HUGO LEAL – arts. 882 a 998 e 999 a 1007, referentes ao Processo nos Tribunais e Meios de Impugnação das Decisões Judiciais e às Disposições Finais e Transitórias.

Para o assessoramento e acompanhamento dos trabalhos da Comissão Especial, sem prejuízo da participação da Consultoria Especializada daquela Casa Legislativa, foram indicados os seguintes juristas: Alexandre Freitas Câmara, Fredie Didier Júnior, José Manoel de Arruda Alvim Netto, Luiz Henrique Volpe Camargo, Paulo Henrique Lucon e Sérgio Muritiba.

No dia 22.12.2011, encerrou-se o prazo para apresentação de emendas, tendo atingido o total de 900 emendas, que foram examinadas pelos Relatores-Parciais, bem como todos os projetos de lei em tramitação envolvendo direito processual civil.

Finalmente, em 16.07.2013, realizou-se reunião ordinária da Comissão Especial destinada a dar parecer sobre o Projeto de Lei de Novo CPC, na qual foi aprovado o parecer com complementação do voto do Dep. Paulo Teixeira (CVO 1 PL 602505) e, por conseguinte, o Substitutivo por ele apresentado, publicado, em avulso e no DCD de 17.08.2013, que foi submetido à aprovação do Plenário da Câmara dos Deputados.

No Plenário da Câmara, em sessões deliberativas extraordinárias, foram realizadas cinco sessões de discussão, em turno único, tendo iniciado a votação, também em turno único, no dia 29.10.2013, adiada por acordo dos Líderes.

Em 30.10.2013, o Relator-Geral retirou a Emenda Aglutinativa Substitutiva Global nº 1 e a substituiu pela Emenda Aglutinativa Substitutiva Global nº 2 (publicada em avulso e no DCD de 31.10.2013- Letra B) e a votação foi novamente adiada por acordo dos Líderes.

Em nova votação em turno único na sessão Plenária de 05.11.2013, foram apresentadas as Emendas Aglutinativas de Plenário nos 3 a 6 e aprovados os artigos 1º ao 318 (Parte Geral) da Emenda Aglutinativa Substitutiva Global nº 6 do Dep. Paulo Teixeira (publicada em avulso e no DCD de 07.11.2013, Letra C), ressalvados os destaques e adiada a votação por acordo dos senhores líderes.

Prestadas essas rápidas informações, em caráter introdutório, sobre a tramitação do Projeto de Novo CPC, passa-se a uma ligeira análise do Substitutivo da Câmara dos Deputados, com a finalidade exclusiva de apontar, de forma objetiva, as principais alterações nele contidas, estritamente na parte que trata dos meios de impugnação das decisões judiciais, seguindo-se a ordem numérica dos artigos.

Ressalva-se, contudo, que as disposições ainda poderão sofrer alteração até que sejam definitivamente aprovadas pelo Plenário da Câmara dos Deputados.

2. Do II Congresso de Direito dos Seguros do Cone Sul

O Grupo Nacional de Trabalho – Processo Civil e Seguro da AIDA BRASIL, a partir do momento em que o Anteprojeto de Novo Código de Processo Civil foi apresentado à sociedade brasileira pela Comissão de Juristas, instituiu Subgrupos de Trabalho para o estudo e acompanhamento de todas as propostas apresentadas tanto pelos juristas que compuseram as citadas comissões, quanto pelas emendas apresentadas.

Assim que o Senado aprovou o Substitutivo e o encaminhou à Câmara dos Deputados, os Subgrupos de Trabalho do GNT-Processo Civil e Seguro elaboraram um resumo das principais modificações nele contidas, que culminou com a obra "Novo CPC – Resumo Geral do Substitutivo Aprovado pelo Senado Federal", da MP Editora, lançado durante o VI Congresso Brasileiro de Direito de Seguro e Previdência da Seção Brasileira da Associação Internacional de Direito de Seguro – AIDA BRASIL, realizado em 15 e 16.03.2012 em Recife, em parceria com a ESMAPE – Escola Superior da Magistratura de Pernambuco e o Tribunal Regional Federal da 5ª Região.

Como anexos da referida obra, as Emendas 74, 75, 76 e 77, elaboradas pelo Grupo Nacional de Trabalho – Processo Civil e Seguro da AIDA BRASIL e formalmente apresentadas pelo Deputado Paes Landim, dentre as quais a de número 75, contendo proposta de aprimoramento do Projeto de Lei de Novo CPC na parte relativa ao recurso de apelação, que diz respeito, mais diretamente, ao tema do presente artigo.

Sob o título "O Novo Direito Processual Civil Brasileiro e os Efeitos do Recurso de Apelação. Proposta de Emenda para Alterar o Artigo 949 do Projeto de Lei nº 8.046/2010", o estudo foi objeto de tese, aprovada por unanimidade, durante o 15º Congresso Brasileiro de Advocacia Pública e 3º Congresso Sul-Americano de Direito de Estado, realizados simultaneamente em Bento Gonçalves/RS, no dia 26.04.2011.

Além disto, os dispositivos do Projeto de Lei de Novo CPC relativos ao recurso de apelação foram levados a debate, em 18.11.2011, pelo GNT-Processo Civil e Seguro durante o II Congresso de Direito dos Seguros do Cone Sul, realizado pela AIDA BRASIL e AIDA URUGUAI, em Porto Alegre, em parceria com a Escola Superior da Magistratura do Rio Grande do Sul e a AJURIS – Associação dos Juízes do Rio Grande do Sul.

Na oportunidade, foram as seguintes as conclusões a que chegaram os participantes do mencionado grupo de trabalho, dentre advogados, juízes, técnicos e estudantes:

1. A redação proposta pela EMC 75 atende mais aos princípios da razoabilidade e de economia processual, ao determinar que o pedido de efeito suspensivo seja formalizado na própria peça recursal, garantindo-se que a eficácia da sentença fique suspensa até que haja decisão do relator.

2. A Emenda resolve a grave omissão da redação dada ao artigo 949 do Código Projetado, por não atender ao princípio do contraditório, ao deixar de prever a manifestação da parte contrária em relação ao pedido autônomo de efeito suspensivo ao recurso de apelação.

3. A possibilidade de julgamento simultâneo do recurso de apelação e do agravo interno contra a decisão do relator que negar-lhe o efeito suspensivo contribuirá para a celeridade, economia processual e razoável duração do processo.

4. A redação proposta pela EMC 75 aprimora a redação do artigo 949 do Substitutivo aprovado pelo Senado Federal, em consonância com o princípio de simplificação dos atos processuais, que orientou as Comissões que trabalharam na elaboração do Novo Código de Processo Civil, como ocorreu com a eliminação de peças autônomas para a apresentação de impugnação de Justiça gratuita e de valor da causa, arguição de exceção de incompetência e de suspeição e reconvenção, que passarão a ser arguidas em contestação.

5. A primeira versão do relatório-geral do Deputado Sérgio Barradas Carneiro foi omissa quanto à Emenda 75/2011, o que levou a AIDA BRASIL e seu Grupo Nacional de Trabalho – Processo Civil e Seguro a oficiar o Relator-Geral, após o que a versão seguinte do relatório-geral, disponibilizada em 11.10.2012, passou a apontar a referida Emenda como aprovada, com o que a previsão de pedido de efeito suspensivo do recurso de apelação por petição autônoma foi eliminada do texto, passando a prevê-lo nas razões recursais, como proposto pelo GNT-Processo Civil e Seguro.

6. Contudo, em um segundo momento, optou a Comissão Especial, no Substitutivo apresentado pelo Relator-Geral, pela interposição do recurso de apelação por instrumento, diretamente no Tribunal.

3. Do VII Congresso Brasileiro de Direito de Seguro e Previdência

As disposições do Projeto de Lei de Novo CPC sobre o recurso de apelação foram também objeto debate em reunião do Grupo Nacional de Trabalho – Processo Civil e Seguro realizada durante o VII Congresso Brasileiro de Direito de Seguro e Previdência da AIDA BRASIL, ocorrido nos dias 8 e 9.03.2013, em Florianópolis/SC, em parceria com a ESMEC-Escola Superior da Magistratura do Estado de Santa Catarina.

Na ocasião, os participantes do referido grupo de trabalho, dentre advogados, juízes, técnicos e estudantes, apresentaram as seguintes conclusões:

1. A aprovação da Emenda 75, de autoria do GNT-Processo Civil e Seguro, com a eliminação do pedido de efeito suspensivo do recurso de apelação em petição autônoma, passando a ser formalizado no bojo das razões de apelação foi positivo, por atender mais ao princípio de economia processual.

2. Porém, a opção do Relator-Geral do Projeto de Lei pela instituição da Apelação por Instrumento, com interposição direta no Tribunal, merece ainda aperfeiçoamento, por elevar potencialmente o custo do processo, com a desnecessária multiplicação dos atos processuais, pois exigirá que cada uma das partes sucumbentes, ao recorrer da sentença, extraia cópias de praticamente todo o processo, para a instrução da peça recursal a ser apresentada no Tribunal.

Com efeito, em que pese a boa intenção da proposta em agilizar o processamento do recurso de apelação, a imposição de formação de novo instrumento representa um retrocesso, desatende ao princípio da economia processual e trará várias dificuldades para os operadores do direito processual civil e para o Poder Judiciário.

Em primeiro lugar, registra-se que a redação do Substitutivo vai de encontro com a diretriz de simplificação dos atos processuais (simplificação esta adotada para a impugnação ao valor da causa, da Justiça Gratuita e a exceção de incompetência, que passarão a ser arguidas na própria contestação), ao determinar que a apelação seja interposta diretamente no Tribunal, devidamente instruída, com a obrigação do apelante de comprovar a sua interposição ao Juízo singular, na forma hoje adotada para o agravo de instrumento – artigo 526 do CPC.

Em segundo lugar, porque se retornará à adoção do mesmo critério do anterior Agravo de Instrumento de Despacho Denegatório de Recurso Extraordinário e de Recurso Especial, que não deixou saudade aos que militam no contencioso e felizmente alterado para o atual Agravo de Admissão, o qual passou a ser interposto nos próprios autos, sem a necessidade de formação por instrumento, com a economia de papel e do elevadíssimo custo para extração de cópias pelos Tribunais e evitando-se nova autuação.

O sistema da apelação por instrumento, portanto, não prestigia a economia processual, ao exigir das partes muitos atos processuais, que ainda podem ser evitados, além de tornar mais custosa para a Justiça e operadores do Direito a desnecessária nova autuação para a fase recursal e multiplicação de extração de cópias dos autos judiciais, o que será potencializado nos processos em que houver vários litisconsortes, com advogados distintos, com parcial procedência e sucumbência recíproca, o que exigirá que cada parte recorrente providencie uma cópia da quase totalidade dos autos judiciais e posterior eliminação das peças processuais repetidas pela Secretaria do Tribunal, com consequente desperdício de papel e dano ao Meio Ambiente.

Também o Poder Judiciário sofrerá com os altos custos decorrentes da implementação da apelação por instrumento, porque, no mínimo, dobrará o número de autos judiciais (a mesma quantidade de processos em primeira instância com sentença proferida recorrida haverá em segunda instância, com praticamente a mesma quantidade de atos processuais produzidos em primeira instância), com a necessidade de mais espaço físico e arquivos para as Varas de origem do processo, que não mais enviarão os autos aos Tribunais.

E o problema não se resolverá com a total implementação do processo eletrônico, uma vez que a economicidade processual deverá também estar voltada ao espeço necessário para memória em disco e em back-up.

3. Melhor teria sido, então, o acolhimento da redação proposta pela Emenda 75, que prevê a interposição do recurso de apelação nos próprios autos em primeira instância, com pedido de efeito suspensivo no corpo das razões recursais e suspensão da eficácia da sentença até a decisão do relator quanto ao pedido de efeito suspensivo, mantendo o juízo de admissibilidade apenas pelo Tribunal. À redação proposta pela referida Emenda bastaria acrescer um dispositivo legal para prever a possibilidade da parte vencedora extrair carta de sentença após o despacho do relator, na hipótese de ser negado o efeito suspensivo ao recurso, com a previsão de extração de cópia apenas da sentença e do despacho do relator.

Por outro lado, a regra da irrecorribilidade da decisão do relator que concede efeito suspensivo ao recurso de apelação, contida originalmente no eliminado § 3º do artigo 949 do Substitutivo aprovado pelo Senado Federal (atual artigo 1008 do Substitutivo), era mecanismo importante para diminuir o número de Agravos Internos e evitar sobrecarga de recursos nos Tribunais.

Além disto, o princípio da razoável duração do processo seria atingido, de forma significativa, se também prevalecesse a redação do artigo 4º da Emenda 75/2011, possibilitando que a Câmara Julgadora se reúna apenas uma vez para decidir o Agravo Interno e o Recurso de Apelação. Afinal, ao decidir sobre dar ou negar o efeito suspensivo à Apelação, a Turma Julgadora terá necessariamente que conhecer as razões do mérito recursal, o que possibilitará, no mesmo ato, decidir se deve dar ou negar provimento ao apelo.

Portanto, entendeu o Grupo Nacional de Trabalho – Processo Civil e Seguro da AIDA BRASIL que o Relator-Geral, ouvida a Comissão de Apoio, ainda tinha a oportunidade de aprimorar a redação do Substitutivo se, mantendo a aprovação da Emenda 75/2011 do Deputado Paes Landim, adotar a sua redação para o atual artigo 1008 do Substitutivo, na forma recomendada pela Emenda 75.

Em consequência da possibilidade do relator conceder o efeito suspensivo ao recurso, mais adequada seria, também, a adaptação do artigo 1.039 para determinar que "Os embargos de declaração têm efeito suspensivo e interrompem o prazo para a interposição de outros recursos por qualquer das partes", em prestígio também ao princípio de segurança jurídica".

As conclusões acima foram encaminhadas por via eletrônica a três dos Juristas que integram a Comissão de Apoio ao Relator-Geral, Professores Fredie Didier Jr., Paulo Henrique Lucon e Luiz Henrique Volpe Camargo.

Felizmente, momentos antes da entrega do Substitutivo da Câmara pela Comissão de Apoio, houve novo aprimoramento das disposições do recurso de apelação, com a volta do efeito suspensivo ao recurso de apelação, salvo em algumas hipóteses taxativamente previstas, a exemplo do atual artigo 520 do CPC, a partir do que a Emenda 75 passou a ser considerada prejudicada.

Prestadas essas rápidas informações, em caráter introdutório, sobre a tramitação do Projeto de Novo CPC, passa-se a uma ligeira análise do Substitutivo da Câmara dos Deputados, com a finalidade exclusiva de apontar, de forma objetiva, as principais alterações nele contidas, estritamente na parte que trata dos meios de impugnação das decisões judiciais, seguindo-se a ordem numérica dos artigos.

4. Ordem cronológica de conclusão para julgamento

Antes, porém, mister se faz destacar que, nos termos do artigo 12 do Substitutivo da Câmara, os órgãos jurisdicionais deverão obedecer à ordem cronológica de conclusão para proferir sentença ou acórdão, salvo nas hipóteses previstas no § 2º do artigo 12 do Substitutivo da Câmara, mantendo lista de processos aptos a julgamento permanentemente à disposição para consulta pública em cartório e na rede mundial de computadores (§ 1º).

Estão excluídos da ordem cronológica, nos termos do § 2º:

I – as sentenças proferidas em audiência, homologatórias de acordo ou de improcedência liminar do pedido;

II – o julgamento de processos em bloco para aplicação da tese jurídica firmada em julgamento de casos repetitivos;

III – o julgamento de recursos repetitivos ou de incidente de resolução de demandas repetitivas;

IV – as decisões proferidas com base nos arts. 495[1] e 945;[2]

V – o julgamento de embargos de declaração;

VI – o julgamento de agravo interno;

---

[1] Art. 495. extinção do processo sem a resolução do mérito.
[2] Art. 945. decisões monocráticas do relator.

VII – as preferências legais e as metas estabelecidas pelo Conselho Nacional de Justiça;
VIII – os processos criminais, nos órgãos jurisdicionais que tenham competência penal;
IX – a causa que exija urgência no julgamento, assim reconhecida por decisão fundamentada.

Após a inclusão do processo na lista de que trata o § 1º, o requerimento formulado pela parte não altera a ordem cronológica para a decisão, exceto quando implicar a reabertura da instrução ou a conversão do julgamento em diligência (§ 4º), retornando para a mesma posição após decisão quanto ao requerido (§ 5º).

Além disto, estabelece o § 6º do referido artigo 12 que:

> Ocupará o primeiro lugar na lista prevista no § 1º ou, conforme o caso, no § 3º, o processo: I – que tiver sua sentença ou acórdão anulado, salvo quando houver necessidade de realização de diligência ou de complementação da instrução; II – quando ocorrer a hipótese do art. 1.053, inciso II.[3]

5. Honorários advocatícios em recursos

Seguindo a ordem numérica dos artigos do Substitutivo da Câmara, ressalta-se que o Substitutivo do Senado previa a fixação de novos honorários advocatícios na instância recursal, de ofício ou a requerimento da parte, respeitado o limite de 25%, cumuláveis com multas e outras sanções processuais (§ 6º do artigo 73 do PLS 166/2010 e § 7º do artigo 87 Substitutivo do Senado).

No Substitutivo da Câmara, o referido dispositivo foi inicialmente alterado para determinar que:

> No caso de não ser admitido ou não ser provido o recurso por decisão unânime, o tribunal, a requerimento da parte, aumentará a verba honorária fixada na decisão recorrida, observado o disposto neste artigo. Na hipótese de fixação em percentual, o aumento não poderá ultrapassar cinco pontos percentuais em relação ao que tenha sido fixado no pronunciamento recorrido.

Todavia, o § 11 do artigo 85 do Substituto da Câmara, durante a tramitação do Projeto de Lei, passou por várias alterações, tendo, ao final, prevalecido a seguinte redação:

> O tribunal, ao julgar o recurso, majorará os honorários fixados anteriormente levando em conta o trabalho adicional realizado em grau recursal, observando, conforme o caso, o disposto nos §§ 2º a 6º. É vedado ao tribunal, no cômputo geral da fixação de honorários devidos ao advogado do vencedor, ultrapassar os respectivos limites estabelecidos nos §§ 2º e 3º para a fase de conhecimento.

6. Dos prazos processuais

Quanto aos prazos processuais (artigo 178 do atual CPC, artigos 174 e 175 do PLS 166/2010, artigos 186 e 187 do Substitutivo do Senado e artigos 218 e 219 do Substitutivo da Câmara), merecem registro as seguintes novidades:

---

[3] Art. 1.053. Publicado o acórdão paradigma (recursos extraordinário e especial repetitivos): inciso II – o órgão que proferiu o acórdão recorrido, na origem, reexaminará a causa de competência originária, a remessa necessária ou o recurso anteriormente julgado, na hipótese de o acórdão recorrido contrariar a orientação do tribunal superior.

a) os atos processuais praticados antes da ocorrência do termo inicial passam a ser considerados tempestivos (artigo 218, § 4º, do Substitutivo da Câmara);

b) a contagem do prazo processual somente considerará os dias úteis (artigo 219 do Substitutivo da Câmara, equivalente ao artigo 186 do Substitutivo do Senado e artigo 174 do PLS 166/2010); e

c) suspender-se-á o curso do prazo processual nos dias compreendidos entre 20 de dezembro e 20 de janeiro, inclusive (artigo 220 do Substitutivo da Câmara), período em que, ressalvadas as férias individuais e os feriados instituídos por lei, os juízes, os membros do Ministério Público, da Defensoria Pública e da Advocacia Pública, e os auxiliares da Justiça exercerão suas atribuições, porém, não serão realizadas audiências e julgamentos por órgão colegiado (§§ 1º e 2º do referido artigo).

Outra disposição do Substitutivo da Câmara que tem interesse para o tema central deste breve artigo é o seu artigo 229, que estabelece o prazo em dobro para litisconsortes que tiverem procuradores diferentes, de escritórios de advocacia distintos, independentemente de requerimento, mantendo, assim, a mesma regra contida no artigo 191 do atual CPC. Mas não haverá contagem em dobro se o outro réu não apresentar contestação (§ 1º) ou se os autos forem eletrônicos (§ 2º).

7. Do precedente judicial

Interessa também para o tema dos meios de impugnação das decisões judiciais a importância que o Substitutivo da Câmara concede aos precedentes jurisprudenciais (artigos 847 e 848 do PLS 166/2010, artigos 882 e 883 do Substitutivo do Senado e artigos 520 e 521 do Substitutivo da Câmara), com o objetivo claro de uniformização nas decisões, visando a garantir a estabilidade da jurisprudência e a possibilidade de modulação dos efeitos da alteração do entendimento.

Assim, a jurisprudência pacificada dos Tribunais passa a orientar as decisões de todos os órgãos e juízos a ele vinculados, devendo os tribunais uniformizar sua jurisprudência e mantê-la estável, bem como editar enunciados correspondentes à súmula da jurisprudência dominante (artigo 520 e seu parágrafo único do Substitutivo da Câmara).

Estabelece o artigo 521 do Substitutivo da Câmara que:

Para dar efetividade ao disposto no art. 520 e aos princípios da legalidade, da segurança jurídica, da duração razoável do processo, da proteção da confiança e da isonomia, as disposições seguintes devem ser observadas:

I – os juízes e tribunais seguirão as decisões e os precedentes do Supremo Tribunal Federal em controle concentrado de constitucionalidade;

II – os juízes e os tribunais seguirão os enunciados de súmula vinculante, os acórdãos e os precedentes em incidente de assunção de competência ou de resolução de demandas repetitivas e em julgamento de recursos extraordinário e especial repetitivos;

III – os juízes e tribunais seguirão os enunciados das súmulas do Supremo Tribunal Federal em matéria constitucional, do Superior Tribunal de Justiça em matéria infraconstitucional, e dos tribunais aos quais estiverem vinculados, nesta ordem;

IV – não sendo a hipótese de aplicação dos inciso I a III, os juízes e tribunais seguirão os precedentes:

a) do plenário do Supremo Tribunal Federal, em controle difuso de constitucionalidade;

b) da Corte Especial, em matéria infraconstitucional;

Nos termos do § 1º do artigo 520 do Substitutivo da Câmara, a modificação de entendimento sedimentado poderá realizar-se (I) por meio do procedimento previsto na Lei nº 11.417, de 19 de dezembro de 2006, quando tratar-se de enunciado de súmula vinculante; (II) por meio do procedimento previsto no regimento interno do tribunal respectivo, quando tratar-se de enunciado de súmula da jurisprudência dominante; e (III) incidentalmente, no julgamento de recurso, na remessa necessária ou na causa de competência originária do tribunal, nas demais hipóteses dos incisos II a VI do *caput*.

Por outro lado, possível será ao tribunal modular os efeitos da alteração da jurisprudência dominante dos tribunais, sumulada ou não, ou de precedente, limitando a sua retroatividade ou lhe atribuindo efeitos prospectivos (§ 5º do artigo 521 do Substitutivo da Câmara), observando-se a necessidade de fundamentação adequada e específica e respeito aos princípios da segurança jurídica, da proteção da confiança e da isonomia (§ 6º do mesmo artigo).

Contudo, o precedente ou a jurisprudência dominante poderá não ser seguido, quando o órgão jurisdicional distinguir o caso sob julgamento e demonstrar, fundamentadamente, tratar-se de situação particularizada por hipótese fática distinta ou questão jurídica não examinada, a impor outra solução jurídica (§ 9º do artigo 521 do Substitutivo da Câmara).

Estabelece, ainda, o artigo 521 do Substitutivo da Câmara que os tribunais darão publicidade a seus precedentes, organizando-os por questão jurídica decidida e divulgando-os, preferencialmente, na rede mundial de computadores (§ 10).

Por fim, na parte dos precedentes de jurisprudência, dita o artigo 522, considera-se julgamento de casos repetitivos a decisão proferida em (I) o incidente de resolução de demandas repetitivas e (II) o dos recursos especial e extraordinário repetitivos, esclarecendo o seu parágrafo único que o julgamento de casos repetitivos tem por objeto questão de direito material ou processual.

8. Da prevenção recursal

No Livro III, o Substitutivo da Câmara trata dos processos nos tribunais e dos meios de impugnação das decisões judiciais.

Sem disposição equivalente no CPC/73, o artigo 943 do Substitutivo da Câmara (artigo 851 do PLS 166/2010 e artigo 886 do Substitutivo do Senado), inserido no capítulo Da Ordem dos Processos no Tribunal, determina que "Far-se-á a distribuição de acordo com o regimento interno do tribunal, observando-se a alternatividade, o sorteio e o princípio da publicidade", sendo que "O primeiro recurso protocolado no tribunal tornará prevento o relator para eventual recurso subsequente interposto no mesmo processo ou em processo conexo" (§ 1º). Todavia, se o relator prevento não integrar o tribunal ou estiver afastado, por qualquer motivo, da atuação jurisdicional, eventual recurso subsequente interposto no mesmo processo ou em processo conexo será distribuído para juiz que anteriormente houver sido revisor ou primeiro a votar no julgamento de recurso anterior, preservada a competência do órgão fracionário do tribunal (§ 2º).

9. Dos recursos de vários litisconsortes

Também sem disposição equivalente no atual CPC, os demais parágrafos do artigo 943 do Substitutivo da Câmara, equivalente ao artigo 898 do Substitutivo do Senado, que manteve a redação dada ao artigo 863 do PLS 166/2010, determina que: "Serão julgados conjuntamente os recursos de litisconsortes sobre a mesma questão de fato ou de direito; não sendo possível a reunião para julgamento conjunto, a primeira decisão favorável relativa a um dos litisconsortes estender-se-á aos demais (§ 2º). No caso de litisconsórcio unitário, a decisão proferida no julgamento de recurso interposto por um dos litisconsortes estender-se-á aos demais (§ 3º)".

10. Da valorização dos poderes monocráticos dos relatores

O artigo 945 do Substitutivo da Câmara (artigo 557 do CPC/73, artigo 853 do PLS 166/2010 e artigo 888 do Substitutivo do Senado) arrola os atos de competência do relator, dentre os quais o de dirigir e ordenar o processo no tribunal, inclusive em relação à produção de prova, bem como, quando for o caso, homologar autocomposição das partes (inciso I); apreciar o pedido de tutela antecipada nos recursos e nos processos de competência originária do tribunal (inciso II); não conhecer de recurso inadmissível, prejudicado ou que não tenha impugnado especificamente os fundamentos da decisão recorrida (inciso III); negar provimento a recurso, ou, depois de facultada a apresentação de contrarrazões, dar provimento quanto houver contrariedade à súmula do STF, do STJ ou do próprio Tribunal, contrariar acórdão em recurso repetitivo ou de incidente de resolução de demandas repetitivas ou de assunção de competência (incisos IV e V); decidir incidente de desconsideração da personalidade jurídica, quando instaurado originalmente perante o tribunal (inciso VI); determinar a intimação do Ministério Público, quando for o caso (inciso VII); e exercer outras atribuições estabelecidas no regimento interno do tribunal (inciso VIII).

Mais uma importante novidade do Projeto de Lei de Novo CPC está no parágrafo único do artigo 945, que estabelece que "Antes de considerar inadmissível o recurso, o relator concederá o prazo de cinco dias ao recorrente para que seja sanado vício ou complementada a documentação exigível".

O relator intimará, ainda, as partes para que se manifestem no prazo de cinco dias, se constatar a ocorrência de fato superveniente à decisão recorrida, ou a existência de questão apreciável de ofício ainda não examinada, que devam ser considerados no julgamento do recurso (artigo 946, "caput"), suspendendo o julgamento, se a constatação ocorrer durante a sessão, a fim de que as partes se manifestem especificamente, em sustentação oral, na própria sessão, no prazo de quinze minutos (§ 1º), ou em vista dos autos, com posterior inclusão do feito em pauta para o prosseguimento do julgamento, com submissão integral da nova questão aos julgadores (§ 2º).

11. Da publicação da pauta de julgamento

Embora tenha sido acolhida pelo relatório-parcial do Dep. Hugo Leal, a Emenda 683/11 do Deputado Roberto Teixeira, que propôs a fixação do prazo mínimo de três dias entre a publicação da pauta e a sessão de julgamento, o Substitutivo aprovado pelo Relator-Geral realocou a correspondente disposição para o § 1º do artigo 948 (artigo 890 do Substitutivo do Senado), que, porém, ampliou o prazo ao estabelecer que:

> Entre a data da publicação da pauta e da sessão de julgamento decorrerá, pelo menos, o prazo de cinco dias, incluindo-se em nova pauta as causas que não tenham sido julgadas, salvo aquelas cujo julgamento tiverem sido expressamente adiado para a primeira sessão seguinte.

12. Da ordem de julgamento

O artigo 891 do Substitutivo do Senado (artigo 856 do PLS 166/2010), além de ressalvar as preferências legais, inseriu em primeiro lugar, na ordem do julgamento, os recursos em que houver sustentação oral, observada a precedência de seu pedido, antecedendo àqueles cujo julgamento tenha iniciado na sessão anterior (artigo 562 do CPC/73), bem como inseriu em terceiro lugar os pedidos de preferência apresentados até o início da sessão de julgamento.

O Substitutivo da Câmara, em seu artigo 949, manteve a redação acima, porém, inverteu na ordem de julgamento os incisos II e III, inserindo em segundo lugar os pedidos de preferência apresentados até o início da sessão de julgamento, logo em seguida aos pedidos de sustentação oral, deixando em terceiro lugar os processos cujo julgamento tenha iniciado na sessão anterior.

13. Da sustentação oral. Abrangência das hipóteses

O artigo 892 do Substitutivo do Senado (artigo 857 do PLS 166/2010) relaciona os recursos em que se admite a sustentação oral do advogado da parte e, se for o caso, membro do Ministério Público, por quinze minutos.

No Substitutivo da Câmara, o referido dispositivo passou para o artigo 950, que prevê a sustentação oral nos recursos de apelação (inciso I), ordinário (II), especial (III), extraordinário (IV), embargos de divergência (V), na ação rescisória, no mandado de segurança e na reclamação (inciso VI) e em outros casos a critério do relator ou previstos em lei ou no regimento interno do tribunal (inciso VII). O

§ 3º do mesmo artigo estabelece que "Caberá sustentação oral no agravo interno interposto contra decisão de relator que extingue o processo nas causas de competência originária prevista no inciso VI".

14. Da nulidade sanável e conversão do julgamento em diligência

Outra importante novidade está na previsão de saneamento de nulidade e de conversão do julgamento em diligência, sem anulação do processo.

Durante a tramitação do Projeto de Lei pela Câmara, foi acolhida a Emenda nº 432/11, de autoria do Deputado Fábio Trad, para permitir que não só a primeira instância, mas também o Tribunal possa realizar diligência para a produção de provas.

No Substitutivo da Câmara, as disposições acima foram mantidas no artigo 951 do Código Projetado (artigos 515 e 560 do CPC/73, artigo 858 do PLS 166/2010 e artigo 893 do Substitutivo do Senado), que estabelece que:

> Constatada a ocorrência de vício sanável, inclusive aquele que pode ser conhecido de ofício pelo órgão jurisdicional, o relator determinará a realização ou a renovação do ato processual, no próprio tribunal ou em primeiro grau, intimadas as partes; cumprida a diligência, sempre que possível, prosseguirá no julgamento do recurso (§ 1º).

Estabelece também que:

> Reconhecida a necessidade de produção de prova, o relator converterá o julgamento em diligência, que se realizará no tribunal ou em instância inferior, decidindo-se o recurso após a conclusão da instrução (§ 2º).

> Quando não determinadas pelo relator, as providências indicadas nos §§ 1º e 2º poderão ser determinadas pelo orgão competente para o julgamento do recurso (§ 3º).

15. Da alteração do voto e declaração obrigatória do voto vencido

Estabelece o artigo 954 do Substitutivo da Câmara (artigos 555 e 556 do CPC/73, artigo 861 do PLS 166/2010 e artigo 896 do Substitutivo do Senado) que:

> Proferidos os votos, o presidente anunciará o resultado do julgamento, designando para redigir o acórdão o relator ou, se vencido este, o autor do primeiro voto vencedor" ("caput"); "O voto poderá ser alterado até o momento da proclamação do resultado pelo presidente, salvo aquele já proferido por juiz afastado ou substituído (§ 1º).

O voto vencido será necessariamente declarado e considerado parte integrante do acórdão para todos os fins legais, inclusive prequestionamento (§ 3º).

Durante a tramitação do projeto pela Câmara, foi eliminada disposição, até então alocada no § 2º do artigo 954, que previa que sem prejuízo do disposto no art. 1.035, é permitido à parte, por seu procurador presente à sessão de julgamento, antes da proclamação do resultado, requerer oralmente ao órgão colegiado esclarecimento sobre a manifestação de qualquer dos seus membros.

16. Da eliminação dos embargos infringentes e instituição de nova técnica para o julgamento de acórdãos não unânime

O Substitutivo do Senado Federal suprimiu os embargos infringentes do ordenamento nacional, apesar das inúmeras emendas apresentadas com vistas a sua manutenção do Sistema Processual Civil (artigo 496 do atual CPC, artigo 907 do PLS 166/2010 e artigo 948 do Substitutivo do Senado).

Durante a tramitação legislativa pela Câmara dos Deputados, o relatório-parcial do Deputado Hugo Leal acolheu várias Emendas do Deputado Paes Landim (Emendas 772, 773, 776 e outras) e propôs o restabelecimento de sua previsão no Código Projetado (artigos 974A em diante, na ordem do Substitutivo aprovado pelo Senado).

Contudo, o Relator-Geral do Projeto de Lei do Novo Código de Processo Civil da Câmara optou por estabelecer uma nova técnica para o julgamento de acórdãos não unânimes, sem a necessidade de interposição de outro recurso e de apresentação de contrarrazões.

Neste sentido, estabelece o artigo 955 do Substitutivo da Câmara que:

> Quando o resultado da apelação for não unânime, o julgamento terá prosseguimento em sessão a ser designada com a presença de outros julgadores, a serem convocados nos termos previamente definidos no regimento interno, em número suficiente para garantir a possibilidade de inversão do resultado inicial, assegurado às partes e a eventuais terceiros o direito de sustentar oralmente suas razões perante os novos julgadores.
>
> Sendo possível, o prosseguimento do julgamento dar-se-á na mesma sessão, colhendo-se os votos de outros julgadores que porventura componham o órgão colegiado. (§ 1º)

Neste caso, "Os julgadores que já tiverem votado poderão rever seus votos por ocasião do prosseguimento do julgamento" (§ 2º).

Determina o § 3º do referido artigo que a técnica de julgamento prevista neste artigo aplica-se, igualmente, ao julgamento não unânime proferido em ação rescisória, quando o resultado for a rescisão da sentença; neste caso, deve o seu prosseguimento ocorrer em órgão de maior composição previsto no regimento interno. (inciso I) e em agravo de instrumento, quando houver reforma da decisão que julgar parcialmente o mérito (inciso II).

Contudo, não se aplica o disposto no artigo 955 no julgamento do incidente de assunção de competência e no de resolução de demandas repetitivas, ao julgado de remessa necessária e nos tribunais em que o órgão que proferiu o julgamento não unânime for o plenário ou a corte especial (§§ 4º, 5º e 6º).

17. Da substituição do acórdão por notas taquigráficas

Estabelece o artigo 956 do Substitutivo da Câmara que os votos, os acórdãos e os demais atos processuais podem ser registrados em documento eletrônico inviolável e assinados eletronicamente, na forma da lei, devendo ser impressos para juntada aos autos do processo, quando este não for eletrônico (artigos 556, 563 e 564 do CPC/73, artigo 862 do PLS 166/2010 e artigo 897 do Substitutivo do Senado).

O § 3º do mesmo artigo estabelece que:

Não publicado o acórdão no prazo de trinta dias, contado da data da sessão de julgamento, as notas taquigráficas o substituirão, para todos os fins legais, independentemente de revisão; neste caso, o presidente do tribunal lavrará, de imediato, as conclusões e a ementa, e mandará publicá-lo.

18. Do julgamento eletrônico

Nos termos do art. 957 do Código Projetado (artigos 556, 563 e 564 do CPC/73, artigo 862 do PLS 166/2010 e artigo 897 do Substitutivo do Senado), que foi resultado do parcial acolhimento da Emenda 667/11 do Deputado Miro Teixeira, prevê que "A critério do órgão julgador, o julgamento dos recursos e das causas de competência originária que não admitem sustentação oral poderárealizar-se por meio eletrônico".

Neste caso:

O relator cientificará as partes, pelo Diário da Justiça, de que o julgamento se fará por meio eletrônico. Qualquer das partes poderá, no prazo de cinco dias, apresentar memoriais ou oposição ao julgamento por meio eletrônico. A oposição não necessita de motivação, sendo apta a determinar o julgamento em sessão presencial (§ 1º do artigo 957).

Mas: "Caso surja alguma divergência entre os integrantes do órgão julgador durante o julgamento eletrônico, este ficará imediatamente suspenso, devendo a causa ser apreciada em sessão presencial." (§ 2º. do artigo 957).

19. Do incidente de assunção de competência

Estabelece o artigo 959 do Substitutivo da Câmara (artigo 555, § 1º, do CPC/73, artigo 865 do PLS 166/2010 e artigo 900 do Substitutivo do Senado) que é a admissível assunção de competência quando o julgamento do recurso, da remessa necessária ou de causa de competência originária envolver relevante questão de direito, com grande repercussão social, sem repetição em vários processos.

Ocorrendo a hipótese de assunção de competência, o relator proporá, de ofício ou a requerimento das partes, do Ministério Público ou da Defensoria Pública, seja o recurso, a remessa necessária ou a causa de competência originária julgado pelo órgão colegiado que o regimento interno indicar (§ 1º).

Estabelece-se ainda o julgamento pelo órgão colegiado ocorrerá se ele reconhecer o interesse público na assunção de competência (§ 2º), cuja decisão vinculará todos os juízes e órgãos colegiados, exceto se houver revisão de tese, na forma do art. 521, §§ 1º ao 6º (§ 3º).

Terá, ainda, aplicação o Incidente de Assunção de Competência quando ocorrer relevante questão de direito a respeito da qual seja conveniente a prevenção ou a composição de divergência entre câmaras ou turmas do tribunal (§ 4º).

20. Do incidente de arguição de inconstitucionalidade

Equivalente ao artigo 901 do Substitutivo do Senado, o Substitutivo da Câmara estabelece que: "Arguida, em controle difuso, a inconstitucionalidade de lei ou de ato normativo do poder público, o relator, após ouvir o Ministério Público e as partes, submeterá a questão à turma ou à câmara à qual competir o conhecimento do processo" (artigo 960), salvo se já houver pronunciamento destes ou do plenário do Supremo Tribunal Federal sobre a questão (artigo 961, parágrafo único).

Remetida cópia do acórdão a todos os juízes e possibilitada a manifestação das pessoas jurídicas de direito público responsáveis pela edição do ato questionado, se assim o requererem, bem como os titulares do direito de propositura da ação direta de inconstitucionalidade (artigo 103 da Constituição Federal), que poderão apresentar memoriais e juntar documentos, o Presidente do Tribunal designará sessão de julgamento (artigo 962, §§ 1º e 2º).

O relator, considerando a relevância da matéria e a representatividade dos postulantes, poderá admitir, por despacho irrecorrível, a manifestação de outros órgãos ou entidades (§ 3º do artigo 962).

21. Do conflito de competência

Dispõe o artigo 963 do Substitutivo da Câmara (artigo 904 do Substitutivo do Senado) que o conflito de competência pode ser suscitado por qualquer das partes, pelo Ministério Público ou pelo juiz, especificando o seu parágrafo único que o Ministério Público somente será ouvido nos conflitos de competência relativos às causas previstas no art. 179, mas terá qualidade de parte naqueles que suscitar.

A parte que, no processo, arguiu incompetência relativa está impedida de suscitar o conflito de competência, mas este não impede que a parte que não o arguiu suscite a incompetência (artigo 964 e parágrafo único).

O juiz suscitará o conflito de competência por ofício; a parte e o Ministério Público por petição, os quais serão instruídos com os documentos necessários à prova do conflito (artigo 965 e parágrafo único).

Após a distribuição, o relator ouvirá os juízes em conflito (artigo 966) e poderá determinar a um deles que resolva, em caráter provisório, as medidas urgentes e, de ofício ou a requerimento das partes, quando o conflito for positivo, o sobrestamento do processo (artigo 967).

O relator poderá julgar de plano o conflito de competência quando sua decisão se fundar em súmulas do Supremo Tribunal Federal, do Superior Tribunal de Justiça ou do próprio tribunal ou em tese firmada em julgamento de casos repetitivos ou em incidente de assunção de competência (parágrafo único do artigo 967).

Após ouvido o Ministério Público, o relator apresentará o conflito em sessão de julgamento (artigo 968), na qual o tribunal declarará qual o juiz competente e se pronunciará quanto a validade dos atos do juiz incompetente, remetendo, em seguida, os autos ao juiz declarado competente (artigo 969 e parágrafo único).

O regimento interno do tribunal disporá sobre o conflito entre os órgãos fracionários, desembargadores e juízes em exercício no tribunal, bem como sobre o processo e julgamento do conflito de atribuições entre as autoridades judiciária e administrativa (artigos 970 e 971).

22. Da homologação de decisão estrangeira e da concessão do *exequatur* à carta rogatória

O Substitutivo da Câmara mantém as disposições do Substitutivo do Senado (artigos 913 a 918, artigos 483 e 484 do CPC/73), que acolheu integralmente os dispositivos do PLS 166/2010 (artigos 878 a 883), para dar regulamentação aos processos de homologação de sentença estrangeira e sua execução por carta rogatória, antes regulados apenas pelo Regimento Interno do Supremo Tribunal Federal (artigos 215 a 224), cuja competência foi transferida para Superior Tribunal de Justiça a partir da Emenda Constitucional nº 45, com a regulamentação dada pela Resolução nº 9/STJ.

Nos termos do artigo 972, § 2º, do Substitutivo da Câmara, a homologação de decisão estrangeira e da concessão do *exequatur* à carta rogatória passa a obedecer ao que dispuserem os tratados em vigor no Brasil e o regimento interno do Superior Tribunal de Justiça.

Foi alterada a terminologia de "sentença estrangeira" para "decisão estrangeira" e incluídos os tratados internacionais em vigor no Brasil, que criam regras próprias para a homologação de sentenças estrangeiras.

A homologação de decisão arbitral estrangeira obedecerá ao disposto em tratado e na lei, aplicando-se, subsidiariamente, as disposições previstas no Novo CPC (§ 3º do artigo 972).

A decisão estrangeira somente terá eficácia no Brasil após a homologação de sentença estrangeira ou a concessão do *exequatur* às cartas rogatórias, salvo disposição em sentido contrário de lei ou tratado, possibilitando à autoridade brasileira deferir pedidos de urgência e realizar atos de execução provisória (artigo 973 e § 3º).

Produz efeitos no Brasil, independentemente de homologação pelo Superior Tribunal de Justiça, a sentença estrangeira de divórcio consensual, cabendo a qualquer órgão jurisdicional examinar, em caráter principal ou incidental, a validade da decisão, quanto tal questão for suscitada em processo de sua competência (artigo 973, §§ 5º e 6º).

As decisões estrangeiras concessivas de medidas de urgência são passíveis de execução no Brasil por carta rogatória, garantindo-se o contraditório em momento posterior, competindo o juízo sobre a urgência exclusivamente à autoridade jurisdicional prolatora da decisão estrangeira (artigo 974 e §§ 1º a 3º).

Quando dispensada a homologação para que a sentença estrangeira produza efeitos no Brasil, a decisão concessiva de medida de urgência dependerá, para produzir efeitos, de ter sua validade expressamente reconhecida pelo órgão jurisdicional competente para dar-lhe cumprimento, dispensada a homologação pelo Superior Tribunal de Justiça (artigo 974, § 4º).

Os requisitos indispensáveis à homologação da decisão estão arrolados no artigo 975 e não será homologada na hipótese de competência exclusiva da autoridade judiciária brasileira, ainda que para concessão do exequatur à carta rogatória (artigo 976 e seu parágrafo único).

O cumprimento de decisão estrangeira compete ao juízo federal e o pedido deverá ser instruído com cópia autenticada da decisão homologatória ou do exequatur (artigo 977 e parágrafo único).

23. Da ação rescisória

A ação rescisória, tratada no atual CPC pelos artigos 485 e 495, está prevista pelos artigos 978 a 987 do Substitutivo da Câmara, equivalentes aos artigos 884 e 893 do PLS 166/2010 e artigos 919 e 928 do Substitutivo do Senado.

Qualquer decisão de mérito, e não apenas as sentenças ou os acórdãos, passam a ser objeto de ação rescisória. Decisões interlocutórias e decisões monocráticas em tribunal (art. 945, IV e V, do projeto) podem ser decisões de mérito e, portanto, rescindíveis.

Houve a inclusão de outras hipóteses, passando a ter cabimento também quando a decisão de mérito for proferida em razão da coação da parte vencedora sobre a parte vencida ou mediante simulação, e eliminação da possibilidade de rescisória por invalidade de confissão, desistência ou transação em que se baseou a sentença (atual inciso VIII do art. 485 do CPC).

Admitir-se-á também a rescisória na hipótese em que a decisão transitada em julgado que, embora não seja de mérito, não permita a repropositura da demanda ou impeça o reexame do mérito (artigo 978, § 2º).

Permanece como requisito da ação rescisória o depósito do valor equivalente a cinco por cento sobre o valor da causa a título de multa, caso a ação seja, por unanimidade de votos, declarada inadmissível ou improcedente (artigo 980, inciso II).

Continua a regra de que a propositura da ação rescisória não impede o cumprimento da decisão rescindenda, ressalvada, contudo, a concessão de tutela antecipada (artigo 981).

O Substitutivo do Senado havia reduzido o prazo para um ano, o qual, contudo, foi restabelecido para dois anos pelo artigo 987 do Substitutivo da Câmara (acolhida parcialmente a Emenda nº 355/11, de autoria do Deputado Júnior Coimbra).

O prazo da ação rescisória, que, segundo a doutrina, por ser decadencial, não se suspende nem se interrompe, é alterado pelo § 1º do artigo 987 do Substitutivo da Câmara, que determina que prorroga-se até o primeiro dia útil imediatamente subsequente o prazo a que se refere o *caput* quando expira durante férias forenses, recesso, feriados ou em dia em que não houver expediente forense.

Além disto, em caso de prova nova, o início do prazo se dá a partir de sua descoberta (§ 2º do artigo 987) e na hipótese de colusão das partes, o prazo começa a contar, para o Ministério Público, quando não houve sua intervenção no processo, a partir do momento que tem ciência da fraude. (§ 3º do referido artigo).

24. Do incidente de resolução de demandas repetitivas

Entre os mecanismos que instigam a uniformização da jurisprudência, está o Incidente de Resolução de Demandas Repetitivas, que permite uma única decisão para controvérsia com potencial de gerar relevante multiplicação de processos fundados em idêntica questão de direito e de causar grave insegurança jurídica, decorrente do risco de coexistência de sentenças conflitantes (artigos 895/906 do PLS 166/2010, artigos 930 a 941 do Substitutivo do Senado e artigos 988 a 1.000 do Substitutivo da Câmara).

O Substitutivo da Câmara manteve a previsão do instituto contida no PLS 166/2010 com os aprimoramentos de redação de alguns de seus artigos adotados pelo Substitutivo do Senado.

Dispõe o artigo 988 do Substitutivo da Câmara que:

> É admissível o incidente de resolução de demandas repetitivas quando, estando presente o risco de ofensa à isonomia e à segurança jurídica, houver efetiva repetição de processos que contenham controvérsia sobre a mesma questão unicamente de direito.

Foi acolhida a Emenda 669/11 do Deputado Miro Teixeira, para permitir que os órgãos colegiados do tribunal – e não apenas o relator – suscitem o incidente (§ 3º do artigo 988).

Foi incluído no artigo 988 pelo Substitutivo da Câmara o § 1º, para estabelecer que o incidente pode ser suscitado perante o Tribunal de Justiça ou Tribunal

Regional Federal, e o § 2º, para ditar que o incidente somente pode ser suscitado na pendência de qualquer causa da competência do tribunal.

Nos termos do artigo 988, o pedido de instauração do incidente será dirigido ao Presidente do Tribunal (§ 3º), por ofício, pelo relator ou órgão colegiado (inciso I), ou por petição das partes, do Ministério Público, Defensoria Pública, pessoa jurídica de direito público ou associação civil cuja finalidade institucional inclua a defesa do interesse ou direito objeto do incidente (inciso II), devidamente instruída com os documentos necessários à demonstração do preenchimento dos pressupostos para a instauração do incidente (§ 4º).

A desistência ou o abandono da causa não impedem o exame do mérito e o Ministério Público, se não for o requerente, intervirá obrigatoriamente no incidente e poderá assumir a titularidade da ação em caso de desistência ou abandono (§§ 5º e 6º do artigo 988).

Prevê o § 7º do referido artigo que:

A inadmissão do incidente de resolução de demandas repetitivas por ausência de qualquer de seus pressupostos de admissibilidade não impede que, uma vez presente o pressuposto antes considerado inexistente, seja o incidente novamente suscitado.

Mas será incabível quando um dos tribunais superiores, no âmbito de sua respectiva competência, já tiver afetado recurso para definição de tese sobre questão de direito material ou processual repetitiva (§ 8º).

No incidente de resolução de demandas repetitivas não serão exigidas custas processuais (§ 9º).

Os tribunais manterão banco eletrônico de dados atualizados com informações específicas sobre questões de direito submetidas a incidentes de resolução de demandas repetitivas e de julgamento de recursos repetitivos e da repercussão geral em recurso extraordinário e comunicarão ao Conselho Nacional de Justiça, para publicidade por meio eletrônico (artigo 989 e §§ 1º e 3º).

A admissão do incidente implicará a suspensão da prescrição das pretensões nos casos em que se repete a questão de direito (artigo 990, § 5º) e dos processos pendentes que tramitam no estado ou na região, por um ano, salvo decisão fundamentada do relator (artigos 990, § 1º, inciso I, e 996, § 1º), a qual será comunicada, por ofício, aos juízes diretores dos fóruns de cada comarca ou seção judiciária, devendo cada juízo decidir sobre os pedidos de tutela de urgência (artigo 990, § 2º).

Foi aprovada a Emenda 180 do Deputado Bruno Araújo, para atribuir ao regimento interno dos tribunais a indicação do órgão competente para decidir incidente de resolução de demandas repetitivas, com vistas a adequar o dispositivo aos ditames preceituados pelo artigo 96, inciso I, letra "a", da Carta Magna (artigo 991 do Substitutivo da Câmara).

Com a aprovação da referida Emenda, o artigo 991 do Substitutivo da Câmara passou a estabelecer que a competência para o julgamento do incidente de resolução de demandas repetitivas caberá ao órgão do tribunal que o regimento interno indicar, que tenha competência para editar enunciados de súmulas (§ 1º), sempre que possível integrado, em sua maioria, por desembargadores que componham órgãos colegiados com competência para o julgamento da matéria discutida no incidente (§ 2º). Contudo, a competência será do plenário ou do órgão especial do tribunal, quando arguida, em controle difuso, a inconstitucionalidade de lei ou ato normativo do poder público (§ 3º).

Foi acolhida, ainda, a Emenda 171, que modifica o texto do parágrafo único do artigo 938 do PL 8.046/2010, com o fim de suprimir a referência aos órgãos internos do Supremo Tribunal Federal e do Superior Tribunal de Justiça, que devem julgar, respectivamente, o recurso extraordinário e o recurso especial em incidentes de resolução de demandas repetitivas, eliminando, assim, vício de inconstitucionalidade, por contrariar o artigo 96, inciso I, letra "a", da Carta Maior:

Art. 96. Compete privativamente:

I – aos tribunais:

a) eleger seus órgãos diretivos e elaborar seus regimentos internos, com observância das normas de processo e das garantias processuais das partes, dispondo sobre a competência e o funcionamento dos respectivos órgãos jurisdicionais e administrativos;

Serão ouvidos pelo relator as partes e os demais interessados, inclusive pessoas, órgãos e entidades com interesse na controvérsia, que, no prazo comum de quinze dias, poderão requerer a juntada de documentos e as diligências necessárias para a elucidação da questão de direito controvertida, manifestando-se, em seguida, o Ministério Público (artigo 992), facultado ao relator designar data para, em audiência pública, ouvir depoimentos de pessoas com experiência e conhecimento na matéria (parágrafo único do artigo 992), solicitando, após concluídas as diligências, dia para o julgamento do incidente (artigo 993).

O julgamento seguirá as regras previstas pelo artigo 994 e, julgado o incidente, a tese jurídica será aplicada a todos os processos individuais ou coletivos que versem sobre idêntica questão de direito e que tramitem na área de jurisdição do respectivo tribunal, inclusive àqueles que tramitem nos juizados especiais do respectivo estado ou região (artigo 995), ou que venham a tramitar, até que o tribunal a revise (§ 1º). Se o incidente tiver por objeto questão relativa a prestação de serviço concedido, permitido ou autorizado, o resultado do julgamento será comunicado ao órgão ou à agência reguladora competente para fiscalização do efetivo cumprimento da decisão por parte dos entes sujeitos a regulação (§ 2º do artigo 995).

Nos termos do § 3º do artigo 995, a tese jurídica julgada pelo incidente poderá ser revista, de ofício, ou a requerimento dos legitimados, observando-se, no que couber, o disposto nos §§ 1º a 6º do artigo 521 (procedimento para a revisão de precedentes judiciais).

Caberá recursos especial e extraordinário contra a decisão que julgar o incidente e se a matéria for apreciada em seu mérito pelo Supremo Tribunal Federal ou pelo Superior Tribunal de Justiça, a tese jurídica firmada será aplicada a todos os processos individuais ou coletivos que versem sobre idêntica questão de direito e que tramitem no território nacional, admitindo-se pedido de revisão da tese (artigo 995, §§ 3º a 5º, e artigo 997).

O artigo 996 do Substitutivo estabelece o prazo de um ano para o julgamento do incidente, com preferência sobre os demais feitos, ressalvados os que envolvam réu preso e os pedidos de *habeas corpus*, após o qual cessará a suspensão dos processos, salvo decisão fundamentada do relator em sentido contrário (§ 1º).

Mas a suspensão dos processos poderá também ser requerida por qualquer legitimado (artigo 988, § 3º, inciso II), ou pela parte em processo em curso no qual se discuta a mesma questão objeto do incidente, ao tribunal competente para conhecer de recursos especial e extraordinário, com a suspensão, sujeita ao mesmo prazo, de todos os processos individuais ou coletivos em curso no território nacional que versem sobre a questão objeto do incidente já instaurado (artigos 996, § 2º, e 997, *caput* e § 1º), para assegurar a garantia da segurança jurídica, cessando a suspensão se não interposto recurso extremo contra a decisão proferida no incidente (artigo 997, § 2º).

O recurso especial e o extraordinário, que impugna a decisão proferida no incidente, tem efeito suspensivo, presumida a repercussão geral de questão constitucional discutida (artigo 998), com a remessa dos autos ao tribunal competente, independentemente da realização de juízo de admissibilidade na origem (artigo 999), cabendo reclamação para o tribunal competente, se não observada a tese adotada pela decisão proferida no incidente (artigo 1.000, inciso IV).

25. Da reclamação

O Substitutivo da Câmara mantém o procedimento da Reclamação, instituído no Código Projetado pelo Substitutivo do Senado (artigos 942 a 947 do Substitutivo do Senado), até então regulamentada pelos Regimentos Internos do Supremo Tribunal Federal e do Superior Tribunal de Justiça, providência essa não adotada pelo PLS 166/2010.

No artigo 1.000 e seu § 1º, o Substitutivo da Câmara alterou o *caput* do art. 942 do Substitutivo do Senado, para fins de uniformização da terminologia do projeto, bem como para deixar claro que a reclamação é cabível no âmbito de qualquer tribunal, e não apenas na esfera dos tribunais superiores, acolhendo, desta forma, a Emenda n. 175/2011, de autoria do Deputado Bruno Araújo, bem como a emenda n. 585/2011, do Deputado Cabo Juliano Rabelo.

Caberá, então, reclamação da parte interessada ou do Ministério Público, nos termos do artigo 1.000 do Substitutivo da Câmara, desde que não tenha ocorrido o trânsito em julgado (§ 4º) para: (I) preservar a competência do tribunal; (II) garantir a autoridade das decisões do tribunal; (III) garantir observância de decisão ou precedente do Supremo Tribunal Federal em controle concentrado de constitucionalidade; (IV) garantir a observância de súmula vinculante e de acórdão ou precedente proferido em julgamento de casos repetitivos ou de incidente de assunção de competência, o que compreende a aplicação indevida da tese jurídica e a sua não aplicação aos casos que a ela correspondam (§ 3º).

A reclamação não ficará prejudicada em função da inadmissibilidade ou o julgamento do recurso interposto contra decisão proferida pelo órgão reclamado (§ 5º).

A petição inicial da reclamação deverá ser instruída com prova documental e dirigida ao presidente do tribunal e, assim que recebida, será autuada e distribuída ao relator da causa principal, sempre que possível (§ 2º do artigo 1.000), que, ao despachá-la (artigo 1.001), requisitará informações da autoridade a quem for imputada a prática do ato impugnado, que as prestará no prazo de dez dias (inciso I); se necessário, ordenará a suspensão do processo ou do ato impugnado, para evitar dano irreparável (inciso II); e determinará a citação do beneficiário da decisão impugnada, que terá prazo de quinze dias para apresentar a sua contestação (inciso III).

O último inciso do artigo 1.001 do Substitutivo da Câmara, equivalente ao artigo 943 do Substitutivo do Senado, foi inserido para deixar claro que, sendo a reclamação uma ação autônoma de impugnação, há necessidade de oitiva da parte contrária, para fins de privilegiar o contraditório. O beneficiário do ato impugnado deve ser réu na ação de reclamação, que não pode ser surpreendido com uma anulação ou reforma da decisão sem que se lhe dê a oportunidade de defender-se.

Qualquer interessado poderá impugnar o pedido do reclamante (artigo 1.002) e o Ministério Público terá vista por cinco dias nos casos em que não for o reclamante (artigo 1.003).

Ao julgar procedente a reclamação, o tribunal cassará a decisão exorbitante de seu julgado ou determinará a medida adequada à solução do caso (artigo 1.004) e o seu Presidente determinará o imediato cumprimento da decisão, lavrando-se o acórdão posteriormente (artigo 1.005).

Por fim, determina o artigo 1.006 que aplica-se à reclamação o procedimento do mandado de segurança, no que couber.

26. Dos recursos

O artigo 1.007 do Substitutivo da Câmara (artigo 496 do CPC/73, artigo 907 do PLS 166/2010 e artigo 948 do Substitutivo do Senado) arrola os recursos cabíveis no sistema processual civil, ficando abolido o agravo na forma retida, o agravo nos próprios autos, interposto contra despacho denegatório de recurso especial ou de recurso extraordinário (agravo de admissão) e os embargos infringentes, estes, apesar de inúmeras emendas apresentadas tanto durante o processo legislativo no Senado Federal, quanto na Câmara, todas desacolhidas, com adoção de nova técnica de julgamento quando não houver unanimidade nas decisões das Câmaras julgadoras, o que será melhor detalhado em item específico.

Durante a tramitação do projeto de lei, o atual agravo nos próprios autos, interposto contra despacho denegatório de recurso especial ou de recurso extraordinário, passou a denominar "agravo de admissão", porém, com o aprimoramento do texto legal, aboliu-se o juízo de admissibilidade dos recursos extremos pelo tribunal local, desaparecendo, então, do sistema o referido recurso.

O agravo de instrumento passou a ser cabível apenas nas hipóteses taxadas pelo código, flexibilizando-se o instituto da preclusão em relação às demais decisões interlocutórias, desde que haja oportuno protesto. Com isto, desaparece do sistema o agravo retido, podendo a parte prejudicada levar a questão rejeitada em primeira instância em razões e contrarrazões recursais.

Como novidade, o projeto institui o "agravo extraordinário", cabível, como será visto adiante, para algumas hipóteses de decisões que envolvem recursos suspensos em função da afetação de recursos repetitivos.

Assim, nos termos do artigo 1.007 do Substitutivo da Câmara, integrarão o sistema recursal: (I) apelação; (II) agravo de instrumento; (III) agravo interno; (IV) embargos de declaração; (V) recurso ordinário; (VI) recurso especial; (VII) recurso extraordinário; (VIII) agravo extraordinário; e (IX) embargos de divergência.

27. Da eficácia imediata da sentença e efeitos dos recursos

A eficácia da sentença (artigos 497, 520 e 521 do CPC/73) foi tratada pelos artigos 908 e 928 do PLS 166/2010, artigos 949 e 968 do Substitutivo do Senado e artigo 1.008 do Substitutivo da Câmara.

Nos termos do artigo 1.008 do Substitutivo da Câmara, os recursos não impedem a eficácia da decisão, salvo disposição legal ou decisão judicial em sentido diverso, a qual poderá ser suspensa por decisão do relator, se da imediata produção de seus efeitos houver risco de dano grave, de difícil ou impossível reparação, e ficar demonstrada a probabilidade de provimento do recurso (parágrafo único do referido artigo).

28. Do recurso adesivo

Será mantido o recurso adesivo na forma prevista pelo atual CPC (artigo 500 do CPC/73, artigo 910 do PLS 166/2010, artigo 951 do Substitutivo do Senado e artigo 1.010 do Substitutivo da Câmara), admitido na apelação, no recurso extraordinário e no recurso especial (excluída a previsão nos embargos infringentes).

29. Da desistência e renúncia ao recurso

Ficará mantida a possibilidade de o recorrente desistir do recurso sem a anuência do recorrido ou dos litisconsortes, porém até a data da publicação da pauta e não até o início da votação (artigo 501 do CPC/73, artigo 911 do PLS 166/2010, artigo 952 do Substitutivo do Senado e artigo 1.011 do Substitutivo da Câmara).

Todavia, os tribunais superiores decidirão, mesmo em caso de desistência, quando houver repercussão geral reconhecida pelo Supremo Tribunal Federal ou na hipótese de recurso representativo de controvérsia em recurso repetitivo (parágrafo único do artigo 1.011 do Substitutivo da Câmara).

A parte estará impedida de recorrer se aceitou expressa ou tacitamente a decisão (artigo 1.013), caracterizando renúncia tácita a prática, sem qualquer reserva, de ato incompatível com a vontade de recorrer (parágrafo único do referido artigo).

30. Do prazo recursal. Uniformização para 15 dias

Nos termos do artigo 1.016 do Substitutivo da Câmara (artigo 506 do CPC/73, artigo 916 do PLS 166/2010 e artigo 957 do Substitutivo do Senado), a contagem do prazo recursal dar-se-á da data em que os advogados, a sociedade de advogados, a Advocacia Pública, Defensoria Pública ou o Ministério Público são intimados da decisão, ou da data da audiência, quando a decisão for nela proferida (§ 1º), observado o disposto pelo artigo 231, incisos I a VI, ao réu se a decisão for proferida anteriormente à citação (§ 2º).

Quando o recurso for interposto pelo correio, será considerada como data da interposição o dia da postagem (§ 4º do artigo 1.016).

O § 5º do artigo 1.016 do Substitutivo da Câmara (correspondente ao § 1º do art. 948 do Substitutivo do Senado e § 1º do artigo 907 do PLS 166/2010) unifica os prazos recursais, ao estabelecer que excetuados os embargos de declaração, o prazo para interpor os recursos e para responder-lhes é de quinze dias.

O prazo dos embargos de declaração permanecem de 5 (cinco) dias (artigo 1.036 do Substitutivo da Câmara).

O feriado local deverá ser comprovado no momento da interposição do recurso, como já vinha decidindo a jurisprudência (§ 6º do artigo 1.016).

31. Do preparo recursal

Será mantida a regra no sentido da intimação da parte para a complementação do preparo recursal (artigos 511 e 519 do CPC/73, artigo 920 do PLS 166/2010, artigo 961 do Substitutivo do Senado e § 2º do artigo 1.020 do Substitutivo da Câmara).

A principal novidade está na previsão de intimação, na pessoa de seu advogado, do recorrente que não comprovar o recolhimento do preparo e do porte de remessa e retorno, para realizar o recolhimento em dobro, sob pena de deserção (§ 4º do artigo 1.020 do Substitutivo da Câmara), sendo vedada a complementação se houver insuficiência parcial nesta hipótese (§ 5º).

Outra novidade importante é a que estabelece que o equívoco no preenchimento da guia de custas não resultará na aplicação da pena de deserção, cabendo ao relator, na hipótese de dúvida quanto ao recolhimento, intimar o recorrente para sanar o vício no prazo de cinco dias (§ 7º).

Acresceu-se o § 3º ao artigo 1.020, com a previsão de dispensa do recolhimento do porte de remessa e retorno no processo em autos eletrônicos e foi mantida a previsão do relator relevar a pena de deserção, por decisão irrecorrível, provando o recorrente justo impedimento, situação em que fixará o prazo de cinco dias para efetuar o preparo (§ 6º).

32. Da apelação

O recurso de apelação está previsto pelos artigos 1.022 a 1.027 do Substitutivo da Câmara (artigo 513 do CPC/73, artigo 923 do PLS 166/2010 e artigo 963 e seguintes do Substitutivo do Senado).

Importante alteração do Sistema Processual Civil está no afastamento da preclusão quanto às questões resolvidas na fase cognitiva, desde que haja prévia apresentação de protesto no primeiro momento que couber à parte falar nos autos se a decisão não comportar agravo de instrumento, sob pena de preclusão, as quais poderão ser submetidas à deliberação do tribunal em razões e contrarrazões de apelação, intimando-se o apelante para se manifestar em quinze dias, se arguidas em contrarrazões (§§ 1º e 2º do artigo 1.022, § 2º do artigo 1.023 e § 1º do artigo 1.026 do Substitutivo da Câmara).

Em caso de apelação adesiva, intimar-se-á o apelado para apresentar contrarrazões (§ 2º do artigo 1.023).

O juízo de admissibilidade passa a ser realizado exclusivamente pelo relator, em segunda instância (artigo 1.024).

Em que pese ter sido mantida a regra geral de que os recursos não impedem a eficácia da decisão, salvo disposição legal ou decisão judicial em sentido diverso, com possibilidade de pedido de efeito suspensivo ao relator quando houver risco de dano grave, de difícil ou impossível reparação e demonstração da probabilidade de provimento do recurso (artigo 1.008), o recurso de apelação voltou a ter efeito suspensivo, salvo nas hipóteses previstas pelo § 1º do artigo 1.025 (à semelhança do artigo 520 do atual CPC). Felizmente, abandonou-se a ideia da apelação por instrumento.

Ficará mantido, portanto, o efeito suspensivo da apelação, salvo nas hipóteses previstas em lei e nas arroladas pelo § 1º do artigo 1.025 (sentença que: I – homologa divisão ou demarcação de terras; II – condena a pagar alimentos; III – extingue sem resolução do mérito ou julga improcedentes os embargos do executado; IV – julga procedente o pedido de instituição de arbitragem; V – confirma, concede ou revoga tutela antecipada; e VI – decreta interdição), em que se admite-se cumprimento provisório, logo depois de publicada a sentença (§ 2º).

Nos termos dos §§ 3º e 4º do artigo 1.025, o apelante poderá formular pedido de efeito suspensivo ao tribunal, no período compreendido entre a interposição da apelação e sua distribuição, ficando o relator designado para seu exame prevento para julgá-la (inciso I) ou ao relator, se já distribuída a apelação (inciso II) se demonstrada a probabilidade de provimento do recurso, ou, sendo relevante a fundamentação, houver risco de dano grave ou difícil reparação.

Felizmente, o Substitutivo da Câmara não acolheu a alteração da sistemática da apelação contida no Substitutivo do Senado, que previa a eficácia imediata da sentença, que poderia ser suspensa pelo relator se demonstrada, em petição autônoma, devidamente instruída e dirigida diretamente ao Tribunal, a probabilidade de provimento do recurso, ou, sendo relevante a fundamentação, houver risco de dano grave ou difícil reparação.

Inicialmente, havia sido aprovada, tanto pelo Relator-Parcial, quanto pelo Relator-Geral, a Emenda nº 75/2011, apresentada pelo Deputado Paes Landim e de nossa autoria,[4] que corrigia a sistemática de formalização de pedido de efeito suspensivo do recurso de apelação por petição autônoma, passando-a para o bojo das razões recursais, com a suspensão da eficácia da sentença até a decisão do relator quanto ao efeito suspensivo da apelação.

Posteriormente, porém, a redação do Substitutivo foi alterada, passando a prever a interposição do recurso de apelação, sem efeito suspensivo, na forma de instrumento, diretamente no tribunal. Todavia, tal sistemática, também felizmente, sofreu nova alteração, que manteve o efeito suspensivo ao recurso de apelação, salvo nas hipóteses do § 1º do artigo 1.025, em que a sentença terá eficácia imediata, a qual poderá ser suspensa pelo relator se o apelante demonstrar a probabilidade de provimento do recurso, ou, sendo relevante a fundamentação, houver risco de dano grave ou difícil reparação.

Com a alteração que voltou a dar efeito suspensivo à apelação, a Emenda 75 passou a ser considerada prejudicada pelo Relator-Geral.

A apelação devolverá ao tribunal o conhecimento da matéria impugnada, sendo, porém, objeto de apreciação e julgamento todas as questões suscitadas e

---

[4] A Emenda 75, de nossa autoria, teve origem em tese aprovada por unanimidade durante o 15º Congresso Brasileiro da Advocacia Pública e 3º Congresso Sul-Americano de Direito de Estado, realizados simultaneamente nos dias 27.06 a 01.07.2011, em Bento Gonçalves pelo IBAP – Instituto Brasileiro da Advocacia Pública, sob o título "O Novo Direito Processual Civil Brasileiro e os Efeitos do Recurso de Apelação. Proposta de Emenda para Alterar o Artigo 949 do Projeto de Lei nº 8046/2010".

discutidas no processo, ainda que não tenham sido solucionadas, desde que relativas ao capítulo impugnado (artigo 1.026 e § 1º).

Nos termos do § 3º do artigo 1.026 do Substitutivo da Câmara, se a causa estiver em condições de imediato julgamento, o tribunal decidirá desde logo o mérito nas hipóteses de sentença fundada no art. 495, declaração da nulidade da sentença se não congruente com os limites do pedido ou da causa de pedir, omissão no exame de um dos pedidos, nulidade da sentença por falta de fundamentação e de reforma de sentença que reconhecer a decadência ou prescrição (artigo 1.026, §§ 3º e 4º, do Substitutivo da Câmara). Neste último caso, conforme prevê o § 4º do referido artigo, poderá o tribunal examinar as demais questões, sem determinar o retorno do processo ao juízo de primeiro grau.

Prevê expressamente o Substitutivo da Câmara que o capítulo da sentença que confirma, concede ou revoga a tutela antecipada é impugnável na apelação (§ 5º do artigo 1.026) e que as questões de fato não propostas no juízo inferior poderão ser suscitadas na apelação, se a parte provar que deixou de fazê-lo por motivo de força maior (artigo 1.027).

33. Do agravo de instrumento

33.1. Das hipóteses de cabimento do agravo de instrumento

O Substitutivo da Câmara altera o critério de cabimento do Agravo de Instrumento (artigo 522 do CPC/73, artigo 929 do PLS 166/2010, artigo 969 do Substitutivo do Senado e 1.028 do Substitutivo da Câmara), passando a admiti-lo apenas nas hipóteses expressamente previstas pelo artigo 1.028 ou outras disposições previstas em lei e no próprio Código Projetado, afastando o efeito da preclusão em relação às demais decisões interlocutórias, desde que haja protesto na primeira oportunidade em que a parte falar do processo, e eliminando, com isto, a previsão de cabimento de Agravo Retido.

São hipóteses de cabimento do agravo de instrumento, previstas pelo artigo 1.028, além de outras previstas em lei, decisões interlocutórias que:

I – conceder, negar, modificar ou revogar tutela antecipada;
II – versar sobre o mérito da causa;
III – rejeitar a alegação de convenção de arbitragem;
IV – decidir o incidente de desconsideração da personalidade jurídica;
V – negar o pedido de gratuidade da justiça ou acolher o pedido sua revogação;
VI – determinar a exibição ou posse de documento ou coisa;
VII – excluir litisconsorte;
VIII – indeferir o pedido de limitação do litisconsórcio;
IX – admitir ou não admitir intervenção de terceiros;
X – versar sobre competência;
XI – determinar a abertura de procedimento de avaria grossa;

XII – indeferir a petição inicial da reconvenção ou a julgar liminarmente improcedente;
XIII – redistribuir o ônus da prova nos termos do art. 380, § 1º;
XIV – converter a ação individual em ação coletiva;
XV – alterar o valor da causa antes da sentença;
XVI – decidir o requerimento de distinção na hipótese do art. 1.050, § 13, inciso I;[5]
XVII – tenha sido proferida na fase de liquidação ou de cumprimento da sentença e nos processos de execução e de inventário;
XVIII – resolver o requerimento previsto no art. 990, § 4º.[6]

Foi acolhida parcialmente a Emenda 671/2011 do Deputado Miro Teixeira, que acresce algumas novas hipóteses para o cabimento de agravo de instrumento.

33.2. Das peças obrigatórias do agravo de instrumento

Quanto ao rol de peças obrigatórias do Agravo de Instrumento (artigo 525 do CPC/73, artigo 931 do PLS 166/2010, artigo 971 do Substitutivo do Senado e artigo 1.030 do Substitutivo da Câmara), três novidades importantes: a possibilidade de substituição da certidão da respectiva intimação por outro documento oficial que comprove a tempestividade (inciso I do artigo 1.030); a previsão de intimação do agravante para suprir a falta de peça obrigatória no prazo de cinco dias, sob pena de inadmissão (§ 3º do artigo 1.030 e parágrafo único do artigo 945); e a previsão de que, sendo eletrônicos os autos do processo, dispensam-se as peças referidas nos incisos I e II do *caput*, facultando-se ao agravante anexar outros documentos que entender úteis para a compreensão da controvérsia (§ 5º do artigo 1.030).

Outra novidade relevante está prevista no inciso II do artigo 1.030, que prevê a instrução do agravo de instrumento com certidão que ateste a inexistência de qualquer dos documentos referidos no inciso I (peças obrigatórias), a ser expedida pelo cartório no prazo de vinte e quatro horas, independentemente do pagamento de qualquer despesa, podendo, nos termos do § 6º do mesmo artigo, a certidão ser substituída por declaração de inexistência de qualquer dos documentos feita pelo advogado do agravante, sob sua responsabilidade pessoal.

Quanto a protocolização do agravo de instrumento, o § 4º do artigo 1.030 prevê a sua realização diretamente no tribunal competente para julgá-lo (inciso I), na própria comarca, seção ou subseção judiciárias (inciso II), por postagem, sob registro com aviso de recebimento (inciso III), por transmissão de dados tipo *fac-símile* nos termos da lei (inciso IV) e por outra forma prevista em lei (inciso V).

Foi acolhida a Emenda 827/2011 do Deputado Gabriel Guimarães, para esclarecer que o recorrente que enviar o seu recurso por *fac-símile*, por exemplo, só

---
[5] Suspensão de processo por afetação em recurso repetitivo.
[6] Pedido de prosseguimento por distinção ou suspensão em incidente de resolução de demanda repetitiva.

precisará apresentar as peças que instruem esse recurso quando da apresentação da via original, no protocolo do tribunal (artigo 1.030, § 4º).

33.3. Da obrigatoriedade da comprovação no juízo agravado da interposição do agravo de instrumento

O Substitutivo do Senado alterava a disposição do artigo 526 do CPC/73 (artigo 932 do PLS 166/2010 e artigo 972 do Substitutivo do Senado), que impõe ao agravante, no prazo de três (3) dias, juntar cópia do agravo nos autos principais, sob pena de inadmissão, transformando tal obrigação em faculdade, com o exclusivo objetivo de provocar a retratação.

A Emenda nº 1 do Relator-Parcial Hugo Leal estabelecia para o "caput" do artigo 972 do Substitutivo do Senado que:

> O agravante, no prazo de 03 (três) dias, deverá requerer a juntada aos autos do processo, de cópia da petição do agravo de instrumento e do comprovante de sua interposição, assim como a relação dos documentos que instruíram o recurso.

Mas o artigo 1.031 do Substitutivo da Câmara prevê que o agravante poderá requerer a juntada, aos autos do processo, de cópia da petição do agravo de instrumento, do comprovante de sua interposição e da relação dos documentos que instruíram o recurso.

Contudo, em aparente contradição com a faculdade estabelecida no "caput" do artigo 1.031, optou-se por penalizar, não sendo eletrônicos os autos, o não cumprimento com a inadmissão do agravo em caso de arguição e prova pelo agravado da não juntada de cópia do agravo aos autos principais (§ 2º do artigo 1.031).

33.4. Do pedido de efeito suspensivo ao agravo de instrumento

O artigo 527 do atual CPC estabelece que:

> Recebido o agravo de instrumento no tribunal, e distribuído incontinenti, o relator: ... III – poderá atribuir efeito suspensivo ao recurso (art. 558), ou deferir, em antecipação de tutela, total ou parcialmente, a pretensão recursal, comunicando ao juiz sua decisão;

No parágrafo único do referido artigo, estabelece o atual CPC que:

> A decisão liminar, proferida nos casos dos incisos II e III do *caput* deste artigo, somente é passível de reforma no momento do julgamento do agravo, salvo se o próprio relator a reconsiderar.

O Substitutivo aprovado pelo Senado Federal (artigo 973 do Substitutivo do Senado), que acolheu o relatório-geral do Senador Valter Pereira, manteve no "caput" do artigo 973 a mesma redação que constava do artigo 933 do Projeto de Lei do Senado nº 166/2010, redação esta mantida também pelo Substitutivo da Câmara (artigo 1.032 e seu inciso I).

Foram, contudo, acolhidas a Emenda 330 do Dep. Eduardo Cunha e a Emenda 777 do Dep. Paes Landim, no sentido de suprimir o parágrafo único do art. 973 do Substitutivo do Senado (artigo 1.032 do Substitutivo da Câmara), para restaurar a recorribilidade contra decisão monocrática do relator que atribuir efeito suspensivo a recurso de Agravo.

Ao examinar as duas emendas, o Relator-Parcial esclareceu que:

A supressão do efeito suspensivo atribuído aos recursos por força da lei e a consequente possibilidade de execução imediata da sentença de primeiro grau é um dos pontos mais revolucionários do projeto, vez que permite a tempestiva prestação jurisdicional e assegura a razoável duração do processo.[7]

Ocorre, porém, que o projeto incoerentemente permite, nos termos do artigo 973, que o relator decida de modo irrecorrível pela atribuição de efeito suspensivo ao agravo de instrumento. Ora, essa é uma norma que, ao impedir a execução imediata da sentença sem que tal decisão possa ser revista, macula a coerência do projeto, dota o relator de poderes peculiares de um sistema autoritário e aponta em direção contrária aos princípios norteadores do novo CPC.

Na justificativa da Emenda 777, esclarece o relatório-parcial que suprime-se o parágrafo único do art. 973 do Projeto, na medida em que deve-se permitir às partes a interposição de agravo interno contra as decisões monocráticas sobre efeito suspensivo no agravo de instrumento, privilegiando-se a colegialidade das decisões e o princípio da ampla defesa, em especial nessas matérias, em que muitas vezes acabam por decidir o caso concreto, diante da demora do julgamento do mérito do recurso em definitivo.

Dessa forma, foram acolhidas as duas emendas, porque se coadunam, a um só tempo, com os princípios constitucionais da democracia e da celeridade processual.

Com isto, a decisão do relator que conceder efeito suspensivo a agravo de instrumento, hoje reformável somente no momento do julgamento do recurso, salvo se o próprio relator a reconsiderar, passará a ser atacável por agravo interno.

34. Da quebra da jurisprudência defensiva. Flexibilização do exagerado culto à formalidade

O novo Código de Processo Civil apresenta várias inovações, todas pautadas em reivindicações da comunidade jurídica em geral e norteadas pela necessidade de deixar de lado o exagerado culto às formalidades em prol de uma prestação jurisdicional rápida e eficaz, capaz de concretizar o ideal de pleno acesso à Justiça, garantido constitucionalmente.

É exemplo da flexibilização o artigo 951 do Substitutivo da Câmara, que estabelece que:

Constatada a ocorrência de vício sanável, inclusive aquele que possa ser conhecido de ofício pelo órgão jurisdicional, o relator determinará a realização ou a renovação do ato processual, no próprio

---

[7] O Relator-Geral restabeleceu o efeito suspensivo ao recurso de apelação, nos moldes do artigo 520 do atual CPC.

tribunal ou em primeiro grau, intimadas as partes; cumprida a diligência, sempre que possível prosseguirá no julgamento do recurso (§ 1º)

Ainda,

Reconhecida a necessidade de produção de prova, o relator converterá o julgamento em diligência, que se realizará no tribunal ou em instância inferior, decidindo-se o recurso após a conclusão da instrução" (§ 2º), providências estas admitidas também ao órgão competente para o julgamento do recurso (§ 3º).

Também quanto ao preenchimento de guia de custas, em caso de equívoco, a parte será intimada para regularizá-lo (artigo 1.020, § 7º do Substitutivo da Câmara), podendo ainda o relator relevar a pena de deserção, em caso de justo impedimento, fixando o prazo de cinco dias para se efetuar o preparo (§ 6º). Além disto, o recorrente que não comprovar o recolhimento do preparo e do porte de remessa e retorno no ato da interposição do recurso será intimado, na pessoa de seu advogado, para realizar o recolhimento em dobro, sob pena de deserção (§ 4º), vedada, todavia, a complementação se houver insuficiências parcial do preparo ou do porte de remessa e retorno no recolhimento realizado nesta hipótese (§ 5º).

Outro exemplo está no § 3º do artigo 1.030 do Substitutivo da Câmara que estabelece que: "Na falta da cópia de qualquer peça ou no caso de algum outro vício que comprometa a admissibilidade do agravo de instrumento, deve o relator aplicar o disposto no art. 945, parágrafo único".

O excesso de formalismo foi também flexibilizado em relação aos recursos extremos, em que o § 3º do artigo 1.042 prevê que: "O Supremo Tribunal Federal ou o Superior Tribunal de Justiça poderá desconsiderar vício formal de recurso tempestivo ou determinar a sua correção, desde que não o repute grave".

Saliente-se que o Projeto, ainda que preconize uma nova sistematização, não perde de vista o caráter essencialmente instrumental do Direito Processual, cujas regras devem voltar-se para a concretização do direito substancial, que verdadeiramente importa àquele que recorre ao Poder Judiciário.

35. Da multa por recurso procrastinatório. Exigência de prévio depósito, em caso de novo recurso

Estabelece o § 4º do artigo 1.034 do Substitutivo da Câmara (artigos 535 e 537 do atual CPC, artigos 937 e 939 do PLS 166/2010 e artigos 976 e 978 do Substitutivo do Senado) que: "Quando o agravo interno for declarado manifestamente inadmissível ou improcedente em votação unânime, o órgão colegiado, em decisão fundamentada, condenará o agravante a pagar ao agravado multa fixada entre um e cinco por cento do valor da causa atualizado.", sendo que: "A interposição de qualquer outro recurso está condicionada ao depósito prévio do valor da multa a que se refere o § 4º, à exceção do beneficiário de gratuidade de justiça e a Fazenda Pública, que farão o pagamento ao final". (§ 5º)

Da mesma forma, define o § 2º do artigo 1039 do Substitutivo da Câmara que:

> Quando manifestamente protelatórios os embargos de declaração, o juiz ou o tribunal, em decisão fundamentada, condenará o embargante a pagar ao embargado multa não excedente a dois por cento sobre o valor da causa atualizado. Na reiteração de embargos de declaração manifestamente protelatórios, a multa será elevada a até dez por cento sobre o valor atualizado da causa (§ 3º) [e que] não serão admitidos novos embargos de declaração se os dois anteriores houverem sido considerados protelatórios (§ 4º).

36. Dos embargos de declaração

Os embargos de declaração estão previstos pelos artigos 1.035 a 1.039 do Substitutivo da Câmara.

Outra novidade do projeto está na previsão de que, em caso de efeito modificativo a embargos declaratórios, deverá ser observado o princípio do contraditório, com a prévia obtenção da manifestação da parte contrária (artigo 1.036, § 2º), possibilitando, em caso de acolhimento, que a outra parte, que já tiver interposto outro recurso contra a decisão originária, no prazo de quinze dias contados da intimação da decisão dos embargos de declaração, complemente ou altere suas razões, nos exatos limites da modificação. (§ 3º do artigo 1.037).

Quando interpostos contra decisão do relator ou outra decisão unipessoal proferida em tribunal, também os embargos serão decididos monocraticamente por ele (§ 1º do artigo 1.037).

36.1. Da presunção de prequestionamento em decisão de embargos de declaração

Interpostos os embargos de declaração com vistas à obtenção do prequestionamento (súmulas 282 e 356 do STF), ainda que não venham a ser admitidos, as questões suscitadas pela parte embargante serão consideradas incluídas no acórdão, se o Tribunal superior declarar existentes omissão, contradição ou obscuridade.

É o que prevê o artigo 1.038 do Substitutivo da Câmara (artigo 940 do PLS 166/2010 e artigo 979 do Substitutivo do Senado), ao estabelecer que:

> Consideram-se incluídos no acórdão os elementos que o embargante pleiteou, para fins de prequestionamento, ainda que os embargos de declaração sejam inadmitidos ou rejeitados, caso o tribunal superior considere existentes erro, omissão, contradição ou obscuridade.

36.2. Da ausência de efeito suspensivo aos embargos de declaração

Os embargos de declaração não terão efeito suspensivo, mas a eficácia da decisão monocrática ou colegiada poderá ser suspensa pelo juiz ou relator.

Neste sentido, dispõe o Substitutivo da Câmara (artigo 538 do atual CPC, artigo 941 do PLS 166/2010 e artigo 980 do Substitutivo do Senado) que: "Os embargos de declaração não possuem efeito suspensivo e interrompem o prazo para a interposição de recurso." (artigo 1.039), mas: "A eficácia da decisão monocrática ou colegiada poderá ser suspensa pelo respectivo juiz ou relator se demonstrada a probabilidade de provimento do recurso, ou, sendo relevante a fundamentação, houver risco de dano grave ou difícil reparação" (§ 1º).

37. Dos recursos extraordinário e especial. Possibilidade de pedido de efeito suspensivo

Dispõe o § 5º do artigo 1.042 do Substitutivo da Câmara que:

O pedido de concessão de efeito suspensivo a recurso extraordinário ou especial poderá ser formulado por requerimento dirigido ao: (I) – tribunal superior respectivo, no período compreendido entre a interposição do recurso e sua distribuição, ficando o relator designado para seu exame prevento para julgá-lo; (II) relator, se já distribuído o recurso; (III) ao presidente ou vice-presidente do tribunal local, no caso de o recurso ter sido sobrestado, nos termos do art. 1.050.[8]

Quando, por ocasião de incidente de resolução de demandas repetitivas, o presidente do Supremo Tribunal Federal ou do Superior Tribunal de Justiça receber requerimento de suspensão de processos em que se discuta questão federal constitucional ou infraconstitucional, poderá, considerando razões de segurança jurídica ou de excepcional interesse social, estender a eficácia da medida a todo o território nacional, até ulterior decisão do recurso extraordinário ou do recurso especial interposto (§ 4º do artigo 1.042).

38. Do recurso extraordinário e recurso especial. Saneamento de defeitos formais

Merece destaque, também, a possibilidade de os Tribunais superiores desconsiderarem ou oportunizarem o saneamento de defeitos formais dos recursos extremos não considerados graves (artigos 541 e 542 do atual CPC, artigos 944 e 945 do PLS 166/2010, artigos 983 e 984 do Substitutivo do Senado e § 3º do artigo 1.042 e seguintes do Substitutivo da Câmara).

Não foi prestigiado o § 3º do artigo 542 do atual CPC, que estabelece que:

O recurso extraordinário, ou o recurso especial, quando interpostos contra decisão interlocutória em processo de conhecimento, cautelar, ou embargos à execução ficará retido nos autos e somente será processado se o reiterar a parte, no prazo para a interposição do recurso contra a decisão final, ou para as contra-razões.

39. Da fungibilidade dos recursos extremos

Os recursos extraordinário e especial também receberam novo tratamento. Há dispositivo que implica decisões mais completas para os recursos extraordinário e especial, ao estabelecer a obrigatoriedade de o STF e de o STJ examinarem

---

[8] Suspensão do processo por afetação em recurso repetitivo.

todos os fundamentos que tratem de matéria de direito e que possam influenciar na decisão (artigos 947 a 949 do PLS 166/2010, artigos 986 a 988 do Substitutivo do Senado e artigos 1.045 e 1.046 do Substitutivo da Câmara).

Além disso, estabeleceu-se norma impossibilitando que o relator, no STF ou no STJ, extinga o processo sem resolução do mérito no caso de entender que o recurso versa sobre questão da competência do outro Tribunal. Nessas hipóteses, haverá a remessa dos autos de um para o outro Tribunal Superior.

Com efeito, o Substitutivo da Câmara estabelece a fungibilidade dos recursos extremos, ao ditar que:

> Se o relator, no Superior Tribunal de Justiça, entender que o recurso especial versa sobre questão constitucional, deverá conceder prazo de quinze dias para que o recorrente demonstre a existência de repercussão geral e se manifeste sobre a questão constitucional. Cumprida a diligência, remeterá o recurso ao Supremo Tribunal Federal, que, em juízo de admissibilidade, poderá devolvê-lo ao Superior Tribunal de Justiça (artigo 1.045).

Da mesma forma, prevê o artigo 1.046 que:

> Se o Supremo Tribunal Federal considerar como reflexa a ofensa à Constituição afirmada no recurso extraordinário, por pressupor a revisão da interpretação da lei federal ou de tratado, remetê-lo-á ao Superior Tribunal de Justiça para julgamento como recurso especial.

40. Do requisito da repercussão geral no recurso extraordinário

O requisito da repercussão geral está previsto pelo artigo 453-A do atual CPC, tendo sido objeto do artigo 950 do PLS 166/2010, do artigo 989 do Substitutivo do Senado e do artigo 1.048 do Substitutivo da Câmara.

Para o efeito da repercussão geral, que deverá ser demonstrada na peça recursal, será considerada a existência ou não, de questões relevantes do ponto de vista econômico, político, social ou jurídico, que ultrapassem os interesses subjetivos da causa (§§ 1º e 2º do artigo 1.048), presumindo a lei haver repercussão geral sempre que o recurso: (I) impugnar decisão contrária a súmula ou precedente do Supremo Tribunal Federal; (II) contrariar tese fixada em julgamento de casos repetitivos; (III) questionar decisão que tenha reconhecido a inconstitucionalidade de tratado ou lei federal, nos termos do art. 97 da Constituição Federal (§ 3º do artigo 1.048).

Entre as hipóteses de existência de repercussão geral, para fins de cabimento de recurso extraordinário, foram incluídas as situações em que o recurso contrariar tese fixada em julgamento de casos repetitivos e questionar decisão que tenha declarado a inconstitucionalidade de tratado ou de lei federal.

Durante a tramitação pelo Senado Federal, foi inserida no § 7º do artigo 989 previsão, não contida no PLS 166/2010, no sentido de que, no caso de recurso extraordinário em que negada a existência de repercussão geral no recurso representativo da controvérsia, os recursos sobrestados considerar-se-ão automaticamente não admitidos, o que foi mantido pelo § 8º do artigo 1.048 do Substitutivo da Câmara.

41. Dos recursos extraordinário e especial repetitivos

Os recursos extraordinário e especial repetitivos continuarão a ter o mesmo tratamento dado pelos artigos 543-B e 543-C do atual CPC (artigos 1.049 a 1.054 do Substitutivo da Câmara), porém, selecionado o recurso representativo da controvérsia, ou seu juízo de admissibilidade será feito exclusivamente pelo Tribunal superior, ficando suspensos os demais recursos até o pronunciamento definitivo do tribunal competente.

No artigo 1.049 do Substitutivo da Câmara, mantém-se a previsão de afetação de recursos extraordinário e especial repetitivos, sempre que houver multiplicidade de recurso com fundamento em idêntica questão de direito, observado o disposto no regimento interno do Supremo Tribunal Federal e do Superior Tribunal de Justiça, em correspondência com o artigo 543-B (recurso extraordinário com repercussão geral), incluído no CPC pela Lei nº 11.418/206, e artigo 543-C do CPC atual, inserido pela Lei nº 11.672/2008.

O presidente ou vice-presidente do tribunal de origem selecionará dois ou mais recursos representativos da controvérsia, para o envio e afetação pelos tribunais superiores, e determinará a suspensão do processamento de todos os processos pendentes, individuais ou coletivos, que tramitem no estado ou na região, conforme o caso (artigos 1.049, § 1º e 1.050, inciso II, do Substitutivo da Câmara).

Porém, se os processos estiverem em primeira instância, a suspensão limitar-se-á a período não superior a um ano (§§ 4º e 6º do artigo 1.050), podendo a parte prejudicada apresentar pedido de distinção com vistas ao prosseguimento do processo (§ 9º), cabendo agravo de instrumento contra a decisão de indeferimento em primeiro grau (§ 13, inciso I, do referido artigo) ou agravo interno, se a decisão for do relator (§ 13, inciso II, do mesmo artigo).

Publicada a decisão do recurso representativo da controvérsia (acórdão paradigma), os órgãos colegiados declararão prejudicados os demais recursos versando sobre idêntica controvérsia (artigo 1.052); o presidente ou vice-presidente do tribunal de origem negará seguimento aos recursos especiais ou extraordinários sobrestados na origem, se o acórdão recorrido coincidir com a orientação do tribunal superior (inciso I do artigo 1.053); o órgão que proferiu o acórdão recorrido, na origem, reexaminará a causa de competência originária, a remessa necessária ou o recurso anteriormente julgado, na hipótese de o acórdão recorrido contrariar a orientação do tribunal superior (inciso II do artigo 1.053); os processos suspensos em primeiro e segundo grau de jurisdição retomarão o curso para julgamento e aplicação da tese firmada pelo tribunal superior (inciso III do artigo 1.053 e artigo 1.054).

Nos termos do parágrafo único do artigo 1.052, se negada a existência de repercussão geral no recurso extraordinário afetado e no representativo da controvérsia, consideram-se automaticamente inadmitidos os recursos extraordinários cujo processamento tenha sido sobrestado.

42. Da eliminação do agravo de admissão

Durante a tramitação do projeto pelo Senado e pela Câmara, vinha sendo mantida a sistemática do agravo nos próprios autos contra a decisão que inadmite o recurso extraordinário ou especial (artigos 544 e 545 do atual CPC, artigos 951 e 952 do PLS 166/2010, artigo 996 do Substitutivo do Senado e artigo 1.055 do primeiro Substitutivo da Câmara), todavia, com a alteração de sua denominação para agravo de admissão e possibilidade de pedido de efeito suspensivo (§ 8º do artigo 1.055) formulado na petição de interposição (inciso I) ou por petição autônoma, que deverá ser instruída com os documentos necessários ao conhecimento da controvérsia, quando formulado depois de sua interposição (inciso II), salvo se os autos já estiverem no respectivo tribunal competente para julgá-lo (§ 9º).

Todavia, durante a tramitação pela Câmara dos Deputados, foi eliminado o juízo de admissibilidade dos recursos extremos pelo presidente ou vice-presidente do tribunal local, passando ele a ser realizado somente pelo tribunais superiores.

Em consequência, foi eliminado do sistema recursal o agravo de despacho denegatório de recursos especial e extraordinário (agravo nos próprios autos ou agravo de admissão).

43. Do agravo extraordinário

O Substitutivo da Câmara instituiu um novo recurso no sistema processual civil, denominado de "agravo extraordinário", cabível, nos termos do artigo 1.055, contra decisão do presidente ou vice-presidente do tribunal que:

(I) indeferir pedido, formulado com base no art. 1.048, § 6º ou 1.049, § 2º, de inadmissão de recurso especial ou extraordinário intempestivo; (II) inadmitir, com base no art. 1.053, inciso I, recurso especial ou extraordinário sob o fundamento de que o acórdão recorrido coincide com a orientação do tribunal superior; (III) inadmitir recurso extraordinário, com base no art. 1.048, § 8º, sob o fundamento de que o Supremo Tribunal Federal reconheceu a inexistência de repercussão geral da questão constitucional debatida.

Será requisito do agravo extraordinário, sob pena de não conhecimento, a demonstração de forma expressa da:

(I) intempestividade do recurso especial ou extraordinário sobrestado, quando o recurso fundar-se na hipótese do art. 1.055, inciso I; (II) existência de distinção entre o caso em análise e o precedente invocado ou a superação da tese, quando a inadmissão do recurso: a) especial ou extraordinário se fundar em entendimento firmado em julgamento de recurso repetitivo por tribunal superior; b) extraordinário se fundar em decisão anterior do Supremo Tribunal Federal de inexistência de repercussão geral da questão constitucional debatida (artigo 1.055).

A petição de agravo extraordinário será dirigida ao presidente ou vice-presidente do tribunal de origem e independe do pagamento de custas e despesas postais, após o que será intimado o agravado para, no prazo de quinze dias, oferecer resposta, remendo-se os autos, em seguida, ao tribunal superior competente, onde será julgado, conforme o caso, conjuntamente ou não com o recurso especial ou extraordinário, assegurada, neste caso, sustentação oral, observando-se o disposto em regimento interno do tribunal (§§ 2º ao 5º do artigo 1.055).

Deverá ser interposto um agravo extraordinário para cada recurso extremo (especial e extraordinário) não admitido e, havendo interposição conjunta, os autos serão remetidos ao Superior Tribunal de Justiça, onde será julgado, em conjunto ou não, com o recurso especial, em seguida ao que o agravo extraordinário endereçado ao Supremo Tribunal Federal seguirá para aquele tribunal, independentemente de pedido, salvo se restar prejudicado (§§ 7º e 8º do artigo 1.055).

44. Dos embargos de divergência

Os embargos de divergência, previstos pelo artigo 549 do atual CPC, foram tratados pelos artigos 959 e 960 do PLS 166/2010, artigos 997 e 998 do Substitutivo do Senado e artigo 1.056 do Substitutivo da Câmara.

Salvo nas causas de competência originária dos Tribunais superiores, os embargos de divergência passam a ter o seu cabimento restrito a decisões que divirjam do julgamento de outra turma, da seção ou do órgão especial e que envolvam o seu conhecimento, juízo de admissibilidade e o seu mérito.

Enquanto o atual CPC contém apenas o artigo 546, que estabelece duas hipóteses de cabimento, remetendo para os regimentos internos dos tribunais o procedimento a ser seguido, o Projeto de Novo CPC passa a regulamentá-lo mais detalhadamente, embora ainda dita que será observado o procedimento estabelecido no regimento interno do respectivo tribunal superior (artigo 1.057 do Substitutivo da Câmara).

Com efeito, o artigo 546 do atual CPC, revigorado e alterado pela Lei nº 8.950/94, prevê o cabimento quando a decisão da turma, em recurso especial, divergir do julgamento de outra turma, da seção ou do órgão especial (inciso I) e, em recurso extraordinário, divergir do julgamento da outra turma ou do plenário.

Já o artigo 1.056 do Substitutivo da Câmara estabelece ser embargável o acórdão da turma que, em recurso extraordinário ou em recurso especial, divergir do julgamento de qualquer outro órgão do mesmo tribunal, sendo os acórdãos, embargado e paradigma, de mérito (inciso I), relativos ao juízo de admissibilidade (inciso II), ou, sendo um acórdão de mérito e outro que não tenha conhecido do recurso, embora tenha apreciado a controvérsia (inciso III), ou, ainda, nas causas de competência originária, divergir do julgamento de qualquer outro órgão do mesmo tribunal (inciso IV).

Admitir-se-á, pois, o confronto de teses jurídicas contidas em julgamentos de recursos e de ações de competência originária (§ 1º), podendo verificar-se na aplicação do direito material ou do direito processual (§ 2º).

Caberão os embargos de divergência também quando o acórdão paradigma for da mesma turma que proferiu a decisão embargada, desde que sua composição tenha sofrido alteração em mais da metade de seus membros (§ 3º do artigo 1.056).

Por fim, os parágrafos do artigo 1.057 do Substitutivo da Câmara preveem que a interposição de embargos de divergência no Superior Tribunal de Justiça interrompe o prazo para interposição de recurso extraordinário por qualquer das partes (§ 1º) e que, se os embargos de divergência forem desprovidos ou não alterarem a conclusão do julgamento anterior, o recurso extraordinário interposto pela outra parte antes da publicação do julgamento dos embargos de divergência será processado e julgado independentemente de ratificação.

45. Conclusão

Em rápidas pinceladas, estas são as principais alterações contidas no Projeto de Lei de Novo CPC – Substitutivo da Câmara, na parte que trata dos meios impugnativos das decisões judiciais, até a apresentação ao Plenário da Câmara dos Deputados da Emenda Aglutinativa Substitutiva nº 6.

Até o momento da redação do presente artigo, o Plenário da Câmara havia aprovado apenas a Parte Geral (artigos 1º ao 318) e aguardava-se a aprovação das demais disposições do Substitutivo, para posterior retorno ao Senado Federal.

Caso venha receber a aprovação final das duas Casas Legislativas e a sanção presidencial sem alterações, o Código entrará em vigor em um ano da data da publicação (art. 1.058), aplicando-se imediatamente aos processos pendentes (artigo 1.059), sendo que "As disposições da Lei nº 5.869, de 11 de janeiro de 1973, relativas ao procedimento sumário e aos procedimentos especiais revogadas aplicar-se-ão aos processos ajuizados até o início da vigência deste Código, desde que não tenham, ainda, sido sentenciados." (§ 1º do artigo 1.059), permanecendo em vigor as disposições especiais dos procedimentos regulados em outras leis, aos quais se aplicará supletivamente o Código Projetado (§ 2º do artigo 1.059).

Vamos, pois, aguardar para ver se o Projeto de Novo CPC poderá contribuir de fato para o efetivo cumprimento do direito fundamental à razoável duração do processo.

Impressão:
Evangraf
Rua Waldomiro Schapke, 77 - POA/RS
Fone: (51) 3336.2466 - (51) 3336.0422
E-mail: evangraf.adm@terra.com.br